学科融合之路丛书　丛书主编：马福贵

出离翰墨地　行走天地间

单志敏　本册主编

现代教育出版社
Modern Education Press

图书在版编目（CIP）数据

　　出离翰墨地　行走天地间 / 单志敏主编 .—北京：
现代教育出版社，2018.6

　　（学科融合之路丛书）

　　ISBN 978-7-5106-6184-6

　　Ⅰ.①出… Ⅱ.①单… Ⅲ.①中学语文课—教学研究
②中学历史课—教学研究 Ⅳ.① G633.302

　　中国版本图书馆 CIP 数据核字（2018）第 117308 号

出离翰墨地　行走天地间

策　　划	庞　强　高　栋	
主　　编	单志敏	
责任编辑	刘小华	
封面设计	宋晓璐·贝壳学术	

出版发行　现代教育出版社

地　　址　北京市朝阳区安华里 504 号 E 座

邮　　编　100011

电　　话　010-64246373（编辑部）　　010-64256130（发行部）

印　　刷　北京金康利印刷有限公司

开　　本　710mm×1000mm　1/16

印　　张　21

字　　数　294 千字

版　　次　2018 年 8 月第 1 版

印　　次　2018 年 8 月第 1 次印刷

书　　号　ISBN 978-7-5106-6184-6

定　　价　88.00 元

编 辑 委 员 会

前　言

　　"东城区骨干教师综合素养提升计划——语文历史实验班"是东城区教育系统"十三五"期间第一个骨干教师高端培训，由东城区教师研修中心教师培训部承办，中学语文、历史教研室全程跟踪指导，2016年5月开始策划，9月招生，10月开班，11月赴苏州大学学习，12月进行继续学习和交流，历时8个月。

　　培训分为京内学习、高校引导、京内交流三个阶段，以学校为单位，将语文老师和历史老师组成学习共同体，将语文和历史学科融合、专题讲座和浸入式学习融合、规定阅读书目和有质量的提问融合，以吴地文化映照京师文化，旨在适应教育改革和中高考变化的大趋势，弘扬中华优秀传统文化，提升学科核心素养，开阔教师视野和思维方式，激发知识技能迁移的意识，培养骨干教师有效率有目标的创新学习意识、自主学习能力和教学实践能力，以期强化教师学科融合的教学意识和操作能力，帮助学生建立跨学科学习的思维体系，最终获得教师和学生能力的共同提升。

　　本书采用过程展示的方式组元，线性地呈现语文和历史学科融合的真实状态，包含行前简案、听课学习思维导图、论文、教学设计、学案、教学案例、课件、游学任务单、感悟收获、学生资源等环节，是这个项目的记录，也是设计者的反思，期待方家指教。

　　本期培训的设计和实施，多蒙苏州大学文学院逢成华书记、张洁副院长、黄晓辉主任、陈迪老师和各位博导、教授的大力支持。东城区的骨干教师培训与苏大的合作仍在延续，苏州大学文学院现任党委书记孙宁华还为本书撰写了寄语，在此，我们一并表示衷心的感谢。

苏大文学院寄语

孙宁华

　　北京和苏州，从文化的角度来看，仿佛是一对佳偶，京师文化磅礴大气，厚重殷实，如世家子弟；吴地文化清雅端丽，精致脱俗，如大家闺秀。虽说气质各异，但骨子里透出的都是传统文化经年熏染的不凡气度和现代文明清新洗礼的开放胸襟。所以，北京东城区教师培训中心领导、专家及"北京东城区骨干教师综合素养提升计划——语文历史实验班"学员到访苏州大学，对双方来讲，都是在两座历史名城的文化关照下赴一场倾心已久的文化邀约。

　　感动，是我和培训学员接触以来一直在我内心涌动的感觉。每一场讲座上孜孜以求的专注眼神，每一个微信文图透露出来的真挚情怀，每一次和讲座老师的热忱围拥……这样的场景，你能认为他们只是在学习吗？不是的，他们分明是在热烈地拥抱吴文化，他们是在随着吴文化的脉动轻盈起舞！

　　感怀，是我对北京东城区教师培训中心领导专家发自内心的情感！精心的课程设计、完美的团队组合、悉心的细节沟通、敬业的带班态度、贴心的生活服务……这样的工作团队，已经不能仅仅用职业精神来赞誉，从他们身上，我读到的是他们对教育工作精髓的深刻领悟和对师资培训工作的潜心探索。这样的团队，让我因感怀而生敬意！

　　感谢，是表达我对我们双方邂逅姑苏、牵手苏大这一温馨经历的荣幸和珍惜！因为对教育抱有同样的真挚情怀，对文化拥有同样的美好神往，对事业持有同样的执着追求，我们从京师到江南走到了一起，我们从相识到相知走进了彼此的心里。我们期待着这一缘分伴随着我们事业的发展历久弥醇！

五律·文史班苏州行有感

广渠门中学　徐刚

常坐城中厦，渐为井底蛙。

研修苏大赴，录记笔生花。

词雅从名士，曲悠和大家。

向学何言苦？文史互问答。

CONTENTS

目录

CHU LI
HAN MO DI
XING ZOU
TIAN DI JIAN

◆◆◆ 教学案例与课件　　/ 179

◆◆◆ 游学单与任务单　　/ 209

行前简案

第一大组——京师吴苑

八旗吴苑 教学设计

北京市第一中学 李春忠 穆 红

一、教学立意和形式

立意：以苏州历史、文化为教学素材，培养学生语文、历史核心素养。

形式：语文历史学科融合、小组合作探究。

学生活动：以小组为单位合作探究学习，有阅读、有讨论、有表演、有探究。

二、教学内容

问题分三组，学生分组领取各自任务，分小组合作探究，最后展示探究结果。

第一组专题：美女——西施

西施

作者：【罗隐】 年代：【唐】

家国兴亡自有时，

吴人何苦怨西施。

西施若解倾吴国，

越国亡来又是谁？

由这首诗导入，引导学生从政治、经济、文化角度思考分析。

讲一讲越国兴盛和吴国灭亡的原因。

第二组专题：侠客——专诸

搜集相关历史故事，探讨为什么著名的刺客出现在春秋战国时期。

演一演惊心动魄的历史故事，体会侠客精神。

第三组专题：文人——归有光

品读《项脊轩志》，感悟作者喜自何处，悲从何来。

写一写生活中感人的小细节。

画趣　北京园林教学设计

北京市第五中学　王云英　　　北京市第五中学分校　许肇朗

一、教学内容

本课选自北京地方课程教材《我爱北京·京城名胜》。中国传统园林是中国传统文化的重要组成部分。作为一种载体，它不仅反映历史背景、社会发展状况，而且折射出中国人的生活观念，它凝聚了中国人的勤劳与智慧。而且与西方园林艺术相比，它突出地抒发了中华民族对于自然和美好生活环境的向往与热爱。

中国现存规模最大、保存最完整的皇家园林颐和园是以昆明湖、万寿山为基址，汲取江南园林的某些设计手法和意境而建成的一座大型天然山水园林，以规模宏大、建筑富丽、浓厚的皇权意味著称，同时也体现了架构山水、移天缩地、诗情画意的中国园林特色。

本课立足北京皇家园林的建园艺术和风格，结合现代北京东城的社区公园，引导学生体会传统园林文化，注意接触百姓生活，注意观察身边环境，更加热爱北京，热爱东城。

二、教学目标

[知识与能力]

体验颐和园的园林景观，知道颐和园的历史沿革，了解北京皇家园林的艺术特点，初步学会在具体的时空下考察北京园林的能力。

[过程与方法]

通过观察颐和园景点中比较有代表性的山、水、廊、亭、桥，学生在体验探究中，感受北京园林的艺术风格和人文追求。

[情感·态度·价值观]

体会中华优秀传统文化的博大精深，尊重和热爱祖国的历史和文化。

三、教学过程

（一）课前

利用课余时间游览颐和园，查阅有关颐和园和园林的相关资料。

（二）课上

导入环节——出示爱新觉罗·溥杰的诗《颐和园》

讲授新课——1. 颐和园的历史沿革

2. 颐和园的山

3. 颐和园的水

4. 丰富多彩的颐和园的建筑

5. 园中之园——谐趣园

课堂小结——

（三）课外拓展

运用园林知识，为我们的新校区进行校园设计。

（四）作业

四、教学立意

通过图画配诗文的艺术鉴赏方式，了解颐和园的皇家园林艺术特色和对中国传统文化的感悟。学生通过对颐和园的体验、了解和学习，增强了园林艺术鉴赏力，也加强了对身边生活环境的关注，增强了对社区、街区环境的了解和关爱，并能学以致用于新校园的规划。

五、学生活动

（一）通过实地考察，查阅图书、网络搜集等多种途径获取园林和颐和园的相关知识。

（二）诵读与颐和园有关的诗文，欣赏颐和园的美景和画作。

（三）讨论、探究有关园林与颐和园蕴含的中国传统文化。

六、学科交融的内容与形式

本节历史课与语文学科交融的内容和形式：

（一）内容：与颐和园有关的诗词赏析

1.爱新觉罗·溥杰的诗《颐和园》。

2.乾隆曾这样盛情赞美颐和园："何处燕山最畅情，无双风月属昆明。"

3.乾隆："虹卧石梁，岸引长风吹不断。波回兰桨，影翻明月照还空。"

4.乾隆曾写《惠山园八景诗》。

5.结合语文课文《苏州园林》。

（二）形式

1.诵读诗文，赏析诗文，结合园林景观体会诗文意蕴。

2.借助苏州园林的学习，对比北京园林，发现南北园林的同与异。

水磨清韵组　教学设计

五中分校　李　蕾　李　媛　杨蓉蓉

一、教学内容

八上语文第三单元第15课《说"屏"》

二、教学立意

《语文课程标准》指出语文学科要让学生"认识中华文化的丰厚博大，汲取民族文化智慧。关心当代文化生活，尊重多样文化，吸收人类优秀文化的营养，提高文化品位"。《历史课程标准》也提出要让学生"认同中华民族的优秀文化传统，尊重和热爱祖国的历史和文化"。

本文作者陈从周既是一位古建筑园林专家，又精通昆曲、诗词、绘画等古典文化，因此在他这篇文章中，不仅介绍了"屏"的相关知识，还涉及了相关的文化内涵。初二年级的学生通过文本了解"屏"的相关知识并不困难，但是理解其文化内涵还需要适当的引导。而且这些学生对于中国传统文化了解有限，这节课可以把古老的屏风与现代的生活联系起来，激发学生对古典文化的兴趣，贯通语文和历史学科的学习。

三、学生活动

1.导入部分：学生欣赏《韩熙载夜宴图》，由画的创作故事（南唐）引导学生观察画面分为几个场景，进而观察到起分隔场景作用的是不同样式的"屏风"，从而引出本课的题目——《说"屏"》。

2.运用环节：出示五幅图片，涉及不同的朝代和场所，要求学生任选一幅，根据文本对"屏"的种类及摆放原则等的介绍，并结合历史课所学知识，为所给图片中的空间设计屏风，并阐述设计理由。小组讨论后交流。

四、学科交融的内容和形式

1.内容：学生在设计屏风的过程中，要运用提取信息的能力，从语文的文本中获取屏风以材质划分的种类，以及基本的摆放原则，同时还要结合历史课所学的知识，根据图片所呈现的朝代和房屋的等级选择使用的材质和图案。

2.形式：共同备课，语文学科介绍本节课的基本思路，历史学科介绍古代文化讲解的内容和程度，从历史书或图册中找到五幅符合教学需要的图片。授课由语文老师完成。

《井冈星火》教学设计

北京市第二十二中学　付　文

一、教学内容

岳麓版历史必修一、必修三教材关于建立井冈山革命根据地和毛泽东思想形成时期的内容。了解井冈山革命根据地建立的背景和意义，概述毛泽东思想形成时期的理论成果，认识其对中国革命的深远影响。

二、教学立意

结合"让信仰点亮人生——井冈山社会实践活动"的学习体验和解读毛泽东诗词，归纳毛泽东思想形成时期的革命活动及理论成果，理解中国革命道路是坚守信仰、勇于探索的必然选择，是马克思主义中国化的成功实践。弘扬民族精神，坚定理想信念，确立以学生素养发展为指向的跨学科整体育人观念，将对历史的反思与现实认识相结合。

三、教学环节

1.微课——完成预习问题："井冈山为什么成为中国革命的摇篮？"理解中国革命道路选择的必然性。提出新问题并讨论。

2.井冈星火如何点燃？——学生实践活动微课，归纳毛泽东在井冈山时期的革命活动及理论成果。

3.星火可以燎原吗？——解读毛泽东诗词6首，了解井冈山时期中国革命发展历程，结合诗词创作背景和内容特点，理解毛泽东个性品质，感受毛泽东思想的精髓。

4.星火的传承——井冈山实践活动及学习本课的感悟，形式多样化。

5.作业：①选择一个井冈山实践活动现场学习地点，撰写解说词。

②"我的井冈行"作文700字。

四、学生活动

1.看微课，归纳总结井冈山成为中国革命摇篮的原因和条件。提出新问题并讨论。

2. 制作实践活动微课，归纳概括。

3. 解读毛泽东诗词。

4. 分享交流学习成果和实践感悟。

五、学科交融内容和形式

1. 内容：解读毛泽东诗词，分析诗词创作背景与中国革命历程的关系。感受毛泽东思想精神内涵。

形式：查阅与研读资料，形成小组成果进行交流。

2. 内容：井冈山实践活动及学习本课的感悟。

形式：借助语文学科能力培养，表达形式多样化。

第二大组——吴燕雅集

梁衡历史文人散文教学设计

北京二中　隋子辉　陈惠莲

基本信息	
课题	梁衡散文中的历史价值和文学欣赏
作者及工作单位	北京二中历史教师隋子辉　　北京二中语文教师陈惠莲

教材分析

　　一方面引导学生鉴赏梁衡"大情大理"的散文气韵，帮助学生学习梁衡散文"精妙、活泼"的语言风格和"联想、对比"手法的运用。

　　另一方面引导学生从梁衡散文中看历史人物，从历史人物的品评中知历史风貌和曾经的社会生活，再由所了解的历史知识判断散文中历史人物的生活境遇，深入品读诗歌文章中的文人情怀。

学情分析

1.学情调查

　　①学生课外阅读量不够。尽管梁衡的散文已经纳入中学生必读书目之中，但很多学生也因为不感兴趣而不读。

　　②学生阅读不能深入思索。梁衡的散文大多是历史人物的品评，情理兼收，但学生因为对历史中的文人不够了解，所以并不能理解和欣赏其散文中的情怀。

　　③学生所学的历史知识和语文的文学内容不能很好地融通，所以也不能从历史角度理解文人情怀。

教学目标

1.知识与能力

　　从语文学科角度引导学生鉴赏梁衡散文中的文人情怀。学习他的"文章五诀"："形"（具体的形象）、"事"（一件事情）、"情"（动人感情）、"理"（人世道理）、"典"（书中典籍）。

　　从历史学科角度指导学生从梁衡散文中的历史人物评价中了解时代、社会政治、经济、文学、思想状貌。

2.情感、态度与价值观

　　学习和鉴赏梁衡的历史人物散文，使中学生了解历史文人的情怀，懂得在现代社会中维护自我尊严和完善、提升人格的重要意义。

基本信息			
教学重点和难点			
教学重点：学习用历史的眼光看历史文人，用文学鉴赏的方法体会梁衡于散文中的情怀。 教学难点：从梁衡的散文中理解历史文人在作品中的历史社会思想、状貌。 　　　　　从历史背景中理解历史文人在作品中表现的情怀。			
教学过程（酝酿中）			
教学环节	教师活动	预设学生行为	设计意图
梁衡历史文人散文教学设计价值思考：（酝酿中） 一思："精彩"在哪里？ 二思："特色"是什么？ 三思："偶得"有哪些？			

以故宫为探究主题的综合实践活动教学设计

北京二中分校　　杨巧稚　　刘　凡

一、教学背景

1.八年级上册语文课文《故宫博物院》要求学习说明文的阅读，需要对故宫的建筑有所了解，对空间顺序有具体的认知。而探究故宫博物院的建筑也正契合历史的课程标准：通过北京城的建筑，体会古代人民的智慧和创造力。所以，我们选择组织这次文史结合的以故宫为探究主题的综合实践活动。

2.故宫位于东城，距离近，参观研究故宫是对学生进行爱北京、传播传统文化的优质教育资源。

3.故宫有足够的空间容纳学生分散性小组的参观和探究。

二、教学内容

1.前测

故宫综合实践活动之前，历史、语文教师先进行实地参观、资料查阅，了解故宫的情况。进行前测——参观故宫测试卡，以了解学生对故宫的了解情况。

2. 课堂介绍

根据这一前测，历史和语文教师分别在课堂上有针对性地讲解介绍和训练。

3. 学生分组

历史和语文教师通过研究故宫的历史和建筑内容，给学生出文史结合的任务单。学生进行分组。

4. 活动要求

活动前给全体学生开会，提参观当天要求。

三、学生活动

1. 知识准备

故宫建筑的相关资料，方位感读图能力培养，空间顺序的运用。

2. 分组学习

学生自由分组挑选任务单，小组的合作学习。

3. 成果展示

学生当日参观完成后上交任务单，教师利用历史和语文课时间组织学生以小组为单位，在班级进行展示交流。

四、学科交融的内容

关于故宫建筑的了解和学习，是两个学科学习的共同内容，两个学科教师分别从历史、建筑、说明文的阅读、写作等方面进行了讲解，并共同制定了文史结合的任务单，帮助学生学习。

五、学科交融的形式

历史语文教师共同进行活动前的实地参观，共同制定前测问卷，共同进行故宫建筑的介绍，一起制定任务单，给学生分组并指导学生成果展示。

在同一张任务单上，历史倾向多表现"是什么"，语文则多关注于"怎么样"。

《了解中华"礼"文化》教学设计

北京市第27中学

王 莉（语文） 孙丽苹（历史）

课题	中华"礼"文化		课时	1课时
授课教师	王莉（语文） 孙丽苹（历史）		组别	吴燕雅集之退思
教学目标	从文字和历史的角度探寻"礼"的渊源和传承，让学生真正了解中国"礼"文化的起源和发展，懂得"礼"的精神和内涵，并能在实际生活中践行"礼"的精神。			
教学过程				
教学环节	教师活动			学生活动
新课导入		用"四不猴"引出"什么是礼"的问题。		谈论自己对"礼"的认识。
探寻"礼"的本意（语文学科）		解析"礼"的本意：古人用贵重的美玉在音乐声中祭祀祖先和神灵，表达自己对祖先和神灵的敬意。 1. 本义：用玉石、珍宝祭祀神灵。 2. 引申：①尊敬，厚待；②尊重的态度和言行；③表示敬重的赠品；④维持社会秩序和人际和谐的规范和准则。		聆听、理解。
了解"礼"的起源与发展（历史学科）	"礼"起源于原始社会，在原始社会，礼仪较为简单和虔诚。 　　人类进入阶级社会，统治阶级为了巩固自己的统治地位，把礼仪发展成符合其统治需要的礼制，"礼"被打上了阶级的烙印。 　　辛亥革命以后，中国的传统礼仪受到强烈冲击。五四新文化运动对腐朽、落后的礼教进行了清算。 　　中华人民共和国成立后，逐渐确立了具有中国特色的新型社会关系和人际关系。 　　改革开放以来，西方一些先进的礼仪、礼节传入我国，同我国的传统礼仪一道融入社会生活的各个方面。许多礼仪从内容到形式都在不断变革，现代礼仪的发展进入了全新的发展时期。			讲解自己对各个历史阶段"礼"的理解，并展示查找的相关资料。
感受"礼"的精神	学习《诗经·周颂·丰年》"丰年多黍多稌，亦有高廪，万亿及秭。为酒为醴，烝畀祖妣。以洽百礼，降福孔皆。" 1. 历史教师介绍背景、祭祀仪式。 2. 语文教师带领学生理解诗歌内容，用吟诵的方法让学生感受古人祭祀时的庄严和敬意。			聆听、吟诵、感受。

	教师小结： 1. "礼"之本意为敬神，后引申为表示敬意所应具有的态度，即"礼"首先是一种发自内心地对人对己的尊重和敬意时的态度。 2. "礼"是一系列动作，是使内在敬意的态度外在表现化的动作。即通过一定的动作表达自己内心对人对己的尊重和敬意。	
践行"礼"的内涵	3. "礼"是一种程式或仪式，通过多样性的仪式，表现出行礼人对人对己的敬意、爱戴和重视。 4. "礼"还是用来表示庆贺或敬意的物品。"心怀敬意地践行"、遵守社会秩序和准则。 提出问题： 　　你认为今天我们还需要"礼"吗？生活中我们应该怎样践行"礼"？	学生讨论、交流。

《赤壁》教学设计

景山学校　田　耕　杨丽华

一、教学内容

《赤壁》是诗人杜牧经过赤壁这个著名的古战场时，有感于三国时代的英雄成败而写下的。诗以地名为题，实则是怀古咏史之作。以历史入诗是比较难处理的。学生在学习咏史诗时，要结合写作背景及所涉及的历史事件来理解、感受诗作的艺术力量。

二、教学立意

结合历史背景，感悟"咏史"中"咏"之巧妙。

三、教学过程

教师活动	学生活动	文史融合
讲解赤壁之战的历史背景，带领学生了解真实的历史。	结合老师所讲和平时自己的了解，说说对周瑜的认识。	以历史为背景，在咏史和记史的区别中感受咏史的艺术魅力。
	朗读并通过课下注释直译全诗。	
引导学生认识诗人以小见大的巧妙。	以第一人称来叙述全诗，想想诗人作此诗的缘由和目的。	
引导学生认识反面、曲折立意之巧妙。	和历史老师展开辩论："东风不与周郎便，铜雀春深锁二乔"与"东风不与周郎便，国破人亡在此朝"哪句更好？	
赤壁之战中周瑜获胜的原因有哪些？杜牧将周瑜取胜的关键定义为什么？引导学生了解言外之意的巧妙。	结合两位老师所讲，思考杜牧写此诗的目的。	
	作业：试分析杜牧的《题乌江亭》咏史之巧妙处。	

第三大组——且观且行

身死因才误，非关欲退兵？
——《杨修之死》教学设计

北京市第50中学　郑　芳

授课教师	北京市第50中学　郑芳	课时	一课时
教学内容	梳理概括情节，理解人物形象，深入解读杨修死因。		
教学立意	以后人诗歌"聪明杨德祖，世代继簪缨。笔下龙蛇走，胸中锦绣成。开谈惊四座，捷对冠群英。身死因才误，非关欲退兵"为问题源头，以"杨修究竟因什么而死"为线索，引导学生三次探究杨修死因，在过程中梳理概括情节，理解杨修和曹操形象，探明曹操究竟忌讳杨修什么。		
学生活动	**1.通读课文**，探究"非关欲退兵"这个观点是否成立。 **2.研读课文**，探究"身死因才误"是否有道理。解决三个问题：文章都写了杨修在哪些事情犯忌？根据一系列事件累加，第一段夏侯惇所言"公真知魏王肺腑也"对吗？文章第10段～12段，与杨修之死有什么关系呢？ **3.阅读史料**，探究曹操所忌杨修的除了"才"，还有什么？ 引导学生参看学案史料： 陈寿《三国志·魏书·任城陈萧王传》："太祖（曹操）既虑**终始之变**，以杨修颇有才策，而又袁氏（袁术）之甥也，于是以罪诛修。" 鱼豢《典略》："植后以骄纵见疏，而植故连缀修不止，修亦不敢自绝。至二十四年秋，公（曹操）以修前后**漏泄言教，交关诸侯**，乃收杀之。修临死，谓故人曰：'我自故以死之晚也。'其意以为坐曹植也。修死后百余日而太祖薨。"		

学科交融的 内容与形式	1. 先读小说《三国演义》中的《杨修之死》探究死因。结合文本探究杨修死因，通过梳理事件：杨修破解门内"活"，曹操虽称美，心甚忌之；杨修分食塞北酥，曹操虽喜而笑，而心恶之；杨修道破梦中杀人真相，曹操闻而愈恶之；杨修密告簏里藏人事件，曹操愈恶之；杨修教授曹植斩杀门吏，曹操大怒，杨修预设答条蒙欺孟德，曹操此时已有杀修之心。鸡肋事件，曹操借惑乱军心之罪杀之。从而得出两人的不同个性：杨修恃才放旷，轻率妄为，目无军纪，目中无主。而曹操嫉贤妒能，阴险残忍，虚伪奸诈，老奸巨猾。因而得出《三国演义》里所揭示的就是：因为杨修"恃才"导致曹操"忌才"，是杨修之死的根本原因。"欲退兵"事件其实是个借口，所以说后人所说"身死因才误，非关欲退兵"确实有理。 2. 然后以正史《三国志》和野史《典略》中看出曹操还忌讳杨修终始之变和不利子嗣所以杀之。教师小结：《三国演义》是一部具有"拥刘反曹"倾向的小说，肯定不会写曹操为长远计为子嗣为江山计谋，多少有些抹黑了曹操。 3. 最后教师小结，布置作业，探究其他死因说法：《典略》上说杨修"谦恭才博"，也就是为人谦虚，对人恭敬，怎么可能恃才放旷？杨修虽然先站错队了，但后来又送曹丕"王髦之剑"表明忠心，何须杀之？还有人说曹操杀杨修是因为他和杨修父亲杨彪有旧仇？请根据《三国演义》和史实资料，以"我看杨修之死"为题，发表你对杨修死因的看法。

探究传统节日由来、传承的内在规律

北京市第一零九中学　杨莉莉　王　磊

一、教材分析

本节课选自北京师范大学出版的《中华优秀传统文化》礼俗篇——传统节日。

二、教学背景分析

我校从 2014 年开始开设校本课程《中华优秀传统节日系列讲座》，主要在起始年级初一开展传统节日讲座如春节、端午节、中秋节、重阳节。根据不同节日开展学生参与的活动，如春节期间学生拍全家聚餐照片、放烟花照片，在年级以班为单位进行汇报展示。端午节，学生进行角色扮演《屈原为什么投入汨罗江》的情景剧，还开展了包粽子比赛活动；中秋节学生伴随着《霓裳羽衣舞》翩翩起舞，一起分享月饼；重阳节，学生去长青园养老院开展敬老活动。基于以上学生学习过的传统节日，教师在本节课想引导学生探究出传统节日由来、传承的内在规律。

三、课前准备

作为小组活动课，将学生分成5个小组，在上本课之前，学校组织学生参观天坛，教师制定任务单。学生以小组为单位，汇报参观天坛圆丘、祈年殿的成果。

四、具体实施过程

1. 导入：展示曾经开展传统节日的照片资料，学生说出相应的节日。运用白板"淡入"功能展示出春节、端午节、中秋节、重阳节。

2. 教师出示每一个节日由来的史料，每组有一个印有史料的学案，学生以组为单位，阅读史料，找出各个节日由来的共性？（**教学难点，文史结合**）学生使用点阵笔呈现答案。

3. 结合学生的答案，教师总结出传统节日由来的内在规律是源于祭祀、祈求农耕丰收。从造字法引导学生观察出春从日字、秋从禾，重阳的阳从日。重点分析春字的甲骨文之意——草木逐日生长，有天有地，人们春日下地劳作，体现了天人合一的理念。（**教学难点，文史结合**）

4. 一个小组展示参观园丘的建筑成果，介绍明清时期皇帝祭天的仪式，让学生更好地理解古代皇帝对祭祀的重视。（**教学重点**）

5. 另一个小组展示参观祈年殿建筑成果，介绍这是皇帝孟春祈谷之所。表达了皇帝每年向上天祈求风调雨顺、五谷丰登之意。（**教学重点**）

6. 教师总结过渡。天坛绝不是一般意义上的游览之地，而是思索宇宙、时空、天地、古今、物候兴替、天人合一的场所。出示时间轴，展示四个节日在主要朝代的发展脉络。通过梳理，学生总结出节日习俗、节令食品的出现也都在表达人们一种美好的愿望，渴望人与自然和谐相处的天人合一的理念。

五、小结本课

老子说"天地不仁，以万物为刍狗"，解释这句话的含义是天地看待万物是一样的，不对谁特别好，也不对谁不好，一切随其自然发展。古代在节日里举行祭祀、祈谷活动体现了当时生产力水平低下，人类在自然面前的渺小。我们今天探究了传统节日由来、传承的内在规律，看到了传统节日在漫长的历史长河中不断演进，经历了上千年文化的积淀，更应该传承、理解它的文化内涵。（文史结合）

文史中的孟子

北京市龙潭中学　何　映　甘向红

	语文	历史
教学内容	《寡人之于国也》《孟子二章》《孟子见梁惠王》。	孟子的思想主张及影响。
教学立意	1.掌握重点字句。 2.理解文中的孟子思想。 3.从文中归纳孟子的思想内涵。	1.掌握孟子的主张。 2.通过阅读材料理解孟子的主张及对后世的影响。
学生活动	一、梳理文意 　1.重点字。 　2.重点句翻译。 二、内容理解 　1.孟子在文中提出了其"王道"主张的一个方面，具体内容是什么？梁惠王移民移粟的措施与孟子的主张有什么区别？ 　2.孟子是怎样批评当时统治者不顾人民死活的？ 三、延伸 回顾初中学过的《孟子二章》及补充《孟子见梁惠王》体现了孟子的什么思想？	指导学生阅读孟子的材料，学习从材料中获取重要信息并整理表达出来。
学科交融的内容	语文让学生从文本中了解孟子思想。	学生在史料中了解孟子的思想主张。
学科交融的形式	在分析孟子思想主张的时候，语文和历史学科在教学中选择相同的材料，用不同的方法解读这段材料，使学生能够深刻理解。	

三国人物之真假曹操

北京市广渠门中学　徐　刚

一、教学立意

小说《三国演义》中塑造的曹操形象和史书《三国志》记述的曹操有很大不同，旨在通过对比，引导学生学习借助丰富的资料，多角度看待问题，同时学会一种探究思考的方法。

二、教学内容

1. 导入

曹操的诗词作品《龟虽寿》《观沧海》《短歌行》，回顾作为文学家的曹操。

2.《三国演义》中的塑造的曹操形象

结合小说原著，小组讲述。（语文教师组织）

3. 历史现实中的曹操

历史教师补充《三国志》及其他史书作品，展现一个不一样的曹操。

4. 分析小说和史书不同的原因。

5. 总结本节课的收获。

三、学生活动

1. 回顾学过的曹操诗词。

2. 阅读小说原著，提炼关于曹操的内容。

3. 小组交流，形成见解，分享。

四、学科交融的内容和形式

从文学和史学的不同角度了解历史人物，以老师引导理解和提供资料为主。

第四大组——花团锦簇

向日葵组学科交融简明教学设计

北京市第五十四中学　孙旭辰　陈佳明

一、教学内容

开学之初，读懂苏州大学校歌和校训。

苏州大学校歌（东吴大学校歌）

葑溪之西，胥江①之东，广厦万间崇。凭栏四望，虎嘺②金鸡③，一例眼球笼。皇皇母校，共被光荣，羡我羽毛丰。同门兄弟，暮云春树，记取古东吴。天涯昆弟，一旦相逢，话旧故乡同。相期努力，敬教劝学，分校遍西东。东吴东吴，人中鸾凤，世界同推重。山负海涵，春华秋实，声教暨寰中。

注：①"胥江"，胥（音xù），同"胥山"，因伍子胥而得名，在今江苏省吴县西南。《史记·伍之胥传》：伍之胥死，"吴人怜之，为立祠于江上，因命名曰胥山"。也有说胥山在浙江省。②"虎嘺"，嘺（xiāo），嘺嘺，言夸大，了不起的样子。《孟子·尽心下》："其志嘺嘺然。"嘺（jiāo），又谓鸡鸣声。元稹《江边四十韵》："犬惊狂浩浩，鸡乱响嘺嘺。"歌词中的"虎嘺"指虎丘，是历史悠久的苏州著名景观。苏州大学网站把校歌的这一句直称为"虎丘金鸡"。③"金鸡"，指苏州的金鸡湖。

苏州大学校训：养天地正气，法古今完人。

二、教学立意

读通校歌，读懂校歌，走进苏大，认识苏州，在心灵上走进苏州。

三、学生活动

读校歌，理解校歌的内容，产生情感共鸣；读校歌，理解深厚的历史，体悟苏州的文化魅力。

四、学科交融的内容和形式

1.通过查找资料，明确东吴大学和苏州大学的关系。

2.通过查字典和古汉语常用字字典，理解歌词内涵。

3.通过走访校园，聆听访校园中的同学、老师吟唱苏大校歌。

4.通过查阅资料，明确养哪些正气？效法哪些古今完人？

5.通过走访校园，采访校园中的同学、老师，了解歌词中蕴含的历史和文化。

6.撰写演讲稿，介绍苏大和东吴大学的关系，畅谈自己对歌词内容的理解。

《石壕吏》教学设计

北京市第五十四中学　蒲小兵　蒲利平

课题	《石壕吏》	课时	2课时
教学设想	杜甫的《石壕吏》真实地反映了"安史之乱"给下层劳动人民带来的深重灾难，表达了作者忧国忧民的民族情怀，是杜甫现实主义诗歌的代表作。对于这样一篇文质兼美的叙事诗，在课堂教学中我着力体现两个原则，一是"以学为主"的教学思想，二是实施"个性化语文教学"，发挥学生的主观能动性。		
教学目标	1.把握诗意，体会情感。 2.品析重点诗句，感悟人物个性。		
教学重难点	通过赏析语言，体味战乱给人民带来的深重灾难，感悟诗人忧国忧民的情怀。		
教学方法	诵读法、讨论法。		
教学过程			
教师活动	学生活动		学科交融的内容和形式

出离翰墨地　行走天地间
CHU LI HAN MO DI XING ZOU TIAN DI JIAN

一、导入新课 　　大家都知道，在中国近五千年的历史长河中，唐朝曾是一个疆域辽阔、国力强盛、经济繁荣的朝代。 　　那么你知道唐朝由盛到衰的转折点是什么吗？（安史之乱） 　　下面请一组同学为大家介绍《石壕吏》的写作背景。	一组学生上讲台给大家讲解安史之乱的历史。 　　PPT展示，图文并茂。 　　小组合作，声情并茂。	历史学科：唐王朝重大历史事件。 语文学科：学生查阅资料、语言表达能力。
二、品读探究 　　自由朗读课文，用原文中的一句诗来概括一下事件发生的起因。（有吏夜捉人） 　　"吏"指的是官吏，被捉走的人是老妇人，是谁见证并记录了这个过程？（杜甫） 　　这三个人物，身份不同，境遇不同，性格各异，那么，下面请同学们再次走进诗歌，品读诗歌，品析人物，体悟情感。 　　请以"从'＿＿＿'（字、词、诗句）中，我读出了（官吏、老妇、作者）的＿＿＿＿"的方式走进文本，品读诗文。 　　提示：紧扣文本，试着从以下方面入手。 ①品：品析具体字词、诗句，说出其表达效果。 ②读：美读，读出感情，读出韵味。 ③悟：展开联想和想象，可结合相关历史资料，说出独特感悟和见解。	个人朗读。 　　小组讨论、合作、探究。 　　手写完成语言训练。 　　全班交流、共享、点评。 　　学生可能出现的问题。 1. 官吏——暴 　　例：我认为官吏是一个凶狠的人，因为"有吏夜捉人"中的"夜"字表明了是黑夜突袭，老百姓没有防备，可以抓到人，说明了官吏的凶狠。 　　从"有吏夜捉人"中我读出官吏是残暴的人，"捉"字带有强制性，有暴力倾向。 　　从"吏呼一何怒"中，我读出官吏的蛮横，"怒"表明怒气冲冲。让学生读这句话。 　　老妇人诉说时，官吏应该一直在逼问。虚实相生的写法。 2. 老妇——苦 　　例：从"一男附书至，二男新战死"的"新"中，我读出了老妇的凄苦无奈，"新"字说明老妇的两个儿子刚刚战死，血迹未干，老妇心灵的创伤还未痊愈，官吏又来抓人，真是雪上加霜。 　　人生有三大哀，一是少年丧父，二是中年丧偶，三是老年丧子，而老来丧子其痛最哀。 3. 作者——忧 　　例：从"夜久语声绝，如闻泣幽咽"中，我读出作者的无奈。因为"幽咽"表明作者整夜未眠。作者的心在哽咽，为这一家人的遭遇而哽咽，为所有遭受战乱之苦的百姓而哽咽。（及时提示：幽咽的还有可能是谁？）	

三、教师总结　得出主旨 1. 文中"幽咽"这个词该怎么读？请大家试着读一读。（低低的，带着哽咽的声调） 2. 从这个词语和全文理解得出杜甫写本诗的目的是什么？（本诗主旨探讨） 四、作业 课下自学杜甫的诗《茅屋为秋风所破歌》。	学生读，教师指导。 学生总结本诗主旨：战乱给人民带来的深重灾难。	补充杜甫其人其事，体会其忧国忧民情怀。
板书设计	官吏 老妇　主旨：战乱给人民带来的深重灾难。 作者	

英荣

北京市第一七一中学　吴元英　王雅荣

课题： 儒家"礼乐"思想对中国古典文化审美的影响——品《左传·殽之战》中的外交辞令	
教学目标	
1. 深入品味《殽之战》外交辞令的含义与表达特点，进而把握《左传》外交辞令的美学风格。 2. 挖掘外交辞令中所蕴含的文化内涵，了解儒家"礼乐"思想对中国典文化审美的影响。	
教学过程	

教学内容	学生活动	
一、分析《殽之战》中三段外交辞令，把握其表达特点	小组讨论，解决教学重点。	
解决问题一：引导学生研读文本，抓住谦辞与敬辞，挖掘其言外之意。	讨论问题一：皇武子的致辞表达了几层含义？（试从其字面内容与深层意味两个方面加以分析）	
解决问题二：引导学生品读弦高的语言，挖掘其深刻含义。	讨论问题二："弦高犒师"一节中，弦高的辞令有几层意思？	
解决问题三：研读文本，分析语言的深层意味。	讨论问题三：作为主帅孟明，全军被覆，自身被俘，心中必郁积了无限仇恨，他对前来追自己的阳处父那段辞谢包含了哪些深层意味？	
二、从儒家"礼乐"思想入手，挖掘外交辞令背后的文化内涵（语文与历史结合） 过渡、设疑：当时的使节为何这样说话？ （在春秋时期，无论霸主如何强大，要想得到各诸侯的真正认同，他们必须遵"礼"而行。"礼"即是作为行人辞令前提和基础的"理"。）	思考、讨论，解决教学难点。 小组讨论： "王孙满观师"一段表现了当时人们怎样的思想？	
三、引导、点拨，明确儒家之"礼乐"思想对中国古典文化审美的影响 　　"'礼'的社会功能在于维护上下尊卑的统治体制，其文化形式则表现为个体的感性行为、动作、言语、情感都严格遵循一定的规范和程序……"——李泽厚《华夏美学》	结合学案补充资料，思考、分析。探究、交流。 由《左传》外交辞令进一步拓展到中国古典文化： 　　正是这种思想而使中国古典文化遵循着"乐而不淫，哀而不伤，怨而不怒"的"温柔敦厚"之审美原则。	
四、由《论语》"礼之用，和为贵"展开，重点点拨"和"之意，引导学生理解"中和之美"的美学原则与《左传》外交辞令的关系	古诗：象外之意，言外之旨。 绘画：写意，留白。 音乐：温婉悠扬。 建筑：曲径通幽。	

《哈姆雷特》第三幕教学设计

北京市宏志中学　张　敏　温　岩　　北京市第一七一中学　王雪华

一、教学目标

1.研读课文，了解全剧故事情节。

2.品味人物的语言，初步分析理解人物形象。（重点）

3.引入名家评论，深入探究哈姆雷特的性格。

二、教学过程

1.剧本文本打印后下发给学生阅读，要求学生完成500字左右的剧情介绍，课堂检查、展示。

2.品味内心独白，探讨人文思想。（语文老师从文字、文学的角度设置问题引发思考，历史老师从文艺复兴中人文思想的发展角度解读）

（1）默默忍受命运的暴虐的毒箭，或是挺身反抗人世的无涯的苦难，通过斗争把它们扫清，这两种行为，哪一种更高贵？

设置问题：

命运的暴虐的毒箭指什么？人世间的无涯的苦难指什么？

"这"指代什么？

"高贵"是相对什么而言的？体现了王子的什么思想？

——"追求高贵，不为现实名利所困扰，即使面对血海深仇时，也力求体现人的尊严"体现了哈姆雷特的**人文思想**。

（2）生存还是毁灭，这是一个值得考虑的问题。"死了，睡着了，什么都完了；要是在这一种睡眠之中，我们心头的创痛，以及其他无数血肉之躯所不能避免的打击，都可以从此消失，那正是我们求之不得的结局。"

设置问题：这时候困扰他的是什么思想？最终什么思想占据了上风？

——这时困扰他的已不是血亲仇恨和社会责任，而是生存本身，而且自杀的思想占据了上风，他自己是生还是死成了问题的核心。这是人文主义中**自我意识**的体现。

历史老师讲解文艺复兴的背景、原因、发展及思想内容，帮助同学理解"人文思想"。

3. 名家评论。

英国浪漫主义诗人柯勒律治——哈姆雷特是勇敢的，也是不怕死的；但是，他由于敏感而犹豫不定，由于思索而拖延，精力全花费在做决定上，反而失却了行动的力量。

德国诗人海涅——我们认识这个哈姆雷特，好像我们认识我们自己的面孔，我们经常在镜子里看到他，我们看到的正是我们自己的相貌。

俄国作家屠格涅夫——几乎每一个人都能在哈姆雷特身上找到他自己的缺点。

俄国批评家别林斯基——哈姆雷特是伟大的，深刻的，……他就是你，就是我。

法国文豪雨果——哈姆雷特像我们每一个人一样真实，但又要比我们伟大。他是一个巨人，却又是一个真实的人。

4. 总结。

哲学家培根《论说文集》中优秀散文的内容，其中包含着论人、论人生、论生死、论友谊、论爱情、论宿命、论命运、论艺术、论读书、论交际等，而这些又都和哈姆雷特的形象完美地融合在一起，使哈姆雷特成为一个文艺复兴晚期的人文主义思想家……人文主义作为一种新的思想范畴有其共同的内涵。同时，它本身又是一个发展的概念，文艺复兴时期的人文主义思想家是派别林立的。哈姆雷特那段独白涉及两种类型的人文主义思想家：一类是赞美人的尊严，颂扬人的理性，肯定人在宇宙中的至高无上的地位，它的代表人物是意大利著名哲学家皮科·德拉·米朗多拉（1463—1494）；一类是揭露和批评人的弱点、缺点的，它的代表人物是法国哲学家米歇尔·埃康·蒙田（1533—1592）。这两方面标志着文艺复兴时期人文主义思想对人的认识的两个不可缺少的重要方面，它们达到了完整意义上的人类自我认识。从哈姆雷特的那段关于"人"的独白中似乎可以听到蒙田与皮科争论的声音。

第五大组——姑苏行

《李清照词两首》教学设计

北京汇文实验中学　白雪燕　张英新

一、教学目的

1.反复诵读两首词，指导学生解读词的意象，把握景与情的关系，体悟词人情感。

2.比较阅读两首词，感悟李清照南渡前后的作品在内容和词风上的变化，并借助所学历史知识，探究这种变化产生的原因，培养学生学科知识迁移能力。

二、教学课时

一课时。

三、教学过程

1.导入。

2.朗读《声声慢》，品味开头三句的抒情层次。

3.分析《声声慢》词中意象对表达作者情感的作用。

思考：

（1）作者选取了哪些意象表现她的愁？

（2）在这些具有丰富文化意蕴的意象当中，你感触最深的是哪个意象？请说说你对这个意象的理解。

要求：①基于文本，可适当结合作者其他作品或其他诗人的作品。

②小组朗读、讨论。

③每组推荐一位发言人。

四、比较阅读

朗读《声声慢》和《醉花阴》，比较阅读两首词，感悟李清照南渡前后的作品在内容和词风上的变化。

五、合作探究——知人论世

补充材料：李清照大事记。请借助所学历史知识，说说李清照南渡前后词风产生变化的原因。

六、课后思考

请课下搜集南宋著名诗人（如陆游、辛弃疾等）的代表作品，整理南宋相关史实，完成一篇研究型小论文。

参考题目：《南宋诗人的忧世情怀》《从诗人笔端窥知南宋那个时代》。

《阿Q正传》教学设计

北京汇文中学　盛宏意　马媛媛　　北京市文汇中学　徐彩虹

一、教学内容

《阿Q正传》反映了鲁迅对辛亥革命的反思。从《阿Q正传》来看，鲁迅认为辛亥革命基本上是失败的，革命既没有从根本上触动中国社会的权力结构，更没有触动人们的精神世界。学生读懂了小说，就能更好地理解辛亥革命的成败。反之，有了历史的视角，也能更好地理解鲁迅的小说。

二、教学立意

以小说反观历史，赋予学生更开阔和鲜活的历史视野。

三、教学过程

教师活动	学生活动	文史融合
引导学生分析《阿Q正传》中，辛亥革命前未庄的权力结构。（举人、秀才、假洋鬼子、阿Q等人的社会地位）	调动对小说内容的记忆，讨论、分析。	内容上，以文学作品为线索对辛亥革命的失败及其原因进行探讨。 形式上，学生对《阿Q正传》进行深入分析与解读。
提问：《阿Q正传》中各等人物对革命的态度是怎样的？阿Q对革命的态度，前后发生了什么变化？	从小说中找出相关段落、语句，并加以分析。	
提问：你认为阿Q有革命的需要吗？如果说有，你认为他对革命的需要哪些是合理的？哪些是不合理的？这说明了什么？	学生依据小说段落进行分组讨论，小组分享心得。	
提问：从小说看，辛亥革命之后中国社会底层的权力关系有没有根本变化？	依据小说相关情节回答提问。	
提问：从《阿Q正传》看，鲁迅认为辛亥革命失败的原因是什么？	请学生总结。	
教师小结：阿Q的悲剧，既是个人的悲剧，也是历史的悲剧。革命的失败，是鲁迅等人发动新文化运动改造国人灵魂的原因。	学生思考，并联系辛亥革命之后的新文化运动、五四运动，做更深入的思考。	

《武陵春》教学设计

北京前门外国语学校　徐冬花　赵　琳

一、教学内容

《武陵春》是九年级上册25课《词五首》中李清照的一首晚年之作。通过本单元的学习，重点了解词的文学常识，能从作品中体会婉约派和豪放派的特点，能从内容和形式的角度初步鉴赏词；了解作家常识，能从作品中体会作者的情怀，并能从家庭环境、成长过程、社会环境的人生经历中深入探究词中情感；探究古今文人善说"愁"作品、愁意象、愁分类，体会愁文化。

二、教学过程

1. 课前查李清照资料。

2.《夏日绝句》导入。

3. 初读词，感受愁。

4. 精读词，品味愁。分析《武陵春》词中愁，探究愁之因，与《如梦令》

《醉花阴》比较阅读，体会情之变，延伸《声声慢》，深入体会晚年之悲。

5.诵读词，体会婉约派特点。

6.课外延伸。"愁"主题：愁分类、愁意象、愁作品。

7.作业。李清照与花，李清照与酒。

三、教学立意

"愁"主题。

紧扣《武陵春》词中"愁"眼，体会"愁"情，探究"愁"因，从李清照作品中的国破愁、家亡愁、丧夫愁、伤春愁、相思愁、乡愁等不同内容的"愁怀"，来进一步探究古今文人写"愁"的文化。

四、学生活动

1.查资料。

2.朗读、品读、诵读。

3.讨论、探究。

五、学科交融的内容与形式

本节语文课与历史交融的内容和形式：

1.内容：李清照词情之变，语言之变——靖康之变。

形式：出示李清照行踪图，介绍北宋灭亡南宋懦弱。

2.内容：李清照的生平——李格非与赵挺之的矛盾根源是北宋新旧党争、蔡京与赵挺之相位之争。

形式：课前资料查找。

学习过程与思维导图

学习过程照片

思维导图

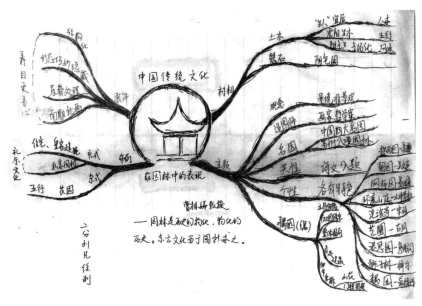

——50中郑芳

——二分刘凡

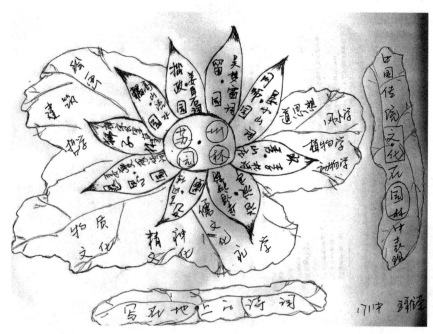

——171中王雅荣

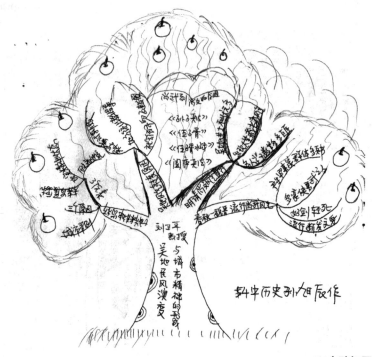

——54中孙旭辰

论　文

从高中语文教学角度谈文史融合

——以苏轼专题教学为例

北京市第二十二中学

柴　荣（语文）

提要　文史融合是时代对教育提出的要求。本文以苏轼专题教学为例，探讨文史融合的课堂教学操作模式。文章分四部分，以李白专题中的学生认识偏差入题谈文史融合的必要性，借助跨学科教学的概念谈对文史融合的理解。文章主体部分从文史融合的选题、教学目标的确立、教学操作三个方面谈文史融合教学。最后总结文史融合教学注意的事项。

主题词　文史融合　语文　苏轼

我以《梦游天姥吟留别》《春夜宴从弟桃花园序》和《将进酒》三篇课文为基础组构李白专题，学生在初读课文后提出问题：李白一生都想当官，但他的诗文却说"安能摧眉折腰事权贵，使我不得开心颜"是什么原因？由此我设计了课上解决的核心问题是让学生探讨李白的"乐"。

在课堂讨论时，学生一致认为及时行乐是一种积极的生活态度。为什么学生的价值判断与我的价值观出现了如此大的背离？

不仅因为学生占有的李白资料少，只是就诗文论李白的行为，没有思考李白行为背后的原因，更因为学生没有在李白生活的时间和空间下辩证地思考李白的行为，也就是缺少时空观念、唯物史观，而这两点是历史课程的核心素养。对历史人物的认识需要语文和历史两门课程的融合。

一、文史融合

文史融合与跨学科教学有共性。

1989 年美国学者舒梅克第一次提出跨学科教学的定义："教学将跨越学科界限，把课程的各个方面组合在一起，建立有意义的联系，从而使学生在广阔的领域中学习。跨学科的学习把教与学看成一个不可分割的整体，并反映相互联系的真实世界。"[1]

跨学科教学的关键要在不同学科知识之间寻找联结点，建立其有意义的联系，并将这种联系作用于更广阔的学习领域，这就让知识成网络状，需要学生多种能力的综合运用。

文史融合，就语文学科来讲，指在教学过程中以语文为中心，打破语文和历史的学科界限，融合历史知识为文本阅读提供佐证，有目的、有计划地进行教学设计和组织教学活动，综合知识和能力对文本做出合理的评判。

二、文史融合的教学

人的生活一定与当时的时代、事件裹挟在一起，所以对人的认识一定放在人当时生活的时空背景下去进行。如果只看一篇文章，对历史人物的理解就会失之片面，所以必须研习历史人物的大量资料，才有可能获得对历史人物的全面客观认识。而文言文都是在一定的时空背景下创作的，这就使文史融合有了必然性。

（一）文史融合的选题

作品是人生经历的外化。以人物不同时期的作品为基础组构专题是文史融合的选题之一。

大部头的名著都是在一定的时空背景下创作的。尽管写作手法可能大相径庭，但都有作家对当时社会的观照，对人物的理解。对作品的评价需要史料实证，以唯物史观评判。

下面就以苏轼《方山子传》《文与可画筼筜谷偃竹记》《游沙湖》组成《以文读人　以史明人》的苏轼专题为例，对文史融合做说明。

（二）以核心素养确定教学目标

学生对人的价值判定出现偏差，是因为学生没站在时空观念下分析人物，也没有用唯物史观全面、客观地认识人物。从两个学科的核心素养确定文史融合的教学目标。

2017年版《普通高中语文课程标准》核心素养包括四个层面：语言建构与运用、思维发展与提升、审美鉴赏与创造和文化传承与理解。

2017年版《普通高中历史课程标准》核心素养包括唯物史观、时空观念、史料实证、历史解释、家国情怀。就苏轼讲，人生第一次低谷是乌台诗案。因为乌台诗案他在湖州知府的任上被捕，几近死亡，再出来做黄州团练副使。表面看这个事件对苏轼来讲，在44岁壮年，在监狱呆了四个月又二十天，由正职到贬为黄州团练副使，不准擅离此地，无权签署公文。实际上个人身上经历重大事件影响最大的是人生态度，他的诗文能表现出来。苏轼成其为苏轼是他跟别人不一样。

如白居易、柳宗元、韩愈人生都出现过被贬的经历，而他们被贬后作品的风格都发生了变化，但苏轼不一样。虽然他的思想体系是由儒、释、道三者共同建构的，但由他在黄州写的作品和记载的历史材料来看，他享受贬谪生活，所以儒家思想仍占主导。而苏轼成其为苏轼的根本原因是他对百姓、家国的仁爱之心，用现在的话讲就是他有社会责任感和人文情怀。

比如，他在黄州听说当地溺死初生婴儿的野蛮风俗，他立即给武昌太守写《上鄂州太守朱康叔书》，让太守用行政命令阻止恶风，并成立救儿会，每年自行捐出十缗钱，相当于银子十两。要知道他的生活并不富裕，他在东坡买地种田，那么热爱生活，这就是社会责任感、人文情怀。

由人物的行为分析人物的内心，需要因果思维方式。而对人物的全面认识必须要由表及里、逐渐深化，要透过纷杂的表象认识人物的本质，只有运用唯物史观的立场、观点和方法，才能对人物有全面、客观的认识。这是辩证思维方式。

由此设计的教学目标，知识能力点设计为基于两个学科思维形式的知识。

过程方法是用辩证的思维方式、唯物史观分析人物形象和作者，对其形成全面、客观的认识。

情感态度价值观落在认同豁达的人生态度、学做有家国情怀的人上。

（三）教学操作

1.解读文本

根据学生阅读后提出的问题，设计上课解决的核心问题：苏轼在《方山子传》中写"余闻光、黄间多异人"，在《游沙湖》中写"余以手为口，君以眼为耳，皆一时异人也"，在《文与可画筼筜谷偃竹记》中写了文与可的画论和行为，你认为这些人是"异人"吗？请结合文章具体内容分析，由此看出作者是什么样的人。并且给学生列出思考步骤：

①对《方山子传》《文与可画筼筜谷偃竹记》《游沙湖》中塑造的形象做出判断。

②分别概括作者记叙了人物什么事。

③无论你认为人物是不是"异人"，在时空观念下，从文中找具体事例分析。

④基于对人物形象是否"异人"的判断，利用资料包，结合作者人生经历认识苏轼其人，用辩证、从现象到本质的思维方式分析苏轼成其为苏轼的根本原因。

⑤可三篇文章一起写，也可三篇文章分着写；如果有能力尽量多地占有材料，试着发现苏轼成其为苏轼的根本原因。

在实际操作过程中，学生在以文本为基础解读人物时遇到思考的困难，学生对苏轼"异"的行为不能理解。于是我说了下面一段话：《文与可》写于 1079 年 7 月 7 日，可以说这是他未被捕前的精神状态，七月二十八日乌台诗案李定等人奉旨查办，派常博士皇甫遵才前往湖州逮捕苏轼，八月十八日苏轼被押解到京城。在监狱呆了四个月又二十天，几近死亡。由正职到贬为黄州团练副使，不准擅离此地，无权签署公文。这是他人生经历的第一次打击。他在黄州待了四年，《方山子传》写于 1081 年，《游沙湖》写于 1082 年，这两篇都写于被贬期间，这期间他写的诗词还有你们学过的《定风波》（1082 年春），《念奴娇·赤壁怀古》（1082 年），《赤壁赋》（1082 年），《记承天寺夜游》（1083 年）。但你读他的文章，除了《念奴娇·赤壁怀古》中的一句"人生如梦，一尊还酹江月"让你觉得有点悲观消极，反而是"戏笑"居多，用林语堂的话讲，你会觉得这些作品带给你"醇甜的诙谐美"，带给人的是光辉温暖，亲切宽和，这是为什么？

由此引出历史老师，由历史老师指导学生在史料实证和时空观念下解读苏轼的"异"。

2. 在历史史料实证和时空观念下解读历史人物

历史老师提供了苏轼游迹图，苏轼的书画作品，苏轼在苏州的生活趣事、做的事，并举同处于贬谪境况从思想观念到写作风格都发生变化的白居易做对比，从历史角度用时空观念对苏轼做了全面解读。

3. 整体全面地把握人物

当占有了苏轼的大量资料后，再回到苏轼这个专题中三篇课内文章，学生就能理解，诉诸文字上的诙谐美是其豁达心胸或者是豁达的人生态度的外化，而他豁达的人生态度是他思想的外化。尽管他的思想体系是由儒、释、道三者共同建构的，但由他在黄州写的作品和记载的历史材料来看，他享受贬谪生活。所以儒家思想仍占主导，而苏轼成其为苏轼的根本原因是他对百姓、家国的仁爱之心。用现在的话讲就是他有社会责任感和人文情怀。

学科融合是为了培养核心素养，而核心素养是为了培养人。所以文史融合的最终教学目标要落实在人的培养上。

三、小结

文史融合是建立在承认语文和历史的学科差异基础上，是语文和历史学科间概念、思想和方法的结合，在解决问题时，突破单一学科的壁垒，利用到两门学科的思维方式，在促进知识的相互作用基础上，促进思维的发展。

文史融合的教学目标围绕语文历史课程核心素养确定。从语文课程角度操作，以古代文人的作品组成专题，在解读文本的基础上，在学生对人物解读出现困难时，提供历史资料，再理解古代的文人，最后在总结时落到培养"什么样的人"上。

教学操作时需要注意的事项有：以专题的形式确立文史融合的选题，从两门学科的核心素养确定教学目标，培养思考方式为学科融合的教学重点。

适应未来的人要具备一定的科学素养、人文素养、艺术素养、对生命的认识以及基本技能。学科融合在培养核心素养上有优势，学科融合教学将成为教学研究的重点。

参考文献：

[1]彭云，张倩韦.课程整合中跨学科教学的探讨[J].载《信息技术教育》.2004（4）.

[2]赵斐，陈为铎.新课程下跨学科教学的意义和途径探讨——以生物和地理学科为例[J].载《学周刊》.2013（12）.

打破学科壁垒，培养学生贯通思维

——浅谈学科融合课的设计与实施

北京市第二十七中学

王　莉（语文）

提要　"跨学科学习""促进语文和其他学科教学的衔接"等前沿教学思想和要求多次出现在《语文课程标准》和《北京市中小学语文教学改进意见》中，明示着课堂教学改革的思路和方向，要求教师主动拓展和整合教学资源，促进学科间的交叉、渗透和衔接。本文以"《寄情山水》文史地学科融合探究课"为例，从学科融合课的构思、设计与实施和课后评价等方面探讨了一节真正的学科融合课应该注意的问题，达到了从教学实践的角度对学科融合课的概念和意义进行厘清的目的。

主题词　学科融合　贯通思维　整体与差异

早在 2011 年出版的《义务教育语文课程标准》中就已经明确指出："（语文教学）应该拓宽语文学习和运用的领域，注重跨学科的学习和现代科技手段的运用，使学生在不同内容和方法的相互交叉、渗透和整合中开阔视野，提高学习效率，初步养成现代社会所需要的语文素养。"2016 年下发的《北京市中小学语文学科教学改进意见》中再次提出，"要扎实推进语文教学与学习方式的改变"，要"积极拓展、整合教学资源，促进语文和其他学科教学的衔接。提倡把历史、地理、政治等学科内容作为语文学习的依托和背景，加强学习过程的开放性、体验性和实践性"。无论是《课程标准》还是《改进意见》都在反复强调语文教学思维和方式的转变，那就是要主动打破学科间的界限，要拓展和整合教学资源，促进语文和其他学科的交叉、渗透和衔接。在这种大的背景下，学科融合课成了教改前沿新兴的"明星"，受到了广泛的关注，各种学科融合课如雨后春笋般应运而出。但是什么是真正的学科融合课，设计一节学科融合课应该注意哪些方面的问题呢？带着这些思考，作为一名一线教师，近日笔者组织设计并参与实践了一节语文、历史、地理三科融合的公开课，教学效果良好，受到听课领导和老师的一致好评。结合本节文史地学科融合课的设计和实施过程，笔者就学科融合课的选题、设计与实施和效果评价等方面谈谈自己浅显的体会和看法。

一、如何确定一节学科融合课的核心目标

要想设计和上好一节学科融合课，一定要确定这节课的主题思想，主题思想表现在教学环节中就是教学的核心目标。核心目标的确立，能够保证教学上的每个环节以及每个知识板块的处理都围绕一个核心目标而展开，在统一的核心目标的引领下，相关教学活动才能形成一个清晰的认知路线，所有探究活动都必须沿着这条路线行进。核心目标的确立能够保证学科融合课的整体性和一致性，不至于让几个学科在上课的时候各自为政，没有关联。那么，该如何确定一节学科融合课的核心目标呢？

确立一节学科融合课的核心目标，首先是要以教材为依托。

教材、教师、学生是课堂教学活动的三种基本要求，也是教学质量生成的三种基本要素。在这三种基本要素中，教材无疑应该是学校教育的中心，因为教材是教师执教的依据，也是学生学习的依据，教材是学校教育的基础和依靠。而教学过程事实上是知识也就是教材生成的过程。教师在执教的过程中必须紧密依托教材才能保证学校的基本教育质量。我国近代教育家陆费

逯在《中华书局宣言书》明确提出了"教科书革命"的口号，他说："国立根本，在乎教育，教育根本，实在教科书。"学科融合课是学校教育的组成部分，学科融合的宗旨是通过各学科之间的融会贯通，培养学生跨学科的思维方式以激发他们的创造力，就更不能脱离教材自顾自地搞"学科融合"。

以教材为依据确定学科融合课的核心目标还有一个原因就是这样的融合课更具有实操性和示范性。目前学科融合还是一个较新的教育教学理念，大家都在这方面进行积极的探索和研究，推出一节学科融合课往往具有示范和交流的作用。如果在完全脱离教材的情况下，几个学科一起上一节专题的学科融合课，不是不可以，但是笔者总认为这样的学科融合课往往是作为个体存在的，不具有广泛的示范意义。笔者参与设计和实践的《寄情山水》文史地学科融合课，就是紧密围绕人教版《语文（八年级下册）》中的《与朱元思书》一课而展开，借助于历史课魏晋南北朝时期的背景，深入剖析古人"寄情山水"的历史和个人原因，古人"寄情山水"的内心世界，地理课程中结合中国的自然环境章节，紧密依托文本梳理了富春江沿岸的景色特点。本节课，文史地三科都没有脱离本学科教材，是真正做到了以教材为核心的学科融合。

确立一节学科融合课的核心目标，还要从实际学情出发，做到真正关注和切实解决学生的需要。

《义务教育语文课程标准（2011版）》中指出："学生是学习和发展的主体。"一节课的教学目标要根据学生的实际学习情况来确定，教学过程也要围绕解决学生在学习过程中产生的问题而展开，这样才能让学生得以不断发展和提高。若非如此，教和学就是两张皮。一节好的学科融合课，一定要以解决学生实际需求为本，而不是为了上一节学科融合课而上课。初二下学期的学生，在学习《与朱元思书》的时候，经过小学和初一的积累，已经接触了许多山水诗歌和山水文章，有一定的基础。在以往的教学中受到学生年龄段和认知规律的局限，教师往往只告诉学生这些山水诗歌和文章描写的是山河的秀丽，表现的是作者对祖国河山的喜爱之情。但是这样的处理对于初二的学生来说失于浅显和偏颇，再加上初二的学生拥有了独立思考判断和深入分析问题的能力，所以适合于在这个时候借助《与朱元思书》这篇课文，把以前学习过的写景文章进行系统的梳理，带领学生深入地剖析古人"寄情山水"的真正原因和真正情感。这对于学生学习和理解以后教材中再出现的山水景物的文章无疑是有非常大的帮助的。

第三，确立一节学科融合课的核心目标，在学科的选择上要有所取舍和侧重，不为了单纯的观感热闹而"融合"。

所谓学科融合，并不是融合的学科越多上课的效果就越好。学科融合应以有效探究问题为出发点。在教学上，学科融合的目的和价值主要体现在解决问题上，也就是说，一切学科融合都应为解决问题服务，这是学科融合的根本取向。但在实际教学中，一些老师为了突出和体现学科融合思想，也为了照顾"观摩者"的观感，便会多方嫁接其他学科知识，不论有无需要，也不考虑与核心教学目标的关联性有多大，一味追求多学科的融合，这种课看上去热闹非凡，"其乐融融"，但事实上却是为了"融合"而"融合"的拼凑，学生上起来就会眼花缭乱，应接不暇。到头来不光无益于问题的解决，更让学生一头雾水，不知所以然。一节课上完之后，除了课堂上的热闹，学生真正从"学科融合"的角度学会了什么，"学科融合"的初衷是什么，恐怕没有人会知道。

所以，要想真正上好一节学科融合课，就要在明确课堂核心目标的前提下，慎重地选择参与的学科，同时，参与课堂的学科也要有主次和侧重之分，这样的设计才会保证课堂教学是从学生的实际出发，课堂思路明确清晰。《寄情山水》文史地学科融合课上完之后，在评课环节，有老师提出，其实这节课涉及了"魏晋南北朝山水画"，而且文章内容也是山水风景，是不是也可以把美术课融合进来？笔者认为，这节课的主要教学目标是让学生从历史、语文和地理的角度深入剖析古人"寄情山水"的文化和济世情怀的，美术课的加入只会让教学目标复杂化，扰乱课堂和学生的思路，还是"不融"为好。还有老师提出，这节课的学科融合更多的是文科之间的融合，能不能尝试打破文理之间的壁垒，做到文理融合？单就本节课来讲，笔者觉得文科融合就足够了。打破文理实现融合，一定是可行的，但还是要看教学内容和学生需求。

二、如何设计和实施一节真正的学科融合课

在确定了一节学科融合课的核心目标之后，设计和实施学科融合课应该注意些什么呢？

首先要保证每一学科的教学活动和环节都要围绕核心目标而展开，课堂探究活动围绕核心目标而进行。只有这样才能做到学科之间真正融合、渗透，而不是简单地拼凑与衔接。笔者曾经观摩过一些学科融合课，这些课大多都有一个明确的课堂主题，在这个课堂主题的统领下，参与的学科各自展开课堂活动，解决各个学科的教学目标。笔者认为，这样的课堂最多也只能算作是多学科的粘贴，并没有真正实现学科间的融合和渗透，不能算真正的学科融合课。

《寄情山水》文史地学科融合课在确立了课堂的核心目标之后，参与教学的每一学科都分别围绕核心学科确立了本学科的教学目标，历史学科主要分析"山水小品"产生的社会原因和佛道影响；语文学科结合山水文章探究个人原因和儒学思想对古人的影响；地理学科从自然山水的特点进展到探寻人地关系。每一学科的教学活动都指向核心目标——古人寄情山水的情怀，每一学科都切实发挥本学科的效能和作用，解决了实际的教学问题。本堂课结束之后，学生对古人"寄情山水"的原因能够从历史、语文和地理三个方面进行深入全面的剖析，对古人"寄情山水"的情怀也有更深刻和系统的理解，对今后无论哪个学科中出现的山水诗文都会有全新和深入的感悟。这种指向核心目标的学科融合才是有效的融合，这种课堂也才应该是教学探索和努力的方向。

其次，在核心教学目标明确的前提下，各学科要确定彰显本学科特色的教学目标。核心教学目标是学科融合课的灯塔，它保证了一节课围绕一个共同的主题开展，从而使参与的学科有一个明晰而统一的方向。但是，学科融合不是一味模糊学科之间的差异，更不是学科之间的互相取代。所以在核心

目标的统领下，参与学科要有各自明确的学科教学目标，要结合学生的实际需要，切实发挥不同学科资源的效能和作用，彰显不同学科的不同特点。不能把历史课上成语文课，也不能把语文课上成历史课或者地理课。融合不是取代，如果历史老师来讲语文，语文老师来讲历史，那是又走入了另一个误区。《寄情山水》文史地学科融合探究课就是在紧密围绕核心目标的前提下，各学科都有特点鲜明的学科目标，并且在各自的课堂活动中逐一落实了本学科的教学目标。

第三，参与学科融合的学科在确定本学科教学目标时，还要注意有所取舍。

一节课的教学目标可以有很多，但是如果教学目标的设定过多过杂，反而让学生不知所以。学科融合课中各学科的教学目标的设定尤其要注意取舍，要以整节课的核心目标为主线，设计和确定本学科的教学目标，不能随意拓展更不能喧宾夺主。例如《寄情山水》一课，讲到魏晋南北朝时期，历史课可以讲的文化现象有很多，但是为了给后面的课程做铺垫，历史课重点分析山水画作和山水小品出现的原因；提到《与朱元思书》，语文课可以分析作者的写作特色和文章的语言特点，但是这些内容与本节课主题无关，就不讲；地理课也可以去分析富春江的四季特点和气候变迁等地理知识，但是这些内容与本节课的主题无关，教师在进行教学目标设定的时候也果断舍弃。一节学科融合课需要学科教师之间的紧密配合、互相补充，学科融合不是哪一位教师的个人秀，所以有的时候是需要学会割舍的。

第四，板书的设计要体现课程的整体性和差异性。

写在黑板上的板书是整节课教学思路和教学内容的浓缩，是教师口头教学的重要辅助手段，所以板书的设计必须精炼而提纲挈领。好的板书不光能让学生一眼就能明白本节课的教学重点和难点，还能有效吸引学生注意力，让学生留下深刻印象。但是学科融合课的板书就不能只按常规课程的板书要求去设计，因为是几个学科的共同融合和参与，所以板书的设计就既要体现课程的整体性又要突出各自学科的差异性。这一点尤为考验教师的智慧。笔者认为最好的办法就是板书分主次，主板书负责彰显教学的整体思路，副板书负责突出学科差异。《寄情山水》学科融合课的主板书是三个甲骨文的汉字，三位教师在各自的教学环节中一边描画甲骨文，一边讲解该汉字的本义和引申义。这些内容既是整堂课的核心内容又和学科内容联系紧密。三个大大的甲骨文旁边就是本学科自己的板书。这样的设计，既体现了课堂教学的整体思路，又让各学科的板书各有特色。同时，甲骨文的运用让学生领略到中国文化的博大精深，更营造了一种深厚的文化氛围，这一点和本节课的内容也是一致的。

三、如何评价一节学科融合课

一节课结束之后，这节课上得到底怎么样，课堂效果如何，我们该怎么评价一节学科融合课呢？关于这一点，笔者倒认为，评价的角度和方法和普通的课程应该是一样的。但是最重要的一点就是要考查课前设定的教学目标是否达到。

因为是一节学科融合课，所以不光要考查学科的教学目标是否落实，更要考查整节课的核心教学目标有无实现。学科融合课的一个主要目标就是打破学科壁垒，促进学科交叉、渗透和融合，培养学生贯通的思维方式，激发学生的创造力。思维方式的培养、创造力的激发，的确不是一节课就能解决的问题，但是一节课上完之后，学生的思维有无变化，学生的思考有无突破，在一些小细节上是有所反映的。《寄情山水》文史地学科融合课上完之后，在笔者的语文课堂上学生有了明显的变化：当讲到"八月秋高风怒号，卷我屋上三重茅"时，有学生会立刻用物理中"流速与压强"的关系解释这个现象；在《旅鼠之谜》中讲到旅鼠的繁殖问题时，有学生说"这个问题可以让数学老师深入地讲一下"；在学习《敬畏生命》时，学生联想到生物学中更多的传播种子的方法……从学生的种种表现中我们不难看出"跨学科认识和思考问题"的种子已经在他们的头脑中开始生根发芽。这就应该是一节学科融合课的成功之处吧。

总之，学科融合不是课堂的简单点缀，更不是昙花一现的教学思想的噱头，学科融合既是学科发展的趋势，也是产生创新性成果的重要途径。如何切实发挥学科融合的优势，需要每一位教师抛开花架子，潜心研究，共同努力，开动脑筋，各显智慧。

历史藏沟壑，诗词解玄机

——浅谈初中中国古代史教学中诗词史料的运用价值与方法

北京市国子监中学

杨蓉蓉（历史）

提要 本着论从史出和启发教学的原则，以及对提升全民阅读素养的需求，历史教学过程中必须采用大量的史料作为学习的基础信息。在中国古代史教学中，与文言文史料相比，古代的大部分诗词及近现代古体诗歌比文言文更容易理解；诗词的独特韵律，在学习中比文言文更便于学生接受和记忆。本文探讨了如何选择诗歌史料，以及在教学实践中运用诗歌史料的收获与思考。

主题词 初中历史 教学资源 诗词

按初中课程标准的设定，初一年级历史学习内容是中国古代史。本着论从史出和启发教学的原则以及对提升全民阅读素养的需求，教学过程中必须采用大量的史料作为学习的基础信息。而古代史的史料多为文言文，对初中学生而言存在较大的阅读障碍。我们可以采用白话文的展示方式，但如果都采取白话文的方式，又不利于学生对原始史料信息的感知能力提升。这时，诗词进入了我的视野：与文言文相比，我们不难发现，诗词是比文言文更大众化的语言，古代的大部分诗词不仅比文言文更容易理解，而且韵律独特，朗朗上口，不乏千古传唱的名句，在学习中比文言文更便于学生感知、接受和记忆。调查发现，在初中学生中，喜欢古代诗歌的大有人在，而喜欢文言文的寥寥无几。所以，诗歌在初中历史教学中是一类很好的教学资源。

不过，诗歌毕竟不同于严谨的正史记载，它中间加入了诗人明显的个人世界观与情感特点，有些诗歌在创作空间和时间上与其所反映的史实还存在一定的距离。所以，在选用诗歌作为历史史料的时候要注意内容选择与使用方法。选择和使用的基本依据是：课程标准和学生核心素养要求。在此基础上要依据学情设计教学环节和问题，才有希望达到较好的教学效果。让学生在喜闻乐见的氛围中获得有效发展才是我们的目标。如何实现这一目标呢？就这一问题展开的教学实践研究取得了一系列效果不错的小案例，过程与成果如下。

一、依据课标内容要求和中学生核心素养要求选择相应的诗歌

课标要求分为知识能力、过程方法、情感态度价值观三个维度；而核心素养则包括文化基础、自主发展、社会参与三大方面共十八项，也可看作是所有学科课标三维目标的概括提升。在内容选择上，第一步依据课标，这样知识点明确，思路也比较清楚；第二步参考所选诗歌在核心素养上的应用价值，然后予以确定。

依据课标内容要求可以选择的诗歌很多，需考虑核心素养和课堂容量，有所取舍。因为唐朝是诗歌的黄金时代，可供选择的诗歌很多，下面就以唐朝诗歌选用原因列表说明：

课标内容要求	中选诗句	原因（核心素养养成需求）
知道唐太宗和"贞观之治"	"太宗皇帝真长寿，赚得英雄尽白头。"（唐赵嘏诗残句）	人文积淀 问题解决：唐代士人对于科举制的评价。

课标内容要求	中选诗句	原因（核心素养养成需求）
知道唐玄宗和"开元盛世"	杜甫《忆昔》（全诗）"忆昔开元全盛日，小邑犹藏万家室。稻米流脂粟米白，公私仓廪俱丰实。九州道路无豺狼，远行不劳吉日出。齐纨鲁缟车班班，男耕女桑不相失。" 杜甫《引水》（摘句）"接筒引水喉不干。"《春水》（摘句）"连筒灌小园。" 杜甫《又于韦处乞大邑瓷碗》（摘句）"大邑烧瓷轻且坚，扣如哀玉锦城传。" 王维《出门》（摘句）"长安百万家，出门无所之。" 李白《少年行》（摘句）"五陵年少金市东，银鞍白马度春风。落花踏尽游何处，笑入胡姬酒肆中。"	人文积淀 问题解决：诗歌资料配合文物图片直观感知盛唐景象。 国家认同：感知盛唐农业手工业成就、商业城市繁荣。
通过经济繁荣、开放的社会风气和唐诗的盛行，了解盛唐的社会气象	蔡孚《打球篇》（摘句）"……红鬣[liè]锦鬃风騄[lù]骥，黄络青丝电紫骝[liú]。奔星乱下花场里，初月飞来画杖头。……" 《寄李太白二十韵》（摘句）"笔落惊风雨，诗成泣鬼神。"	人文积淀 审美情趣：感受唐朝诗歌精神意境之"美"，感受唐代的想象力与创造力。
	其他诗句由学生自主选择（学生吟诵盛唐诗歌名句）如："大漠孤烟直，长河落日圆。""荡胸生层云，阴阳割昏晓。""醉卧沙场君莫笑，古来征战几人回？""黄鹤一去不复返，白云千载空悠悠。"……	乐学善学：自主吟诵盛唐名句，激发对盛唐文学成就的学习向往，理解盛唐社会气象。
知道"安史之乱"导致唐朝由盛转衰	李隆基《过晋阳宫》（摘句）"缅想封唐处，实惟建国初。……永言念功成，颂德临康衢。长怀经纶日，叹息履庭隅。艰难安可忘，……" 白居易《长恨歌》（摘句）"汉皇重色思倾国，御宇多年求不得。……从此君王不早朝。……春从春游夜专夜。……缓歌谩舞凝丝竹，尽日君王看不足。……"	人文积淀 问题解决：通过诗歌内容对比，感受唐玄宗的变化，为分析由盛而衰的原因做铺垫。
	杜甫《无家别》（摘句）"寂寞天宝后，园庐但蒿藜。我里百余家，世乱各东西。存者无消息，死者为尘泥。……四邻何所有，一二老寡妻。……县吏知我至，召令习鼓鞞[pí]。虽从本州役，内顾无所携。……永痛长病母，五年委沟溪。……人生无家别，何以为蒸黎！"	人文积淀 家国情怀：通过诗歌感受战乱给社会带来的痛苦，体会诗人的家国情怀和社会责任感。

二、依据课标三维要求和学情设计教学环节与情景

在教学环节的设计上应如何入手呢？

课标三维目标的要求给我们的教学环节设计指出了方向。历史三维目标与其他学科在知识方面各具学科特色，但在能力、过程方法与情感态度方面有许多交叉之处。

本文所讨论的问题首先要关注基础知识，历史、语文两个学科在基础知识上比其他学科更"亲近"得多。其中语文古代诗歌的相关内容大部分可以作为史料使用。其次，每个教学环节都同时或多或少体现着三维目标。一个教学环节的设计不可能单独关注一个方面而忽视另一个方面，但毫无侧重地同时关注，也可能导致顾此失彼。可行方法是以某一方面为主，另外的方面为辅，展开设计。具体在知识学习和运用上以历史为主，以语文为辅。

（一）从侧重知识能力的要求出发设计教学环节与情境

侧重知识能力要求的教学环节设计又包括侧重知识和侧重能力两个方面。

以知识落实为主体的教学环节多用在新知识的学习中，强化对知识的直观感知和理解。诗歌作为史料可以丰富学生对比较陌生、琐碎、生活距离感较远等方面的史实学习，容易引导学生进入一种便于想象的情境中进行学习。

例如上文表格中列出"盛唐社会气象"中"经济繁荣"这一目的教学，主要涉及农业、手工业和商业与城市。一般讲到这些内容学生兴趣不大，而且知识比较琐碎，距离现实生活较远，在宋以前的文言史料对这些内容的记叙并不生动详细。以往采取想象图、模型、录像等直观的方式创设情境，也能取得比较好的效果。但这些资料毕竟都不是第一手资料，我们要突出论从史出还要适当选用第一手资料。所以，选择当时的诗词作为教学资源的补充是可行的。

关于农业发展，我们重点介绍曲辕犁和筒车两种先进的农业工具的普遍使用。在采用了模型和视频的同时，关于筒车使用了第一手资料——当时杜甫的诗句《引水》（摘句）"接筒引水喉不干"、《春水》（摘句）"连筒灌小园"作为辅助。借助杜甫的诗句，强化学生对筒车在当时重要作用的认识，而且赋予一个通俗工具的进步以诗画般的意境，增强了学生对历史第一手资料的重视意识并开拓了史料视野，突出了筒车在人们生活中的常见与重要这一现象的同时也减少了枯燥乏味的说明文式的表述。唐朝突出的手工业成就包括唐三彩和以南青北白著称的瓷器。选用杜甫的诗句《又于韦处乞大邑瓷碗》（摘句）"大邑烧瓷轻且坚，扣如哀玉锦城传。"在优美的诗句中感受瓷器给唐朝人的生活带来的方便与意趣。而商业与城市，则用了王维的"长安百万家，出门无所之"，让学生想象长安的宏伟与街坊的繁多，对一个初入长安的外来知识分子而言，出门看着街道发蒙，不知道往哪里走，一种生活中的窘境跃然眼前，更加衬托了长安城规模大、人口多、堪称世界最大城市的美名。

文献资料是历史多种呈现方式之一，特别是古代史，文献资料是最多最重要的一项。课标能力要求中"提升学生理解历史文献资料能力、提高历史的阅读能力并形成符合当时历史条件的一定的历史情境想象"是十分重要的能力。所以，侧重能力提升要求的教学环节设计，一般作为史料阅读、为论从史出做铺垫的过程中使用。重在引导学生阅读理解并进行合理想象。所以选用史料需要十分精心，史料的难易、长短、信息是否突出、可读性、趣味性都需要加以考虑。

例如，在学习唐玄宗后期的作为导致安史之乱的内容时，分析动乱造成的原因，需要论从史出，分析透彻才好，否则浮于表面，有百害而无一利。其表面原因是唐玄宗宠爱杨贵妃疏于朝政，宠信杨国忠、安禄山导致外重内轻。纠其根本原因还是君主专制——唐玄宗前期做得那么好，后期怎么会这样糟？但唐玄宗也是个人，必有人的弱点，君主专制制度下没有对君权的有效限制，皇帝弱点一暴露出来，很快就会反映在国家政治命运上。但这样的道理怎样用潜显易懂的方法让学生自主发现其中的关联呢？我选择了两首诗歌的节选，引导学生进行对比阅读，分析比较两首诗中唐玄宗的变化。一首是李隆基本人写的《过晋阳宫》（摘句）"缅想封唐处，实惟建国初。……永言念成功，颂德临康衢。长怀经纶日，叹息履庭隅。艰难安可忘，……"另一首诗是白居易的《长恨歌》（摘句）"汉皇重色思倾国，御宇多年求不得。……从此君王不早朝。……春从春游夜专夜。……缓歌谩舞凝丝竹，尽日君王看不足。……"重点利用学生对唐玄宗与杨贵妃故事的熟悉，以及对《长恨歌》诗句的略知，便于吸引学生的注意力。

引导问题是：前一首反映了年轻的唐玄宗什么想法？后一首反映了晚年

唐玄宗什么样的行为？前后有何不同？为什么？在帮助学生理解了诗歌的内容含义后，一一探究这些问题。学生认识到唐玄宗的变化给国家政治必然带来巨大影响，因为君主专制，皇帝大权独揽。在这种情况下，他会贪图享乐，所以内宠杨贵妃、外宠杨国忠和安禄山，配合对这三人的才能表现的介绍，使学生认识到历史的复杂，在分析理解历史现象时需要采取唯物史观和辩证史观。同时让学生学习到通过史料理解、置疑、对比、辨析，而提高解决问题的能力。

（二）从侧重过程方法的要求出发设计教学环节与情境

课标对过程方法的要求是"通过多种途径感知历史；学会运用原因与结果等多种思维方法对历史事实进行理解和判断；学会发现问题、提出问题，初步理解历史问题并尝试体验探究历史问题的过程，通过搜集资料、掌握证据和独立思考；在探究历史的过程中尝试反思历史，汲取历史的经验教训。"

选择诗歌作为史料，在教学操作中也能如鱼得水地实现上述要求。上文例子中虽然侧重强调运用史料进行历史教学中的能力培养问题，但也完全体现了过程方法的要求。但下面要进一步论述在导入、过渡、提升探究和总结概括环节中运用诗歌资源，开展教学过程的设计与实施的收获。

1. 导入环节诗歌的使用

例如，关于元末农民大起义的原因，以往通过讲故事作为导入，现在引入了元末著名诗人萨都剌的《早发黄河即事》（摘句）："炊烟绕茅屋，秋稻上垅丘。尝新未及试，官租急征求。…去年筑河防，驱夫如驱囚。人家废耕织，嗷嗷齐东州。饥饿半欲死，驱之长河流。"此诗真实地反映了元末黄河下游沿岸百姓的疾苦，通过对诗歌的理解可直接感受人民对元朝统治的强烈不满，找到元末农民大起义的原因也就水到渠成了。

2. 探究过渡环节与起始环节诗歌的使用

例如，由宋朝商业繁荣到探究宋朝城市生活问题时，先使用了柳永的词《望海潮》（摘句），城市的繁华与市民生活的热闹喜乐恍然出现在眼前。再用诗歌"闲听瓦内讲评书，粉怪传奇胜翻读。打诨烟花皆悦众，全凭利口

誉京都"，展现宋朝城市娱乐场所景象，并吸引学生展开想象。

3. 探究提升环节诗歌的使用

例如在评价隋朝运河这一水利工程时，用了两首唐朝诗人的《运河》诗。一首是胡曾的《咏史诗·汴水》："千里长河一旦开，亡隋波浪九重来。锦帆未落干戈起，惆怅龙舟更不回。"一首是皮日休的《汴河怀古二首》："尽道隋亡为此河，至今千里赖通波。若无水殿龙舟事，共禹论功不较多。"由此引发对运河工程的评价以及对隋炀帝功过评价的提升探讨过程。学生反应积极，能够在探究历史的过程中尝试反思历史、汲取历史经验教训的学习思维过程。

4. 总结概括环节诗歌的使用

这一环节用得最多的是毛泽东的《沁园春·雪》。可以用在古代史学习结束之后进行人物总结概括环节。也可以用李白古风中的《秦王扫六合》作为评价嬴政功过的材料。这类诗歌可用的也不少，但多为后人所作，注意分析时关注诗人的情感是否偏颇或史料是否全面。

（三）从侧重情感态度的要求出发设计教学环节与情境

没有思想的课堂缺少灵魂，没有感情的课堂缺少活力。在课堂上点燃思想的火花、激发情感的波涛，让课堂变成灵魂的熔炉，让师生一次次共同体会精神的升华，这样的历史课堂才是有意义的和值得回味的。历史教学中选用适当的诗歌作为教学资源，进行思想提炼和感情渲染，是一条可行的途径。

国家认同和家国情怀是核心素养的重要组成。在这方面的思想情感提升可选用的资源很多。如表现国破家亡之后的绝望情感的诗词：南唐后主李煜《虞美人》《浪淘沙》；如表现国破家亡后的视死如归的诗歌：宋末抗元名臣文天祥的《正气歌》；如表现誓言收复山河的诗歌：岳飞的《满江红》；如表现国仇家恨未报、壮志未酬但又不言放弃的诗歌：辛弃疾、陆游等人的作品；如表现坚决扫除倭寇决心的诗歌：戚继光的诗歌；如表现同情百姓疾苦、使人感受社会责任重大的诗歌：如曹操的《蒿里行》、杜甫的《三吏三别》《茅屋为秋风所破歌》，张养浩的《山坡羊·潼关怀古》等等。每一次的展示，都会引起会背诵这些诗歌的某几位甚至全班学生们的热烈呼应，可见诗歌的情感魅力是一般文言文和白话文史料不能比肩的。

学习兴趣是学生最终达到爱学会学境界的阶梯和动力。在这方面诗歌作为历史学习素材也是大有可为的。最突出的一个例子是盛唐社会气象中"诗歌的兴盛"一目。唐诗是语文教学中的重要内容，历史教学落脚点不是诗歌，而是以诗歌为平台，让学生感受到盛唐社会气象的开放恢宏，体会在这样的社会文学所表现出来的时代精神风貌。

为了达到这一目的，教学设计采用了调动学生诗歌学习兴趣、挖掘学生学习积淀、激发学生自我展示热情、教师最后总结提升的方式。第一步，首先展示盛唐时期的著名诗人画像，然后请学生吟诵自己知道的这些诗人或同一时期其他诗人的著名诗句。注意不是全诗而是名句，这样参与的学生人数会大大增加，且名句更容易感染其他学生。学生非常踊跃，一人起头，十几个学生争着发言，少有的热烈。第二步我引导：杜甫有诗句盛赞大诗人李白，你们知道吗？学生真有知道的，但不是我要用的。接着抛出："笔落惊风雨，诗成泣鬼神"的诗句，不仅是赞叹李白，也是对盛唐诗歌的赞叹。第三步提出"孤篇盖全唐"的《春江花月夜》，吟诵节选，展现意境。在学生积极感受的时候总结盛唐社会给诗人们提供了发展的物质精神基础——让唐朝诗人展现了"惊人的想象力和伟大的创造力"！至此这一目的学习结束，但师生都意犹未尽。

此外，能引起学生的学习兴趣的诗歌还有很多，比如李白《侠客行》中所说的战国窃符救赵的故事，在长平之战的拓展教学中使用效果也非常好。

我们的国家——中国：江山如画如书——峰峦纵横、波澜壮阔；历史如诗如歌——绵延悠长、跌宕起伏。探寻历史真相、明辨历史是非、借鉴历史得失是历史学习的真正价值所在。历代先民创作的诗歌承载着厚重的历史信息，凝聚了他们的精神与智慧、想象与创造，是可供历史教学不断挖掘的资源宝库。

新课改背景下学科融合实践课程的探索与思考

北京市文汇中学

徐彩虹（历史）

提要 新课改明确提出，历史课程的改革"应有利于学生学习方式的转变，倡导学生积极主动地参与教学过程，勇于提出问题，学习分析问题和解决问题的方法，改变学生死记硬背和被动接受知识的学习方式"。实践课程是以学生自主学习和直接体验为主要学习方式，是密切联系学生自身生活和社会生活、注重对知识技能的综合运用的实践性课程。在新课改背景下如何更好地开发实践课程，让实践课程更好地发挥它的功能与作用？

主题词 新课改　实践课程　学科融合　实效性

实践课程是指不以系统传递和学习知识为主要目标，而是学生在教师的指导下，以问题和经验为中心，有目的地运用所学知识，通过调查、实践、设计实践课程以学生现实生活为主要课程资源，以实践性主题活动为基本教学内容，以学生自主学习和直接体验为主要学习方式，是密切联系学生自身生活和社会生活、注重对知识技能的综合运用的实践性课程。它的特征：开放性、探究性、实践性、自主性。

在新课改背景下如何更好地开发实践课程，让实践课程更好地发挥它的功能与作用？我们在不断摸索的过程中，有了以下的探索和思考。

一、实践课程的目标

新课改明确提出，历史课程的改革"应有利于学生学习方式的转变，倡导学生积极主动地参与教学过程，勇于提出问题，学习分析问题和解决问题的方法，改变学生死记硬背和被动接受知识的学习方式"。《教育规划纲要》提出：面向全体学生、促进学生全面发展，着力提高学生服务国家服务人民的社会责任感、勇于探索的创新精神和善于解决问题的实践能力。

实践课程课程的总目标：通过密切学生与生活的联系、学校与社会的联系，引导学生在积极参与实践的过程中获得积极体验和丰富经验；提高学生对自然、社会和自我之内在联系的整体认识，发展学生的创新能力、实践能力、社会责任感以及学生良好的个性品质。

历史这门学科的特点决定了它距离学生的生活比较遥远，为了实现新课标中对于培养学生素质与能力的要求，我们有效地利用了北京有众多文物、博物馆等教学资源的优势，带领学生走出校门，开展了大量的社会实践活动，让学生走近历史、触摸历史，从而更好地理解历史，在活动中培养学生的自主学习和创新能力。

二、实践课程的发展

文汇中学的实践活动从 1997 年建校就开始进行了，在多年的实践活动的过程中，逐渐形成了我们不同的实践活动路线。

博物馆、纪念馆路线：国家博物馆、首都博物馆、中国邮票邮政博物馆、古钱币博物馆、国家珍宝博物馆、印刷博物馆等。

名人故居、祠墓路线：宋庆龄故居、老舍故居、杨昌济故居、纪晓岚故居、鲁迅故居、蔡元培故居等。

古迹遗址路线：大葆台西汉墓博物馆、周口店猿人、元城墙遗址、明城墙遗址、恭王府花园、王府井古人类文化遗址、京西古道等。

宗教场所路线：孔庙、天坛、雍和宫、西什库天主教堂、南岗子教堂、牛街礼拜寺等。

地方民俗路线：爨底下村、南锣鼓巷、鲜鱼口小吃一条街等。

在不断实践的过程中，我们不断结合新课改和教育规划纲要中对育人目标的要求，也在发展我们的实践课程，主要的创新点如下：

（一）精简实践课程，注重与课堂内容的衔接

我们设计的实践课程不是单独存在的，而是通过与课堂内容的衔接，而赋予它一些新的功能，如在《大葆台访古，探寻西汉文化》一课中，通过精心设计的环节"书写竹简"、参观"黄肠题凑"等，使学生对课堂所学的"纸的发明""西汉时期的王国问题"有了深刻的理解和认识，并激发学生深层次探索的兴趣。

（二）拓宽实践课程，注重与不同学科的融合

国家中长期教育改革和发展纲要中指出，要培养高素质复合型人才，就是具有宽阔的专业知识和广泛的文化教养，具有多种能力和发展潜能，以及和谐发展的个性和创造型的人才。所以，我们的实践课程也在不断创新发展，注重与不同学科的融合。我们在《大葆台访古，探寻西汉文化》一课中，尝试与美术学科融合，结合美术学科"青铜器"章节内容，设计了课后延伸部分：让学生尝试用各种材料（提倡用废旧材料）制作青铜器。在《我眼中不一样的故宫》一课中，尝试与语文、地理、政治、数学、物理等学科融合，引导学生用不同的视角来寻访故宫这一古建筑的魅力。

三、如何提高实践课程的实效性

（一）精心设计实践课程

实践课程不以系统全面地掌握知识为主要目标，而是关注学生的生活世界，密切联系学生生活和社会实际，围绕学生感兴趣的内容展开活动。所以，在设计实践课程的时候，要密切关注学生的身心发展特点，选择的活动主题

是开放的、鲜活的，直接与学生生活和社会实际联系，通常超越了学生已有的书本知识，需要学生自主查阅和学习相关的知识，用于解决实际问题。只有这样的设计，才能引发学生的兴趣，使学生乐于参与其中，真正发挥学生的主体作用，收到良好的效果。

（二）精心设计任务单

我们设计的任务单主要考虑以下方面的内容：

激发学生兴趣，培养学生能力；

注重结合课堂内容，将实践课程作为学校课堂学习的补充和延伸；

在实践活动结束后，能引发学生的思考，使学生动手查阅资料来解决问题。

下面以其中的一节实践课程来举例说明。

表一：《大葆台访古，探寻西汉文化》实践活动学习任务单

《大葆台访古，探寻西汉文化》实践活动学习任务单		
指导思想：全面贯彻党的教育方针，践行社会主义核心价值观，落实《教育规划纲要》中提出的"面向全体学生，促进学生全面发展"的要求，培养学生勇于探索的创新精神和善于解决问题的实践能力。		
组别 墓葬参观组	书写竹简组	模拟考古组
学习任务 1.此墓葬的主人是谁？身份是什么？ 2."黄肠题凑"是什么？反映了西汉时期的什么问题？ 3.请拍想出土的文物中你最感兴趣的一件，并做具体的介绍。	1.在正式的纸出现之前，中国的书写材料有哪些？ 2.竹简的制作过程是什么？ 3.中国的汉字中有哪些与竹简有关？	1."探方"是什么？考古有哪些必要的工具？ 2.考古有哪些注意事项？ 3.请介绍你"考古发掘"出的一件文物。
延伸部分 请查找资料介绍西汉墓葬的丧葬制式，以及天子、诸侯、平民在具体丧葬制式方面的严格规定。	请寻找合适的材料，动手制作竹简，体会制作过程的艰辛。	请用不同材料制作"考古发掘"出的文物。

（三）建立科学全面的评价学生方案

我们传统的评价学生的机制和方案过于单一，实践课程的评价强调多元化，评价主体是多元的，教师、学生、伙伴、校外指导员等都可作为评价者，应该重视学生在活动过程中的表现以及他们是如何解决问题的，而不是仅针对他们的结论成果。只要学生在活动过程中，对自然、社会和自我形成一定

的认识，获得了实际的体验和经验，就应给予学生积极的评价。基于以上理念，我们让学生按活动小组保存本小组活动所得的资料，比如学生活动的照片、搜集的资料、体验日记、作品、评价表等，由学生自评、互评为主，教师等级评价与评语相结合的方式，评价要注重过程，重视态度，特别要关注学生自主学习的情感体验，力求体现评价的多样性与层次性。以下两个评价方案从不同角度进行说明。

表二：《大葆台访古，了解西汉文化》实践活动评价方案

《发现博物馆之旅》小报评价量规

《大葆台访古，了解西汉文化》实践活动评价方案									
组别		墓葬参观组			书写竹简组			模拟考古组		
评价等级		A	B	C	A	B	C	A	B	C
能在实践活动中印证相关课堂内容										
能在实践活动获得有效史料										
小组成员积极参与实践活动										
小组成员组内分工明确、互相协作										
课后延伸的实践报告、小制作完成质量										

《发现博物馆之旅》小报评价量规							
评价主题	权重	学生表现及赋值					
					自评	组评	师评
		优（80%～100%）	良（60%～80%）	需努力（60%以下）			
立意	20%	主题鲜明，角度新颖	题目明确，基本能够表达个人观点	观点不太明确，主题不够突出			
内容	40%	内容丰富条理清楚设计美观	内容较为翔实，版面设计规范	内容与主题不够吻合，设计较为简单			
态度	40%	认真参观，广泛搜集资料，有想法有创意	在家人和同学的帮助下能够主动参与，积极探究，态度认真	历史学科探究的精神和能力尚需改进			

经过不断的实践、发展和改进，我们的实践课程既取得了一定的成绩，学生学习的积极性有了明显的提高，潜能生、学困生的兴趣得到了适当的发展，在一定程度上找到了自己的立足点，自信心得到了培养；同时活动的开展也丰富了学生的课内外生活，开阔了学生的眼界。"读万卷书，行千里路"，

历史学习与实践活动是相辅相成的，学生通过课堂能学习到的知识是有限的，而实践之中的收获是无穷的。我们期望能够通过实践活动，激发学生的兴趣，提升学生的学科素养，我们更希望实践活动不但能培养学生应对中考的能力，更能为学生打开一条通往更高更远发展方向的道路。

古典园林教学的融合实践探析

北京市第五中学分校

许肇朗（历史）

提要 苏州园林是此次苏州之行学习融合实践的内容之一，在此我们也专门聆听了苏州大学教授关于苏州园林的讲座，深感古典园林是同中国文化和艺术紧密相关、不可分割的。园林艺术是物质文化与精神文化的双重体现，所以古典园林教学更是人文学科中不可或缺的一项重要内容。同时园林文化也是我校校本课程的内容之一。园林阅读材料是高中语文教学的必读材料，所以中国古典园林教学也是国家课程、地方课程、校本课程和跨学段教学的聚焦内容。如何更好地帮助学生鉴赏中国古典园林，感受中国优秀传统文化，成为一个重要问题。中国古典园林不同流派的差异中所蕴含的不同的精神气质和时代特征成为本文研究所在。

主题词 学科融合古典园林 教学实践 实践探析

一、选题缘起

（一）在亲临园林的体验中生成的问题

苏州园林是此次苏州之行学习实践的内容之一，在此我们也专门聆听了苏州大学教授关于苏州园林的讲座，深感古典园林是同中国文化和艺术紧密相关、不可分割的。园林艺术是物质文化与精神文化的双重体现，所以古典园林教学更是人文学科中不可或缺的一项重要内容。

此次苏州游学亲临苏州园林盛景，我们团队不约而同地思考了如下问题：

1.如何帮助学生鉴赏园林，品鉴、赏析园林的物质形态中包含着的文化精神与审美意识的信息？

2.如何通过对园林的鉴赏，形象地向学生传达出一个民族的精神气质或一个时代的文化心理特征？

3.我们应当如何帮助学生在课堂上理解和认识中国古典园林中蕴含的观念与诉求？

（二）对园林教学现状的反思

《苏州园林》一课是八年级上册语文必修课程的重要篇目，《皇家园林》是历史地方课程《我爱北京》第三单元的内容。同时园林文化也是我校校本课程的内容之一。园林阅读材料是高中语文教学的必读材料，所以中国古典园林也是教学国家课程、地方课程和校本课程和跨学段教学的聚焦内容。

首先，在之前的园林教学实践中我们较少从课程体系结构的视角对园林教学进行整体的设计。语文学科中苏州园林的教学更着重于说明文的范本解读；历史学科更为强调园林的历史沿革和园林要素的构成以及造园手法的分析与解读。传统文化中园林教学和着眼点在于园林要素中诗意和书画的意境之美的美学解读上。因此从整体来看，缺乏了对园林教学整体设计的周全和人文关怀上的诠释。

其次，在之前的园林教学实践中我们对园林的比较教学相对薄弱。皇家园林与私家园林是中国园林的两大主要流派，但二者的构思、选材、布局及对景物的要素处理又自成体系，从而形成了截然不同的艺术风格。

如何更好地帮助学生鉴赏中国古典园林，缺乏比较教学，就会极大地影响向学生传达中国古典园林不同流派的差异中所蕴含的不同的精神气质和时代特征。

再次，在园林教学中，容易把园林教学客体化，而忽视了不同流派的园林风格蕴含不同的主体观念和精神诉求。

二、古典园林教学的理论依据

（一）比较教学论

比较教学法一改"教师讲，学生听"的传统教学模式，变单向教学为互动教学。正确运用比较法，可以帮助学生分清概念，提高分析水平，获得规律性认识，从而获得事半功倍的教学效果。

（二）情境教学法

情境可以在教学活动中起很大作用。知识总是在一定的情境中产生和发展的，具有情境性。脱离了具体的情境，认知活动的效率是低下的。适宜的情境架起了一座直观到抽象、感性到理性、教材到生活的桥梁。它解决的是学生认识过程中的形象与抽象、感性与理性以及旧知与新知的关系和矛盾。

促使学生主动地学习，更好地认知，对教学过程起导引、定向、支持、调节和控制作用。

三、园林教学设计

课程观：如何帮助学生走出课堂，突破听课的局限，那就是让学生去看，去见识，去做，去理解。这也是杜威的以学习者的"经验"为本位，注重活生生的直接经验或体验的获取，注重个人知识、实践知识的学习课程观。

学科融合：中国古典园林的内涵庞大，包罗万象，哲学、美学、艺术、意境、技术浑然一体，在实际教学中，我们既不能囿于学科和教材不见高立远，又不能脱离教学目标包罗万象。所以，在古典园林的教学设计中，我们采用了多学科交融的教学设计，整合了语文、历史、传统文化的教学内容以及思维能力训练方法，设计了如下环节的教学过程。

（一）改变传统课堂授课模式，把"我眼中的颐和园"综合实践活动纳入到教学设计中

学生在学习《苏州园林》时，大部分人都没有去过苏州，也没有见过苏州园林。其实这对学生对这一课的学习是一个巨大的障碍。虽然语文老师可以在课堂上帮助学生理解说明文的写作，却无助于学生对叶圣陶先生对苏州园林特征的体悟。蒙台梭利说过："我听了，我会忘记，我看了，我记住了，我做了，我就理解了。"

身处北京的孩子是幸运的，他们有大把的机会去体会最大的皇家园林——颐和园。如果对颐和园理解深入了，那么自然能迁移到对叶圣陶先生《苏州园林》的理解中来。这也是情境教学的功能。而且，学生自然而然会主动地去比较皇家园林和私家园林的不同，并探究造成差异的深层次原因。

（二）以问题为线索，层层拓展和深化对园林的理解和认识

1. 为什么会修建园林？古典园林是什么？

2. 古典园林承载了哪些中华民族的文化观念和精神诉求？

3. 古典园林用何种营造方式抵达心灵和精神的彼岸？

以这三个问题为线索，展开我们对古典园林教学的设计。

（三）古典园林教学过程

1. 把古典园林放到历史的长河中去考察和了解——历史的视角来认识为什么会修建园林

纵观中国历史，在大部分时间内都是一个统一的大帝国，古代中国的城市往往是一个地域的政治中心，依据相应的等级规划修建，因此秩序井然。而园林是官员、文人甚至帝王试图摆脱等级和日常规范约束的所在，如何寄托心灵自由的愿望？何以解忧？唯有身处自然。

大自然的美好环境以山、水的地理地貌为构架，以郁郁葱葱的植物作为装点，这是中国人所热爱的风景要素。在中国古典园林中，这些自然的风景要素依然保持着原有的自然形态，成为园林的构景基础。

2. 古典园林的构景基础和基本表现形式——从哲学的视角来理解园林的构景基础和表现形式是什么

（1）天人合一的自然观——古典园林的总体特征

在古典园林中，几种造园要素都旨在以最天然的形态示人，力图达到对自然最大限度的模拟。大型的园林，如皇家园林颐和园、私家园林苏州园林都力图寻找风景名胜之地来营建，以将自然山水林木景观纳入园中，完全融于自然山水。

为什么会选择这样的园林构景？

因为国人讲求万物皆有灵，任何事物都有其生存的道理，其存在的形态是顺应天理天道的，不可违背。顺其道才可得大美，中国古典园林历来追求"虽由人作，宛自天开"的园林自然观，所以，其主要表现形式就是自然式的山水园林，几乎无园不山，无园不水。所以，古典园林不论大小，都在有限的空间中创造出自然的无限时空，一拳石、一勺水便可代替大山大河，象征自然山林江湖，自然山水成了中国园林最基本的抒情寄托。

私家园林体量一般较小，且多在市井之中，诸多因素的限制使其只能于自家园中营山理水，这就要求造园师在有限的空间内完成对自然的摹写，并达到最好的效果。

私家园林中的水面虽体量有限，但其在形态上的营造绝不输于自然中的湖河溪瀑，古典园林中的水形收放有度，开合自如，既有开阔的水面以抒心志，又具细小蜿蜒的溪流以寄情思，加之与山石的结合，如同自然水源一般。

园林中的植物不像西方园林那样修剪得成行成列，高低一致，而是顺依植物的自然生长态势，或孤植参天大树，或丛植绿草繁花，或于山间点缀一二，无不呈现出自然的山林景象。苏州狮子林以假山造型的变化万千闻名，其叠山与理水及植物的艺术结合，是模仿自然景色的范例之一。

（2）归隐求安的隐逸观——古典园林建造的主题

园林的题名匾额对隐逸文化的表达。题名匾额是中国古典园林的一大特色，其中蕴涵着古老深厚的中华历史文化，揭示了园林建造的主题。中国古典园林作品中，很多题名和匾额都体现了"隐逸"的文化内涵。

古典园林中有许多单从园名即可知其"隐"意的实例，如苏州的拙政园，拙政园即取归隐田园山水之中乃"拙者之政"的主题，表达了园主人从此不问官场沉浮，归隐山林的情思。苏州的另一名园网师园也是以"隐"为主题而命名的，自古以来，隐士多自比钓翁、钓叟、钓公、烟波钓徒等渔钓之人，"渔隐"成为"不事王侯，高尚其事"的隐逸符号，"网师"即渔翁之意，也表达了园主卸甲归田的渔隐之乐。

江南私家园林受归隐思想的影响，必须满足园主人的精神诉求，因而在外势必用高墙，入口势必用曲折，以求"隐"；内部势必造山引水，势必要有远山近水和园外的自然景观产生关系，达到"心远地自偏"的意境；推而广之，几乎所有的构景、细部以及植物配置都力求达到类似的象征意义。

园林中含蓄的形体表达方式对"隐"的体现。拙政园中部经狭长小弄入园，进门处设一黄石假山，起障景作用，使全园景色隐藏而不外露，以达欲扬先抑、引人探幽的目的。苏州留园入口处的设计把"先隐而后引"的特色发挥到了极致，是"隐"的典范。园林中的建筑、山石、植物等造园要素常常互相遮挡，半隐半现地组合成景，既使景物有了不为人一眼识破的深远意境，又丰富了景物的构图，产生了很好的效果，如狮子林卧云室，深藏于石山林木之中，四周是林立的怪石、参天的松柏，建筑与山石树木互相掩映，仅楼之一角可直观，显得幽深莫测。

私家园林中的假山多是自然名山的范本，艺术家们着力营造出沟壑纵横、高峻起伏的山势，将自然中的险峰深壑、重峦叠嶂浓缩于方寸之间，借这方寸中的山林寄托自我乐隐于山林的情思。

古典园林一直在伴随着社会及文化进行演变，并以各种形式反映着当时人类的精神追求。因此，中国古典园林所追求的精神特征势必成为其形式表达的必然性所在。

（3）礼制与秩序的体现——园林建造的布局

以儒家思想为代表的中国传统文化是以"礼"为基本框架的。园林是传统营造中较为自由的形式，是"乐"的境地，似乎与森严的礼教不能兼容并济，但其中的确也体现出礼制文化的痕迹，在布局上也遵循着某种秩序。中国古典园林中的"礼"主要体现在园区的布局与建筑的营造上，也就是宅园的布局与宅邸的营造。

虽然园林整体呈现活泼的不对称布局，但不论是皇家园林的宫殿还是私家园林内的住宅，设计建造上多取正方形或长方形，院落层层递进，布局强调中轴线，南北轴线上多为主要厅堂建筑，东西横轴上则安置宅室等次要建筑，构成了平面上的礼式布局。皇家园林中建筑的布局体现着严格的礼制。颐和园以万寿山为中心制高点，前山是全园的中心，建筑从万寿山上的最高处建筑智慧海顺次向下排列，佛香阁、德辉殿、排云殿、排云门一直到排云玉宇坊，整体上构成了一条规整而庄重的轴线；颐和园的园中之园——谐趣园整体布局并不对称，但其中的建筑涵远堂、知春堂、澄爽斋、湛清轩、知春亭等则强调了中轴线的意识；北海为明、清西苑的一部分，园内建筑密集，分布于主体水面的各个角落，看似自然无序，实际上每一组建筑都具有明显的轴线；私家园林在厅堂与园区的前后分布及宅园建筑的布局上也体现着礼制秩序。

大部分的古典园林都是厅堂于前，游园在后，居室又在后的布局，这样的布局本身便是礼制的体现。厅堂乃待客之所，其布局规整对称，实际上遵循着古代房屋建筑的礼式布局，强调人对外遵礼方可行事；厅后游园则造型活泼多变，园便是人陶冶内在情操的乐之所在。

（4）诗情画意的意境——园林建造的组景

①假山池沼的配合——讲究自然之美

假山池沼的配合既有画意又有诗意，既有动又有静，配合上多姿多彩（池沼大多引用活水，是动，假山是静）

缘由：设计者和匠师们的阅历丰富，胸怀中有山水风景的构思布局——以山为魂，以石为骨，以水为律，以泉为音；春有黄花烂漫，夏有凉风碧草，秋有野果硕实，冬有冰雪凌峰。才乃人间仙境。

②花草树木的映衬——讲究图画之美

植物作为园林元素中唯一的生命体，可以通过迷离的树影、不同的声响、变换的叶色等传递阳光、风雨、四季等自然的信息，其丰富而又独特的形体语言拥有其他材料不可比拟的魅力。植物中所蕴含的历史、文化已成为园林文化的一大特色。

苏州园林按中国园林的传统，虽以自然为宗，绝非丛莽一片，漫无章法。其安排原则大体如下：树高大乔木以荫蔽烈日，植古朴或秀丽树形树姿（如虬松，柔柳）以供欣赏，再辅以花、果、叶的颜色和香味（如丹桂、红枫、金橘、蜡梅、秋菊等）。江南多竹，品类亦繁，终年翠绿以为园林衬色，或多植蔓草、藤萝，以增加山林野趣。也有赏其声音的，如雨中荷叶、芭蕉，枝头鸟啭、蝉鸣等。

③近景远景的层次——讲究景致之美

苏州园林巧妙运用花墙和廊子，花墙廊子隔而不隔、界而不界，体现出了虚实相生的含蓄之美。"庭院深深深几许""正在曲径通幽处"，使苏州园林显得层次多，景致深，景物不是一览无余地展现在游览者的面前，而是逐次展露，游览者可以领略到移步换景的乐趣，获得的审美享受也更为深长。

④花窗的丰富多样——讲究形神之美

古典同林中安装在园墙、亭廊等建筑的四壁上，起框景、漏景和透景等作用的园林建筑小品。其位置比一般意义的窗户要灵活自由，开启方式和立面形式也多有变化。花窗本身或与其他景物共同成景，在观者眼中呈现出独特的形神之美。

如果说花窗的形式美主要体现在形式、材料和制作工艺等方面，花窗的神韵美则体现在通过各种造景手法结合花窗形式所形成的静态景观和动态景观方面。

例如季相交替的植物景观，此次看到是花，下次可能就是果了；晴天看到的是屋檐投在粉墙上转瞬即逝的阴影，雨天可能就变成了沿着屋檐垂下的缕缕雨丝了。由于观者不能时时刻刻逗留于园中，故很难留意到同一景观不同时间上的微妙变化。时间不同、季节不同、天气不同，在同一观者眼中景物也会不同。由于变幻莫测，故而妙趣横生，这也正是苏州古典园林吸引人的奥秘所在。正如前人所言，花窗虽小，却可"纳千顷之汪洋，收四时之烂漫"，苏州古典园林的花窗样式之多、形神之美为世人所公认。

综上所述，中国古典园林作为物质资本和设计大师紧密配合的杰作，在古典园林的建设过程中，文化资本超越了物质资本，成为造园过程的主导力量，文化也给园林带来永恒的魅力。不难发现作为一种无形的资本，文化和物质环境是互动交融的，人文对景观环境的品位具有极大的提升作用。

挖掘历史教材资源，培养学生阅读能力

北京市第一中学

李春忠（历史）

提要 高中历史新课程标准之课程目标特别强调学生自主学习能力的培养，对历史科目而言，阅读能力是学生自主学习能力的基础，是其他能力的载体，而历史教材是中学生的主要阅读材料。在历史教学中，合理利用教材，指导学生学会阅读教材，不仅可以使学生的阅读能力得到提高，而且可以促进学生调动和运用知识、描述和阐述事物、论证和探讨问题的能力得到提高。

主题词 阅读能力 培养 教材

高考考试大纲在"文科综合能力测试"的考查目标与要求中，明确了四个方面的能力要求：获取和解读信息、调动和运用知识、描述和阐释事物、论证和探讨问题。在这四个能力要求中，获取和解读信息是基础，是实现其他三个能力的前提。这个能力要求和新课程标准的要求是一致的。《新课程标准》所强调的历史教育目的是："让学生依据有关史料，通过独立思考，对历史人物、历史事件和历史现象产生个人质疑，认识和判断，得出相关的历史结论。"要实现这一目标，就需要学生能经常运用思辨学习法来提高自己的历史思维能力，而最好的途径就是培养学生的阅读能力。所以，我在课堂教学中努力培养学生的阅读能力，创造一个思辨的课堂，拓展思路，培养思维的批判性。教材是中学生的主要阅读材料。近年来教科书的改革，使课文内容更加丰富多彩。如岳麓版教材在正文、小字部分、知识链接、资料卡片、阅读与思考、解析与探究等各个板块中，都增加了丰富而新颖的史料，有文字史料、历史遗迹、地图、老照片、文学作品等等，这些史料成为教材的重要组成部分，使课文的阅读量进一步增大，而且教科书对阅读的要求进一步深化。如何引导学生阅读教科书，已成为提高历史课堂教学效率与效果的重要步骤。

下面本人想通过在教学过程中的实践，浅谈如何在新课程标准下，充分发挥历史教材在历史教学中的作用。

一、阅读获取信息，理清知识层次或结构

借鉴语文课的方法进行课文分析，通读课文后，将课文划分大的段落，每段总结出中心句。这样课文的结构就比较明晰，考试时遇到大的论述题目，就会相应地先给提纲，不至于遗漏重大得分点。

例如我们的选修课《历史上的重大改革回眸》分册，通过分析课文后，大家发现，基本上都是按照"背景—内容/过程—影响"的模式来讲述的。下面以《俄国农奴制改革》为例，谈谈如何分析和理清知识层次或结构。

首先看课题——俄国农奴制改革，再看课文几个小节——克里木战争、变革的呼声、"解放"法令、司法改革与地方自治、日俄战争与1905年革命、斯托雷平土地改革跟课题之间有什么关系？是什么线索把这几个小节串起来的？

依照前面的经验，我们已知农奴制改革的背景、内容、影响。那哪些属于背景，哪些属于内容呢？"解放"法令和斯托雷平改革之间从内容和结构上看是什么关系？这两次战争跟1861年改革之间有什么关系吗？带着这些问题，同学们阅读教材，寻找答案，最后可以形成如下表的知识结构图。这样可以促使学生由机械学习向有意义学习发展，提高学习兴趣和学习效率，从

而提高历史成绩。

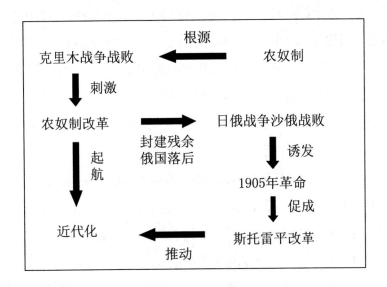

二、注意史论结合，知识能力情感同发展

史论结合是历史学科本身的特点。在掌握史实的基础上，通过思维活动，抓住其必然的本质的因素，形成历史概念，掌握历史规律，形成对历史本质的认识。课本每一个小节的叙述往往都是"史论结合"——以材料题为例，题目给出的是"史实"，问题往往是要我们给出"结论"，这个结论就是课本上在生动的事例前后紧跟的表述严谨的历史性语言，即需要你记住的"干巴巴"的句子。这样看来，学生自己完全可以以课本来组织材料题。其主要方法是指导学生阅读教材，把教材内容当成教学材料进行分析；老师根据课本知识的重要线索或是知识结构提出问题，让学生围绕问题自行阅读教材进行探究分析，然后用学科语言表达出来。

以《俄国农奴制改革》第一、第二段为例：

克里木战争

【1853 年，俄国以保护生活在土耳其的东正教徒为名，对土耳其发动战争。1854 年，法国和英国加入土耳其一方作战。战争很快转到俄国的克里木半岛进行。】这场战争史称克里木战争。

【英法联军围攻俄国黑海舰队的基地塞瓦斯托波尔。俄国投入70万兵力，倾全国之力，坚守要塞11个月。俄军伤亡30万，最后战败。1856年，俄国被迫接受苛刻的《巴黎和约》。和约禁止俄国在黑海拥有舰队和海军基地；俄国将萨拉比亚南部和多瑙河口交给摩尔多瓦公国，将卡尔斯归还土耳其。】克里木战争的失败暴露了当时俄国经济和军事的落后。

中括号内为史，中括号外为论。这样我们很清楚地知道两段教材大部分是叙述战争情况，只有最后一句给俄国战败原因下结论。

在《俄国农奴制改革》这一课里提到克里木战争，学生需要着重掌握的是战争的背景，还是过程，还是结果呢？通过第一步——分析和理清知识层次或结构，我们很清楚地知道应该是最后一句结论性的语言。

本目教材的其他内容，可以做如下处理：

材料一（见课本77页，克里木战争形势图、登陆克里木半岛的英法联军图）

材料二（见课本78页第一段小字）战争爆发后，俄军竟找不到一张克里木军用地图，士兵素质极差。由于交通落后，从俄国中部调兵至克里木所需时间甚至超过英、法从国内调兵所需时间；军官克扣士兵粮饷，奸商和贪官倒卖军用物资，前方却缺乏弹药，军人受冻挨饿。面对装备来复枪、铁甲蒸汽间的英、法军队，俄军只能以滑膛枪和帆船应付。

材料三（课本78页图表）：

19世纪中叶俄国与英国生铁产量对比表

项目 国别	俄国	英国	比例
生铁	26万吨	385万吨	1/15

1861年俄国与英、德铁路里程对比表

项目 国别	俄国	英国	德国
铁路	1500俄里	15000俄里	10000俄里

师：（1）这场战争的时间、交战双方、地点、重要战役、结果如何？

（2）材料二和材料三说明了什么？

生：克里木战争的失败暴露了俄国经济和军事的落后。（课本78页第一段最后一句）

师：是什么阻碍了俄国经济社会的发展？英法为什么先进？

生：俄国实行的农奴制是导致这种落后局面的根源。

师：俄国战败的根本原因是什么？

生：俄国战败的根本原因是俄国落后的农奴制不能对抗英法先进的资本主义制度。

三、提炼和概括要点，眼耳脑手同步走

学习历史必须理清线索，掌握要点，这是将厚书读薄的一种有效的学习方法。所谓"要点"，就是历史事件和历史概念的骨架。提炼要点，必须具有逻辑概括的能力，这样才能从繁杂的内容中提炼出记忆的要点，从而以纲带目，化难为易，执简驭繁。其实是用自己的思路和语言对教材所做的不断加工、分解和初步消化，也是把书本知识化为自身知识的重要步骤。还有重要的一点，避免走神，帮助记忆，加深印象，提醒我们细心读书。

以上三项落实在纸上，要靠手中一支笔。如读到《当今世界的经济区域集团化》中欧共体建立经过时在书上相应的空白处写三条批注：① 1951年欧洲煤钢共同体；② 1957年欧洲经济共同体和欧洲原子能共同体，《罗马条约》；③ 1965年《布鲁塞尔条约》，欧共体成立。这三条正是欧共体建立经过的提纲及三件大事。在书上做符号写评注可以使同学阅读时集中思想，提高效率，加深印象，方便记忆；也可以突出要点，把书由"厚"读"薄"；还有利于今后复习。翻开课本，重点难点和自己对教材的理解加工等立刻展示在面前，引起对旧知识的回忆，增强了复习效果。

在历史课堂教学过程中，除了注意发挥教师的主导作用，还须树立以学生为主体的教学观点。采用活泼多样的教学手段，充分调动思维积极性，激发学生主动思考，在思维训练中提高阅读能力。笔者就这一方面做了一些尝试。

具体做法有：①强调历史课的预习作用。学生依照教师的预习思考题预习课文，通过预习，认识课文内容的基本结构以及它们之间的联系；②发动学生设计板书，教师对他们设计的小标题进行评论、评比。培养阅读概括和提炼观点的能力；③讲授完某个历史事件后，要求学生根据"五要素"[1]"三部曲"[2]，用简练的语言概述历史事件，培养归纳、概括能力；④对历史事件的评价不局限于课文结论，不简单灌输观点。而是开展课堂讨论，发动学生广开思路，根据历史的客观情况，做合情合理的分析。这样，老师在课堂传授知识的同时，使学生得到阅读能力训练的机会。

注释：
[1] "五要素"是指历史结构中的"时、地、人、事、义"。
[2] "三部曲"是指历史事件发生的"原因、经过、结果"。

参考文献：
1.教育部印发的《基础教育课程改革纲要（试行）》。
2.于友西等.历史学科教育学[M].北京：首都师大出版社，1999.
3.曾祥芹，韩雪屏.阅读学原理[M].河南：河南教育出版社，1992.
4.韩雪屏.中国当代阅读理论与阅读教学[M].四川：四川教育出版社，1998.

融会知识，集合智慧

——由《殽之战》教学设计谈学科融合

北京市第一七一中学

王雅荣（语文）

提要 作为基础学科，语文学科在教学过程中，与其他学科的融合是一种必然，也是必要的。本文旨在以《殽之战》教学中语文与历史、美学等学科的融合为例，来探讨学科融合的意义和在具体操作中应采取的有效形式。

主题词 学科融合 意义 形式

《普通高中语文课程标准》中指出：语文教学要"注重跨领域学习，拓宽语文学习范围""学生在语文学习和应用方面的拓展可以是跨领域的。这其中包括同一领域内不同学科之间的沟通……""教师要注意引导学生开阔视野，拓展应用范围，提高语文综合应用能力"。作为基础学科，语文教学承担着提升学生语文素养，培养学生语文应用能力和一定的审美能力、探究能力的重要任务，因此，在语文的教与学中，学科融合是必然也是必要的。本文旨在以《殽之战》教学中语文与历史、美学的融合为例，谈谈学科融合的重要意义以及对学科融合具体实施形式的思考。

一、学科融合能够有效帮助学生解决疑难，提升课堂实效

选自《左传》的《殽之战》一文，是高中语文的经典篇目，除了常规的文言文学习外，这篇文章最突出的特点就是外交辞令的委婉含蓄，典雅优美，在彬彬有礼的外表下，蕴藏着无限锋芒。这也是学生学习中的最大难点：如果不了解春秋时期的社会文化，学生很难理解，原是为了利益而发起的血腥战争，本是你死我活的敌对双方，为何要如此谦恭讲礼？

要解决这一问题，就必须要求学生了解春秋时期的"礼"文化，了解当时社会的政治格局，而这便涉及了历史学科的相关内容。西周时期，礼治思想已渗入一切领域，礼乐文明已臻极致。分封制下的政治法规与道德观念渗入军事领域，一切军事活动均以"军礼"为纲领。而春秋时期，虽然周室衰微，"礼崩乐坏"，但诸侯为称霸，一直遵循着"尊王尚礼"的原则，这样做，可以对周王室及其他诸侯进行安抚，并有助于孤立和威慑其他诸侯大国，它是一种合法化的崛起方式，可以为争霸减小阻力。因此，在春秋时期，无论霸主如何强大，要想得到各诸侯的真正认同，他们必须遵"礼"而行。这也是《左传》行人辞令在"礼"的制约下，委婉含蓄、典雅优美的最根本原因。

基于此，在教学过程中，语文老师先引导学生分析《殽之战》中"弦高犒师""皇武子致辞""孟明辞谢"这三段外交辞令在表达上的特点，然后结合历史老师对春秋时期政治格局和礼治思想的解读，学生的问题就迎刃而解了。这样的教学，水到渠成，极大提高了课堂的实效性。

二、学科融合能够有效提升学生的审美探究能力

结合历史知识，可以让学生深入理解《殽之战》外交辞令在表达上的特点。但对于高中语文教学来说，教师更应注重学生的审美探究能力的培养，引领学生体会中华文化的博大精深，为学生形成一定的传统文化底蕴奠定基础。因此，教师在此基础上引导学生进一步探究儒家"礼"文化对中国传统文化审美的影响，而这就涉及语文与美学的融合。为此，在学习本文之前，

教师引导学生阅读李泽厚的《华夏美学》，并结合《论语》《礼记》中的"和"思想，探究"乐而不淫，哀而不伤，怨而不怒"的"中和"美学原则对中国古代诗歌、绘画、音乐、建筑等方面审美的影响。

这样的融合，拓宽了学生的视野，有利于对其应用探究能力的培养，从而激发学生学习传统文化的热情，有利于语文素养的提升。

三、学科融合的形式上，"备课"比"上课"更重要

在语文教学中，学科融合是必然，也是必要的。但具体实施中，应该以怎样的形式呈现，是值得我们在教学实践中深入探讨的问题。当下，很多学科融合的教学实施是采用相关科目的教师共同授课的形式，轮流到讲台上展示，很有一点"你方唱罢我登场"的意味。课堂容量增大，授课时间自然就要延长，经常一次课要持续 90~120 分钟，大约相当于平日的两到三节课。

这种形式下，需要我们解决的主要问题是如何根据学情确立不同学科教学内容的融合点，如何让学生快速而有效地切换不同学科间的思维模式，如何避免学生因时长的增加而带来的注意力降低甚至疲劳的问题。

首先，学科融合的出发点必须要明确。例如，语文教学中，自然是为了解决语文学习的问题而融合，因此，确立教学内容的融合点必须从学生语文学习的状况出发，而不是为了融合而融合，最后一节课上下来，不知是语文课还是历史课，反倒有知识"杂糅"之弊。因此，我认为，学科融合的形式，更主要的应表现在教师的"备课"上。针对教学中的问题，学科教师之间进行交流探讨，可以将所需要的相关学科的知识铺垫，以相关学科的学案或者课堂教学的形式提供给学生，以达到融合的目的。

其次，在实施的方式上，要根据教学的需要，尽可能采取短时高效的策略。比如《殽之战》教学中，涉及的历史知识，以历史老师的学案和微课的形式呈现，大大缩短了课堂时间；而所涉及的美学知识，则是利用语文的"海量阅读"时间，引导学生读李泽厚的《华夏美学》，将学生所读和课堂教学有机结合，更有助于提升学生应用探究能力。自然，这些准备，都要求教师切切实实在"备

课"上下功夫。

综上所述，学科融合应是不同学科知识的融会贯通，是不同学科教师智慧的融合碰撞，其最终目标指向高效课堂，提升学生的综合应用及思考探究能力。

教学设计与学案

革命背景下的文学，文学视野中的革命

——从《风波》开始探讨中国革命的发展

北京汇文中学　马媛媛（语文）　盛宏意（历史）

北京市东城区教师研修中心　冉　峰（历史）

提要　《风波》是鲁迅小说集《呐喊》中的一篇，小说描写了辛亥革命后张勋复辟这一历史事件在一个普通村庄引起的关于"辫子问题"的风波，反映了鲁迅对辛亥革命失败、国人麻木愚昧的失望。《呐喊》中的多篇小说也都反映了类似主题。本课拟在学生阅读《风波》之后，在课堂上引导学生对小说文本进行细致透彻的分析，引领学生深入历史情境，透过鲁迅创作小说的历史背景，进一步认识近代中国革命的演进逻辑。

主题词　鲁迅　《风波》　近代中国革命

教学内容分析	《风波》是鲁迅小说集《呐喊》中的一篇，小说描写了辛亥革命后张勋复辟这一历史事件在一个普通村庄引起的关于"辫子问题"的风波，反映了鲁迅对辛亥革命失败、国人麻木愚昧的失望。《呐喊》中的多篇小说都反映了鲁迅对革命失败的失望与反思。	
学情分析	学生了解辛亥革命基本史实，阅读过《呐喊》部分篇目。课前自读了《风波》，并且完成了导读作业。	
教学目标	知识与能力	学生阅读和分析文学作品，加深对辛亥革命的理解；学生通过历史和文学两种视角审视文学作品与文学家的创作，提高文学和历史的思维能力。
	过程与方法	以历史和文学两种视角，分析小说呈现的历史现象、小说的情节与人物与历史背景的关系，以此进一步分析鲁迅文学创作与中国革命之间的关系。
	情感、态度价值观	学生通过精读《风波》，进一步理解辛亥革命的不彻底和革命的艰难；通过分析鲁迅文学创作的心路历程，从文学和历史两个角度走近鲁迅。
教学重点	《风波》的情节中所表现出来的鲁迅对社会革命的思考；从鲁迅对革命的认识看中国革命发展的方向。	
教学难点	语文、历史两个学科在视角和思维方式上的转换。	

教学过程简介			
知识结构	教师活动	学生活动	设计意图
一、《风波》中的历史背景	简述1911—1917年的基本史实。	听讲、回忆初中及高中历史必修I相关内容。	引导学生将小说背景具体化。
二、《风波》的情节分析和主旨	提问：结合历史背景，这些村民的生活或思想有哪些荒谬之处？	思考，整理学案，回答问题。	引导学生从文本分析入手，在情节分析中，感受革命之后的中国社会现实，感受中国农村普通民众的停滞、封闭、愚昧、麻木的生活。 同时强调，鲁迅的笔不仅写出了这些人的麻木和愚昧，而且展示了其合理性。正是因为鲁迅把中国的现实问题看得那么透彻，才会有后来陈独秀、钱玄同拉他进入新文化阵营。（为之后历史角度的解读做铺垫）

	提问：《风波》的主旨有哪些？	思考，整理学案，回答问题。	引导明确小说主旨，与历史结合，明确鲁迅认识到辛亥革命的不彻底性。 同时需要指出，学生很少能意识到鲁迅在作品中表现出来的情感。
	提问：《风波》中蕴含着鲁迅怎样的情感？你从哪些细节中看出来的？	思考，搜索文本，回答问题。	引导学生把握最基本的文学作品的阅读方式，学会结合文本体会作者的情感。 明确鲁迅蕴含在沉静的叙述中的是同情，愤怒和悲哀。
	提问：结合鲁迅《〈呐喊〉自序》节选的文字，体会鲁迅创作的心境？如何理解鲁迅的创作心境？ ……但是说："假如一间铁屋子，是绝无窗户而万难破毁的，里面有许多熟睡的人们，不久都要闷死了，然而从昏睡入死灭，并不感到就死的悲哀。现在你大嚷起来，惊起了较为清醒的几个人，使这不幸的少数者来受无可挽救的临终的苦楚，你倒以为对得起他们么？" "然而几个人既然起来，你不能说决没有毁坏这铁屋的希望。"	阅读文本，依据提示搜索信息，思考，回答问题。	引导学生初步感受鲁迅对社会绝望的心情，感受鲁迅自觉承担的民族责任感，也初步了解鲁迅在新文化运动中的被动的参与方式。
三、从《风波》思考中国革命	提问：结合资料，分析《风波》的创作有怎么样的驱动因素？ 陈独秀读《风波》说： "鲁迅兄做的小说，我实在五体投地的佩服。" ——1920年8月22日陈独秀致周作人信 案：《风波》写于1920年8月5日，1920年9月发表于《新青年》第八卷第一号。	阅读资料，思考并回答提问。	引导学生从历史背景观察鲁迅的创作目的。

	提问：继续阅读接下来的材料，说说鲁迅与陈独秀等人通过文学革命，呼唤着怎样的社会革命？ 　　《新青年》的编辑者却一回一回的来信，催几回，我就做一篇，这里必须纪念陈独秀先生，他是催促我做小说最着力的一个。 　　——鲁迅《我怎么做起小说来》 　　今欲革新政治，势不得不革新盘踞于运用此政治者精神界之文学。 　　——陈独秀《文学革命论》	阅读资料，思考并讨论。	引导学生进一步分析鲁迅对中国革命问题的思考。
	提问：鲁迅、陈独秀等人认为中国革命应该唤醒大众，他们的思考在此后中国革命中得到了怎样的响应？ 　　目前农民运动的兴起是一个极大的问题。很短的时间内，将有几万万农民从中国中部、南部和北部各省起来，其势如暴风骤雨，迅猛异常，无论什么大的力量都将压抑不住。 　　——毛泽东《湖南农民运动考察报告》（写于1927年）	阅读资料，思考并回答提问。	引导学生认识鲁迅对革命的思考与之后中国革命的同一性，进而认识鲁迅思想的前瞻性。
四、结语	讲解：要想全面理解鲁迅的作品，需要具备一定的历史视野。反之，深入地理解鲁迅作品，也能加深对中国革命演进逻辑的理解。	听讲、思考。	引导学生掌握深入阅读鲁迅作品的方法，同时也透过鲁迅小说进一步认识中国革命的复杂性。

请阅读鲁迅《呐喊》中的小说《风波》，完成以下问题：

1. 小说中的"造反""遗老""长毛""张大帅""皇帝坐龙庭"分别是什么意思?

"造反"——

"遗老"——

"长毛"——

"张大帅"——

"皇帝坐龙庭"——

2. 请用简要的语言概括小说《风波》的故事情节。

3. 九斤老太的口头禅是"一代不如一代"，这句口头禅的含义是什么? 表现出九斤老太的什么心态?

4. 请结合文本，简要分析七斤嫂和七斤的性格特征。

七斤——

七斤嫂——

5. 鲁迅对赵七爷这个人物持有怎样的情感态度? 从哪些细节可以看出?

6. 结合历史背景,这些村民的生活或思想有哪些荒谬之处? 联系情节,尝试分析。

7. 你认为《风波》这篇小说的主旨有哪些?

8.《呐喊》写作的年代，中国文学受到哪些思潮的影响?

以文读人　以史明人

——以苏轼《方山子传》《文与可画筼筜谷偃竹记》《游沙湖》为例教学设计

北京市第二十二中学

柴　荣（语文）　付　文（历史）

课题	以文读人　以史明人——以苏轼《方山子传》《文与可画筼筜谷偃竹记》《游沙湖》为例	授课班级	北京市第二十二中学高二2班	日期	2017-4-17 下午第二节
做课教师	柴荣、付文	教室	录课室1		
教学目标	1.学习以时空观念整体把握人物形象和作者的方法。 2.用辩证的思维方式、唯物史观分析人物形象和作者，对其形成全面、客观的认识。 3.认同豁达的人生态度，学做有家国情怀的人。				
教学重点	全面、客观地认识作品中的人物形象和作者。				
教学难点	用辩证的思维方式、唯物史观分析人物形象和作者。				
学情介绍	已扫除《方山子传》《文与可画筼筜谷偃竹记》《游沙湖》的文字障碍，写了初读感受。了解了王安石变法等相关知识。看了《评价历史人物》的微课。在此基础上提出了问题。				
课时	第二课时	学习用具	平板电脑	课型	合作学习

教学过程			
教师活动	学生活动	设计意图	备注
一、展示学生疑难问题，由学生提出的问题归纳出本节课要解决的核心问题	回忆学习中的问题，学习提出问题的方法。	教学生提出有价值的问题。	

教学设计与学案

二、明确本节翻转课堂学习的目标	明确本节翻转课堂学习的目标。	让学生明确本节课的学习目标。	
三、合作学习解决核心问题 （一）苏轼在《方山子传》中写"余闻光、黄间多异人"，在《游沙湖》中写"余以手为口，君以眼为耳，皆一时异人也"，在《文与可画筼筜谷偃竹记》中写了文与可的画论和行为，你认为这些人是"异人"吗？请结合文章具体内容分析，由此看出作者是什么样的人。	小组讨论修改一份本组最佳答案展示时使用，并提出挑战的问题。	整体把握文本内容理出文本内在逻辑关系。	
（二）提供思考步骤 1.小组内交流每位同学的学习成果 2.小组同学根据答题思考步骤修改出一份小组展示稿 3.在修改的过程中，就认识作者提出一个挑战问题			
（三）组织小组展示、挑战，其他组质疑、接受挑战	拍照上传每位同学的学习成果。 展示小组修改稿、挑战其他组， 其他组就展示的内容质疑、接受挑战。		
（四）借助资料包解读作者	学生读资料解读作者。	基本理出用辩证的思维方式、唯物史观分析人物形象和作者的方法。	
（五）总结用辩证的思维方式、唯物史观分析人物形象和作者的方法	反思所学。	明确用辩证的思维方式、唯物史观分析人物形象和作者的方法。	
四、布置作业 任选王安石《游褒禅山记》、欧阳修《醉翁亭记》和范仲淹《岳阳楼记》中的一篇，用唯物史观分析作者。			

附板书设计

以文读人　以史明人

形象 ⎫
　　　⎬　时空观念
作者 ⎭　唯物史观

北京市第二十二中学

高二 年级　语文 学科翻转课堂预学案

班级　2班　小组_____姓名_____使用时间 2017 年 4 月 12 日

课题	以文读人　以史明人 以苏轼《方山子传》《文与可画筼筜谷偃竹记》《游沙湖》为例	编辑人	柴荣
		审核人	柴荣
		定稿人	柴荣
目标导学	1. 积累文言文基础知识。		
	2. 学习人物形象与抒情之关系。		
	3. 体会苏轼的情感。		
学习方法建议	通过观看《概括内容》微课，完成预学案的任务。		
自学重点	人物形象与抒情。		
自学难点	人物形象性格。		

学案内容	学生纠错、质疑的问题
一、目标导学（1分钟） 请同学们认真学习目标导学，明确本节课的学习内容和要求。 二、教材自学（13分钟） （一）填写文学文化文学知识。 　　《方山子传》《文与可画筼筜谷偃竹记》《游沙湖》作者是_____（填朝代）_____。 （二）借助课下注释，朗读《方山子传》《文与可画筼筜谷偃竹记》《游沙湖》。 要求： 1.放声朗读，订正字音。 2.断句符合诗意。 3.力求读出诗人要表达的感情。 （三）借助注释和工具书，正确翻译《方山子传》《文与可画筼筜谷偃竹记》《游沙湖》三篇文章。 1.积累你不熟悉的读音。 2.积累实词。 3.积累通假字并解释。 4.积累古今异义并解释。 5.积累词类活用，写出词性变化并解释。 6.积累虚词的意义和用法。 《方山子传》而、因 《文与可画筼筜谷偃竹记》然、以、之、于、焉、其、而 《游沙湖》而、因 7.积累文言句式，标出标志词并写出正常语序。 句式包括：判断句、省略句、定语后置、状语后置、宾语前置、被动句 8.翻译你认为重要的句子。 （四）阅读积累 1.整体感知《方山子传》《文与可画筼筜谷偃竹记》《游沙湖》文章内容。	

2.阅读《方山子传》《文与可画筼筜谷偃竹记》《游沙湖》，请任选一处你感兴趣的问题，写出你的问题。

你的问题：

问题来自：_____

三、微课助学（5分钟）

四、合作互学（5分钟）

小组长组织组员讨论翻译，有问题记录下来，并提出小组要解决的问题。

五、学案测学（5分钟）

1.选出下列加点字字音不正确的一项（　　　　）

A. 蜩tiáo腹fù　　　兔起鹘hú落　　　轮扁piān　　　斫zhuó轮者也

B. 缣jiān素　　　袜材当萃cuì　　　溪绢juàn　　　闾lú里　　　庵ān居

C. 箨tuò龙　　　畴chóu昔　　　毁冠guàn服　　　筼筜yúndāng谷

D. 蕲qí水　　　辄深了liǎo人意　　　短浸jìn溪　　　相xiàng田

2.选出下列加点字解释不正确的一项是（　　　　）

A. 方山子傥见之欤　　　傥：或许、可能

B. 轮扁，斫轮者出　　　斫：雕斫

C. 而读书者与之　　　与：亲附、亲近

D. 辄深了人意　　　辄：即，就

3.选出下列加点字虚词用法和意义相同的一项（　　　　）

A. 俯而不答　　　生而有之也

B. 竹之始生　　　余既筼然异之

C. 吾将以为袜　　　而予以为有道者

D. 必先得成竹于胸　　　晚乃遁于光、黄间

六、质疑待学（1分钟）

北京市第二十二中学

高二 年级 历史 学科翻转课堂预学案

班级 高二 2 班 小组____ 姓名_____ 使用时间 2017 年 4 月 13 日

课题	以文读人 以史明人	编辑人	付文
		审核人	付文
		定稿人	付文
目标导学	1. 了解苏轼人生经历中的重大事件。		
	2. 了解乌台诗案的基本情况。		
	3. 了解王安石变法的主要内容。		
	4. 通过微课初步了解运用唯物史观评价历史人物的基本方法。		
学习方法建议	阅读文本，对信息进行整理和归纳，自学与合作学习相结合。		
自学重点	了解王安石变法等相关知识。		
自学难点	对历史资料进行信息提炼、整理和归纳的能力。		

学案内容	学生纠错、质疑的问题

一、目标导学（1分钟）

二、教材和资料自学（17分钟）

自学内容1：阅读教材，了解王安石变法的主要内容，完成相关内容的知识梳理。

<table>
<tr><td colspan="2">措施</td><td>作用</td><td></td></tr>
<tr><td rowspan="5">富国之法</td><td>_____，政府低息贷款</td><td>农民免受高利贷盘剥，增加财政收入</td><td rowspan="5">局面改善</td></tr>
<tr><td>_____，以钱代役</td><td>保证农业生产，增加政府收入</td></tr>
<tr><td>_____</td><td>兴修水利，开垦土地</td></tr>
<tr><td>方田均税法，按土地多少和质量收税</td><td>抑制兼并，增加财政收入</td></tr>
<tr><td>市易法、均输法</td><td>稳定市场秩序，增加财政收入</td></tr>
<tr><td rowspan="3">强兵之法</td><td>保甲法，农民组成保甲，兵农合一</td><td>节省军费开支，增强军事力量，加强对人民的控制</td><td rowspan="3">局面改善</td></tr>
<tr><td>保马法</td><td>减少政府支出</td></tr>
<tr><td>将兵法，由固定将官带军队</td><td>提高军队战斗力</td></tr>
<tr><td rowspan="3">取士之法</td><td>改革科举，不考诗赋，考经义策论</td><td rowspan="3">为变法选拔人才</td><td></td></tr>
<tr><td>整顿太学</td><td></td></tr>
<tr><td>唯才用人</td><td></td></tr>
</table>

自学内容2：根据资料，了解乌台诗案的基本情况，概括乌台诗案对苏轼的影响。

你认为乌台诗案对苏轼人生的影响是_____

自学内容3：根据《苏轼游迹图》和资料，概括苏轼人生经历中的重大事件。

时间	地点	重大事件
1056年	汴京	
1079年	湖州	
1080年	黄州	
1089年	杭州	
1094年	惠州	
1097年	儋州	
1101年	常州	

三、微课助学（4分钟） 《评价历史人物》

四、合作互学（5分钟）

1.谈谈你对苏轼的初步认识。

五、学案测学（2分钟）通过微课，我学到的评价人物的方法是_____

六、问题质疑（1分钟）

北京市第二十二中学

高二 年级 文史 学科翻转课堂学案

班级 2班 小组_____ 姓名_____ 使用时间 2017 年 4 月 17 日

课题	以文读人 以史明人 ——以苏轼《方山子传》《文与可画筼筜谷偃竹记》《游沙湖》为例	编辑人	柴荣、付文
		审核人	柴荣、付文
		定稿人	柴荣、付文
目标导学	1.学习以时空观念整体把握人物形象和作者的方法。 2.用辩证的思维方式、唯物史观分析人物形象和作者，对其形成全面、客观的认识。 3.认同豁达的人生态度，学做有家国情怀的人。		

教学重点	全面、客观地认识作品中的人物形象和作者。	
教学难点	用辩证的思维方式、唯物史观分析人物形象和作者。	
学案内容		学生纠错、质疑的问题

一、问题导入（3分钟）

二、目标导学（1分钟）

三、个体思考（5分钟）

　　苏轼在《方山子传》中写"余闻光、黄间多异人"，在《游沙湖》中写"余以手为口，君以眼为耳，皆一时异人也"，在《文与可画筼筜谷偃竹记》中写了文与可的画论和行为，你认为这些人是"异人"吗？请结合文章具体内容分析，由此看出作者是什么样的人。

思考步骤：

（1）对《方山子传》《文与可画筼筜谷偃竹记》《游沙湖》中塑造的形象做出判断。

（2）分别概括作者记叙了人物什么事。

（3）无论你认为人物是不是"异人"，在时空观念下，从文中找具体事例分析。

（4）基于对人物形象是否"异人"的判断，利用资料包，结合作者人生经历认识苏轼其人，用辩证、从现象到本质的思维方式分析苏轼成为苏轼的根本原因。

（5）可三篇文章一起写，也可三篇文章分着写；如果有能力尽量多地占有材料，试着发现苏轼成为苏轼的根本原因。

四、合作互学（10分钟）

五、小组展示（10分钟）

六、能力训练（10分钟）

　　任选王安石《游褒禅山记》、欧阳修《醉翁亭记》和范仲淹《岳阳楼记》中的一篇，用唯物史观分析作者。请分条陈述。

七、总结反思（1分钟）

《烟花三月江南景　山川万里少年行》

——江南文化的历史解读

北京市第二中学

隋子辉（历史）　陈惠莲（语文）

提要　苏大之行收获颇多，特别是《吴地民风演变与城市精神的形成》《近代江浙地区社会变迁与中国千年未有之变局》《中国传统文化在园林中的表现》三场讲座，对我们深入地理解江南地区历史文化的纹理有很大的启发。归来之后，二中游学安排学生游苏州虎丘、杭州西湖六和塔、雷峰塔、岳王庙、灵隐飞来峰等处，对这些文化遗存的历史解读正是此次苏大之行收获的现身说法，对于自己苏大所学、所思的整理、加工以研究课的形式呈现出来，从历史的视角对江南文化进行系统的解读，传递给学生，有助于学生形成文史综合的学科素养。

主题词　江南文化　历史　互动

历史老师：我们所到的江南文化的典范——苏杭文化区，自古就是吴越之地，从河姆渡文化、良渚文化一路走来，历经千年风采依旧。江南文化是在与历史深层互动的基础上逐渐变迁形成的，是有其深厚的历史底蕴的，现在我们一谈起江南文化都首先想到吴侬软语、精致优雅、诗意栖居。但回眸

CHU LI TIAN MO DI XING ZOU TIAN DI JIAN

出离翰墨地　行走天地间

096

历史，却并非自古如此。

历史上的吴越之地曾经是民风剽悍、尚武好战的。

一、通过对江南文化形成的第一期——春秋战国时期的解读，让学生重点了解虎丘剑池所代表的吴地民风

历史老师：**结合苏大所学古代吴越民风，以及虎丘的实地教学**，介绍吴越争霸的刀光剑影。

公元前 6 世纪吴王阖闾建都于吴（今天的苏州），当时长江以北的霸主是楚国，楚国采取"联越制吴"的政策，使吴越相互攻伐。吴王阖闾、孙武、伍子胥率领不足三万军队，从淮水流域西打到汉水，五战五胜，力克将近 20 万楚军，攻克楚的都城郢都，逼得楚昭王出逃。后来楚国大臣申包胥入秦国乞师，在秦廷苦求了七天七夜，才使秦出兵助楚复国，但楚自此一蹶不振，吴国成为南方一霸，日后还挥师北上，称霸中原。名震一时的吴王阖闾，在一次伐越之战中受伤而死，临终之际，嘱其子夫差报仇。夫差不辱父命，日后果然征服了越王勾践，接下来，就是越王勾践卧薪尝胆，志切复仇，经过十年生聚，十年教训，最后消灭吴国，逼得夫差自杀，越王勾践随之亦称霸中原。

吴王阖闾为争霸天下，令干将、莫邪夫妇铸剑，剑铸成后，便以石试之，手起刀落，将此石劈成两半。此剑有多锋利呢？正如《战国策·赵策三》里记载："夫吴干之剑，肉试则断牛马，金试则截盘匜。"《庄子·刻意》讲："有于越之剑也，柙而藏之，不敢用也，宝之至也。"屈原的《九歌·国殇》："操吴戈兮被犀甲，车错毂兮短兵接。"《汉书·地理志》："吴越之君皆好勇，故其民至今好用剑，轻死而易发（脾气暴躁）。"

语文老师介绍：摩崖石刻"虎丘剑池""风壑云泉"。

据《姑苏志》载，虎丘剑池为唐代大书法家颜真卿所书，四个楷体大字，字径二尺余，笔力遒劲，朴茂沉着。后因年久剥蚀，"虎丘"两字被断落湮

没，由明万历年间重刻，故在民间有"真剑池，假虎丘"之说。"风壑云泉"是宋代大书法家米芾的手笔。笔之所到，精神飞动，意思是您站在这里侧耳可听风声，举目可赏岩石，抬头可观云彩，低头可看流泉。"风壑云泉"刻石之书题，是对"剑池"景点做了形象的描述和反映，是点睛之笔。

历史老师总结：江南文化第一期——虎丘剑池，是吴越江南文化形成的第一个历史时期非常重要的实物遗存，其尚武风气略见一斑。当时吴越长年交战不已，吴的活动中心是苏州，越的活动中心是绍兴，两国由于尚武好战，故重视兵器制造。吴越之人，好剑轻死，勇武刚烈，勇猛善战，视死如归。唯其如此，吴国才能差点灭掉楚国，在楚国人的心理留下了阴影，此后吴又攻蔡国，楚国派兵援助，结果无人愿为将军；小小的吴国出了阖闾、孙武、伍子胥三大军事家，并将善战上升为理论、兵书，跻身春秋霸主之列。虎丘虽然没有当今江南被世人所称道的精致，但它却被认为有苏州的魂之所在。

二、概括江南文化形成的第二期——三国时期

历史老师：厘清江南文化的路线图，从历史所学的脉络让学生加强理解。

从春秋战国一直到魏晋吴越之地很长时间内，全国经济、政治、文化的中心在中原地区，南方被认为是蛮夷之地。秦统一之后，在越故地设会稽郡，治吴县。在秦时，秦始皇巡游会稽，项羽见秦始皇的仪仗行伍趾高气扬的模样，脱口说出："彼可取而代也。"不久项羽起兵，集吴中子弟八千，从此纵横天下，起兵就是在会稽。楚汉争霸时，楚霸王的子弟兵也展现了惊人的战斗力和强悍，推翻秦朝的主要功劳应该归项羽，只是最后天下归了刘家，几百年间会稽民风依旧。西汉时，刘邦分封同姓王，担心吴地民风，所以找年纪大的人来吴地，后来，刘濞靠煮海水为盐，铜矿积累财富，发动吴楚七国之乱，周亚夫集举国之力平定，原因就是"吴兵锐甚，难与争锋"。东汉末年、三国时期是江南文化发展的第二期，这一时期群雄纷争，江东孙策崛起时，锋芒无人能抵，被世人称为江东猛虎。而三国之中，吴国是最后才被统一的，到了晋朝也有"江

南精兵，北士所难"的说法，可见，尚武的古风在三国时期改变也不大。

语文老师：介绍当时的东吴人才辈出，在政治上与军事上都有卓越表现，孙权、周瑜、鲁肃、诸葛瑾等，可谓是一种江南文化重要的源泉。

三、通过对第三期——东晋时期的历史文化的解读，让学生重点了解佛教寺、塔、石窟文化

历史老师：**结合苏大所学江南历史及传统文化**，介绍第三期的历史变迁。

东晋时期江南民风、文化在逐渐转变，在我国历史的早期，只要北方战乱，就会出现大规模的人口南迁，北民南迁，使南方许多地区的地域文化都不同程度地染上了北方文化的色彩。历史上的第一次北方人口大规模地南迁，起自西晋灭亡前后，"永嘉南渡"是这次大规模移民运动的一个标志性的事件，此次移民高潮前后历时一百多年。据估计，到刘宋时期，从北方迁到南方的人口，至少有 200 万左右。由于移民一般具有较高的生产技术和文化水平，因此在相当程度上提高了南方人口的素质，当这些因素，与尚属空旷荒莽的南方之地相结合，必然大大地推进南方的开发。伴随着人口的南迁，经济中心也逐渐地南移。

语文老师介绍：第三期的文化特点——晋室南渡至隋唐，士族文化的阴柔特质及其对温婉、清秀、恬静的追求，改变了吴越文化的审美取向，逐步给其注入了"士族精神、书生气质"。除士族文化之外，这一时期有一个非常值得关注的文化现象——佛教自汉代传入之后，乱世广布，东晋宋齐梁陈南方相对稳定，"南朝四百八十寺，多少楼台烟雨中"，可见佛教文化的大兴。

此次游学中所见的虎丘云岩禅寺和杭州灵隐寺都最早建于东晋时期。

历史老师介绍：灵隐寺声名振于江南，是杭州最早的名刹。固然因其建筑的宏伟瑰丽和山水的秀丽清幽，但也实有赖于其历史的久远。东晋印度僧人慧里来杭确认为此间是"仙灵所隐"之地而建寺并取名"灵隐"，至今已一千六百余年，而这中间经过了几多的兴衰变迁。今天的灵隐寺建筑主要是

新中国成立后重新修建的，是其历史上至盛时的一鳞半爪，但毕竟没有让这座历史悠久的古刹湮废在历史的风云中。

指出鉴赏佛教的寺庙的基本方法，布局多为轴线式，但南方的园林式布局往往根据地形和山势布置建筑，灵活多变，则更自由式，不过基本上寺的建筑都遵循佛教规制。但是不管哪种布局，两组建筑不可缺少的，一组是山门，天王殿，一组是主体建筑大雄宝殿。对其佛教文化以及与中国文化融合之后体现出来的意蕴进行解读。

历史老师介绍：走进佛教建筑——塔，虎丘斜塔，雷峰塔，六和塔。

语文老师介绍：塔的文化内涵——佛塔的建造象征天覆地载，高天后地，吉祥如意。佛塔高大巍峨，是阴阳结合、奇偶结合，是佛教建筑与本土的阴阳宇宙观的完美结合，强调阴阳和谐，体现了古人的风水学说，吸取了道家理论的精华，是道家重视人与自然的和谐的体现，强调"人法地、地法天、天法道、道法自然"，与环境和谐、共生，体现了中国传统文化的综合性。

历史老师介绍：佛教文化的一种表现——灵隐寺石窟。

语文老师对比：在我们对佛教信仰的传播中，我们会有印象——南方兴建寺庙较多，而北方多开凿石窟，比如云冈石窟、龙门石窟、敦煌莫高窟等等。石窟艺术，由北魏发展到唐代，盛极一时。南方石窟虽不及云冈、龙门，但却有着独特的风格，尤其是元代造像，可以弥补中国造像艺术史中的缺失。

四、通过对江南文化发展的第四期、第五期——五代十国的吴越时期、南宋时期的历史解读，让学生理解西湖景观的文化内涵

历史老师介绍：我国历史上第二次北方人南迁的高潮，发生在唐安史之乱，北方移民南下躲避战乱，在以后的藩镇割据以及唐末农民战争，由于主要战场仍在北方，黄河流域的人民不得不一次又一次向南方迁移。经过这次大规

模的移民，南北方的人口比例发生了根本的变化，到北宋，南方的人口数量已经超过北方。

五代吴越建国，将两浙并为一个行政区，吴越王钱镠、钱弘俶为苏杭做出重要贡献，很多文化遗存都为这一时期始建。杭州在唐以前，始终处于浙西的边缘，这使杭州的发展受到地缘因素的明显制约。直到吴越建国，始将两浙并为一个政区。这样一来，原来分别处于浙东、浙西中心位置的越州（今绍兴）和苏州，反倒偏处一隅，杭州却一跃而成了一个区域的中心所在了。

真正使杭州的地域文化既融入大量的北方文化的成分，又与其周边地区也产生差异的，是我国历史上的第三次移民潮，即起自北宋末年靖康之难，又经宋金、宋蒙（元）对峙时期，断断续续，历时一个半世纪之久的移民潮。这次北方移民南迁的规模，远远超过了前两次，使得中国经济中心都转移到了南方。杭州定为南宋的都城，杭州又从一个行政区域的中心城市，上升为南宋王朝全国的政治、经济、文化中心。杭州历史的最关键期一个是吴越文化，一个是南宋文化。

语文老师：领学生领略西湖十景，特别是观白堤、苏堤讲解白居易和苏东坡的诗。品读苏轼的西湖风情诗词，可以帮助我们理解中国传统知识分子在出世和入世中进退两难的人生，理解他们在湖光山色中平复忧愤、治疗伤痛、赢得自由的东方哲学之道，理解华夏文明中蕴藏的人与自然和谐共融的精神特质。所以，读懂了苏轼，可以说就等于读懂了西湖文化。

历史老师介绍：西子湖畔埋葬着历史上的三位英杰，即西湖三杰——抗金的岳飞、明朝的于谦和明末抗清的一介布衣张煌言。岳飞收复建康、郾城大捷、惨死风波亭大家耳熟能详，精忠报国，碧血丹心，民族之光，一身正气。于谦17岁写的《石灰吟》，本来就是杭州人，是明朝名臣，抵御蒙古，保卫京师，铲除宦官王振等奸党，《明史》称赞其"忠心义烈，与日月争光"。与岳飞、张煌言并称"西湖三杰"。张苍水，张煌言，清军灭明之时，一介布衣，投笔从戎，宁死不降，惨遭杀害，后来乾隆为其立碑。

结合苏大的校训进行引导：

西湖三位英杰，还有秋瑾墓，葬于这座青山的人共同点就是：在国家危亡之际挺身而出，担负起救国救民的重任。苏州大学的校训是**养天地正气，法古今完人**。什么样的人是完人呢？就是如岳飞、于谦、张苍水这样的有浩然正气的人，牺牲小我、成就大我的人。中国文化那种崇尚先贤、缅怀历史、歌颂真善美的积极人文精神，引起无数炎黄子孙精神上的共鸣，使他们对西湖倍感亲切。

五、概括江南文化发展的第六期——近代现代

历史老师： 结合苏大所学近代江浙地区社会变迁与中国千年未有之变局概述。

近代以来，中国近代江南地区较早开埠通商，西学东渐的广度和深度都要高于北方地区，经济相对发达，文化受西方冲击也较大。在近代的政治革命与思想文化的革新方面，最先迈开奔向近代化的步伐。

总结：一方水土养一方人，历经数千年吴越为代表的江南文化风采依旧。概括起来：一、海纳百川、兼容并蓄。二、聪慧机敏、灵动睿智。三、经世致用、坚守本色。我们通过对历史的梳理，可以看到关于江南的印象是需要修正一下的，除了人文荟萃，吴侬软语，精致诗意等文化符号，江南也向来就有"铁肩担道义"的传统，江南文化的特征是历史沉淀之后逐渐形成的。

诗言志　歌咏言

龙潭中学

何　映（语文）　甘向红（历史）

<table>
<tr><td colspan="5" align="center">教学基本信息</td></tr>
<tr><td>课题</td><td colspan="4">古诗鉴赏（语文）
诗言志　歌咏言（历史）</td></tr>
<tr><td>是否属于
地方课程或校本课程</td><td colspan="4">否</td></tr>
<tr><td>学科</td><td>语文　历史</td><td>学段：高中</td><td>年级</td><td>高二</td></tr>
<tr><td>相关领域</td><td colspan="4">古诗鉴赏
文学史</td></tr>
<tr><td>教材</td><td colspan="4">书名：高中语文必修三　　　　　　出版社：人民教育出版社
　　　　高中历史必修三　　　　　　　　　　　岳麓书社
出版日期：2012年6月
　　　　　　2016年6月</td></tr>
</table>

<table>
<tr><td colspan="4" align="center">教学设计参与人员</td></tr>
<tr><td></td><td>姓名</td><td>单位</td><td>联系方式</td></tr>
<tr><td>设计者</td><td>何映、甘向红</td><td>北京市龙潭中学</td><td>67123075</td></tr>
<tr><td>实施者</td><td>何映、甘向红</td><td>北京市龙潭中学</td><td>67123075</td></tr>
<tr><td>指导者</td><td></td><td></td><td></td></tr>
<tr><td>课件制作者</td><td>何映、甘向红</td><td>北京市龙潭中学</td><td>67123075</td></tr>
<tr><td>其他参与者</td><td></td><td></td><td></td></tr>
</table>

　　高中语文课程必须充分发挥自身的优势，弘扬和培育民族精神，使学生受到优秀文化的熏陶，塑造热爱祖国和中华文明、献身人类进步事业的精神品格，形成健康美好的情感和奋发向上的人生态度。结合高考说明，掌握鉴赏诗歌的方法，教给学生鉴赏的方法，掌握答题思路。

　　高中历史课程文学史部分着重反映人类社会文学领域的发展进程及其重要内容。在掌握《诗经》、楚辞、汉赋、唐诗、宋词、元曲等文学成就的基础上，了解中国古代不同时期的文学特色，并理解它们在人类历史发展中的重要作用及其影响，增强对祖国优秀文化的认同感，树立自觉传承祖国文化遗产的意识。

教学背景分析

教学内容：古诗鉴赏（语文）

　　　　　诗言志　　歌咏言（历史）

学生情况：基础薄弱，对古诗鉴赏有畏难情绪；理解能力弱，不能很好地将文学作品与时代背景相结合。

教学方式：探究合作

教学手段：讲练结合

技术准备：白板运用

教学目标（内容框架）

知识目标：1.鉴赏诗歌，体会感情；理解寓意，把握主旨。（语文）

　　　　　2.知道唐朝时我国诗歌发展史上的黄金时期，理解唐朝诗歌辉煌的原因；掌握李白、杜甫、白居易的诗歌特点，探究诗歌的内容与社会背景、作者经历之间的关系。（历史）

能力目标：学生进行探究式学习，开拓知识面，丰富教学内容。

情感目标：感受诗人的爱国之情、愤懑之情。

问题框架（可选项）

一.语文

1.明代评论家胡震亨认为，这么气象雄伟的起句，只有在生长英雄的地方才适当，用在昭君村上是不适合、不协调的。你同意这种看法吗？

2.找出本诗的诗眼。你是怎样理解的？

3.从下面诗句概括出王昭君的形象。

4.中间两联主要运用什么表现手法？

5.自主探究：诗人咏叹王昭君其人其事，寄寓了怎样的情感？

6.比较《咏怀古迹》（其三）与《王昭君》《昭君曲》的异同。

二.历史

1.唐朝最著名的三位大诗人各有什么特色？

2.结合材料分析，唐朝诗歌高度繁荣的原因有哪些？

3.诗歌的形式和内容经历过几次转变：原始歌谣到古代四言诗；诗歌的集体创作到个体创作；现实主义风格到浪漫主义风格；古体诗到近体诗。诗歌的发展受到哪些因素的影响？结合史实加以说明。

		教学流程示意（可选项）			
1. 导入。（语文）					
2. 初读文章、理解大意。（语文）					
3. 李杜文章在，光焰万丈长。（历史）					
4. 思考探究。（语文）					

教学过程（文字描述）
1. 初步诵读、整体感知。（语文）
2. 再次诵读、重点探究。（语文）
3. 切入杜甫生活的时代，分析唐诗辉煌的原因，探究诗歌内容与社会背景、作者经历之间的关系。（历史）
4. 三次诵读、迁移拓展。（语文）

教学过程（表格描述）

教学阶段	教师活动	学生活动	设置意图	技术应用	时间安排
创设情境	诵读古诗	诵读古诗	导入	白板	1分钟
温故知新	由中国古代四大美女引出	王昭君	引领学生走入文章	白板	1分钟
新课讲解	（语文）1.初读文章、理解大意。	诵读	了解学生对文章的理解	白板	3分钟
实践操作（语文）	（语文）2.明代评论家胡震亨认为，这么气象雄伟的起句，只有在生长英雄的地方才适当，用在昭君村上是不适合、不协调的。你同意这种看法吗？	地灵人杰、钟灵毓秀。雄奇的山水孕育出貌美、不平凡的女子。高大山川的雄伟气象烘托大山般坚强性格的奇伟女性。	学生思考探究	白板	8分钟
	（语文）3.找出本诗的诗眼。你是怎样理解的？	"怨恨"。远嫁异邦，远葬他乡，月夜魂归，思念故乡的怨恨。（"一去紫台连朔漠，独留青冢向黄昏，环珮空归夜月魂"）对画师的无耻行为及汉元帝的昏庸糊涂的怨恨。（"画图省识春风面"）	进一步探究		
	（语文）4.思考、概括。从下面诗句概括出王昭君的形象。画图省识春风面 独留青冢向黄昏 环珮空归夜月魂 分明怨恨曲中论	美丽 孤独 思乡 怨恨			
	（语文）5.研讨与练习。中间两联主要运用什么表现手法？	主要运用了对比和反衬的表现手法来写王昭君的悲剧。			

教学设计与学案

出离故土地·行走天地间

实践操作（历史）	（历史）1.唐朝最著名的三位大诗人各有什么特色？	李白诗风放浪纵恣，充满大胆的夸张和奇特的想象；杜甫的诗充满忧国忧民的炽热之情，诗风深厚深沉，语言凝重精炼；白居易的诗歌反映民生的疾苦，创作了平实浅近、针砭时弊的讽喻诗。	回顾语文知识与初中历史知识	白板	20分钟
	（历史）2.结合材料分析，唐朝诗歌高度繁荣的原因有哪些？	国家统一强盛提供了物质基础；频繁的民族交流、中外交往提供了丰厚的文化基础；开明的文化政策有利于诗歌的发展；科举取士刺激了诗歌创作的迅猛发展等等。	学生依据材料分析		
	（历史）3.诗歌的形式和内容经历过几次转变：原始歌谣到古代四言诗；诗歌的集体创作到个体创作；现实主义风格到浪漫主义风格；古体诗到近体诗。诗歌的发展受到哪些因素的影响？结合史实加以说明。	古代社会的政治、经济、文化和民族关系、中外关系在不同时期具有不同的时代特征和时代内容。这就给古代诗歌艺术提供了丰富的题材、描述方式和演绎方式。创作者的性格、爱好、所处环境、文化素养、社会阅历等方面往往往直接制约着其作品的内涵、风格、形式和所表达的情感。如语文老师刚才讲到的杜甫的诗。	结合材料思考探究		
分享交流	（语文）6.自主探究诗人咏叹王昭君其人其事，寄寓了怎样的情感？	所以作者在咏叹王昭君不幸的同时也在感慨自己的不幸，在表达王昭君怨恨的同时也在暗中表达自己的怨恨。	进一步探究		3分钟
拓展提高	（语文）7.比较《咏怀古迹》（其三）与《王昭君》《昭君曲》的异同。	相同点：同是写"昭君出塞"的事迹。不同点：《咏怀古迹》（其三）中，杜甫笔下的昭君是一个把"出塞"引为一生憾事、满腹"怨恨"的昭君。《王昭君》《昭君曲》这两首诗中，却是赞扬昭君出塞功效的，昭君成了一个为了祖国的统一和民族的团结而义无反顾、欣然前往的巾帼英雄。	迁移拓展		4分钟
效果评价	重点突出，条理清晰	初步掌握了诗歌鉴赏的方法			
归纳总结	鉴赏诗歌的初步体会	1.整体感知。2.自主探究。			

学习效果评价设计		
评价方式		
评价方式	练习巩固	
练习检测	与理论结合	
评价量规		
评价量规		
紧扣得分点		

本教学设计与以往或其他教学设计相比的特点（300～500字）

　　每个环节还是很清楚的，采用学生小组进行讨论，把结论整理在学案上，最后从小组中选派代表回答问题的方法，突出学生的实践活动。引导学生主动地获取了知识，科学地训练了技能，有效地培养了他们的语文能力。为学生创设了语文学习环境，给了学生自我展现和发展的空间。

　　根据体裁的特点设定了诵读式的方法，积极进行了自主、探究、合作的学习方式的指导，并较为恰当地使用了现代信息技术手段，主要是白板的使用。

　　精神饱满，教态自然、亲切。平等地对待每一位学生，尊重学生。教学语言规范、通畅、简明。

　　本节课学生参与教学活动主动积极，使得教学任务顺利完成并实现了教学目标。知识讲授中做到了准确、适度、精炼、透辟。训练技能、培养能力针对性强，情意目标贴切、自然地融合于教学过程之中。

彼亦一是非　此亦一是非

——文史结合解析"精神胜利法"的前世今生

北京宏志中学

张　敏（语文）　温　岩（历史）

提要　中篇小说《阿Q正传》是鲁迅先生的经典之作，阿Q的"精神胜利法"极具社会典型性，以此为切入口，分析表现，总结特征，寻找原因，探求药方，从而将思考引向深入，并借此引发自我反思。"引导同学联系生活实际与社会现象考察文化问题，提出自己的见解。"（《课标》语）积极参与先进文化的传播和交流。

主题词　精神胜利法　表现　析因探方

背景分析：

　　融合已是时代发展的大趋势，也是现今高中课堂教学的一个热频词。学科融合，拓展学生思维的广度与深度；经典与现实融合，引领学生传承文明，关注现实，对比反思；合作互助，能引发高质量的认知理解。因此拓展广度、探究深度、关照现实就成了教学设计的三个关键点。

学情分析：

　　《阿Q正传》被列为高中必读书目，但大多数学生对其缺乏兴趣，需要在教师逐章地引领下才能读完。阅读完成后，先是不知所云，后是感觉好玩可笑，不能领会鲁迅先生的良苦用心，更无法理解《阿Q正传》跨越时空的时代意义。

理论依据与教学设想：

《高中语文课程标准》提出："选修类文本阅读，重在领会精神，抓住重点，不必面面俱到。"

"用现代观念审视作品，评价其积极意义和历史局限。""引导同学联系生活实际与社会现象考察文化问题，提出自己的见解。""要为学生创设良好的学习情境，倡导自主、合作、探究的语文学习方式。"依据课标要求，我将教学目标设计如下。

教学目标：

1. 梳理《阿Q正传》的故事情节，了解"精神胜利法"的具体表现。

2. 文史结合，知人论世，分析"精神胜利法"产生的原因，探讨医治"精神胜利法"的药方。

3. 问题引领，关照现实，照照阿Q这面镜子，找找"精神胜利法"在现当代的表现，端正思想，以更健康的心态面对生活。

教学重点：分析"精神胜利法"产生的原因，探讨医治"精神胜利法"的药方。

教学难点：关照现实，照照阿Q这面镜子，找找"精神胜利法"在现当代的表现，端正思想，以更健康的心态面对生活。

教学方法：文史结合、问题引领、知人论世。

教学过程：

导入：鲁迅在《我怎么做起小说来》中说："我的取材，多采自病态社会的不幸的人们中，意思是揭出病苦，引起疗救的注意。"中篇小说《阿Q正传》因为阿Q形象的典型性，享誉海内外。美国研究鲁迅的博士威廉·莱伊尔说："鲁迅塑造的阿Q这个典型人物，不仅中国有，美国也有，全世界都有，阿Q'精神胜利法'在不少人身上都有所反映。"阿Q"精神胜利法"可追溯到庄子的"齐物论"："彼亦一是非，此亦一是非。"即彼有彼的是与非，此有此的是与非，是非是相对而言的，不分是非。它的本质该如何认定？我们从阿 Q 的具体表现切入进行研讨。

一、梳理《阿Q正传》的故事情节，了解"精神胜利法"的具体表现

（一）辨析"得胜"两个词语的内涵，明确"精神胜利法"的概念

闲人也并不放，仍旧在就近什么地方给他碰了五六个响头，这才心满意足的**得胜**的走了，他以为阿 Q 这回可遭了瘟。然而不到十秒钟，阿 Q 也心满意足的**得胜**的走了，他觉得他是第一个能够自轻自贱的人，除了"自轻自贱"不算外，余下的就是"第一个"。状元不也是"第一个"么？"你算是什么东西"呢？

提问：两个"得胜"内涵有什么不同？

明确：前者是打架打胜了，身体上武力上占了上风的成就感。——客观上
后者是打架打败了，心理上思想上占了便宜的胜利感。——主观上

所谓"精神胜利法"，就是用**精神上胜利**的假象来掩盖和否认**事实上的失败**，以取得精神上的**自我安慰和满足**。

（二）小组合作，研讨六个语段，分析阿 Q "精神胜利法"的具体表现

1. 阿 Q 自己也不说，独有和别人口角的时候，间或瞪着眼睛道："我们先前——比你阔的多啦！你算是什么东西！"

赵太爷钱太爷大受居民的尊敬，除有钱之外，就因为都是文童的爹爹，而阿 Q 在精神上独不表格外的崇奉，他想：我的儿子会阔得多啦！（《阿 Q 正传》第二章"优胜记略"）

2. 阿 Q 在形式上打败了，被人揪住黄辫子，在壁上碰了四五个响头，闲人这才心满意足的得胜的走了，阿 Q 站了一刻，心里想，"我总算被儿子打了，现在的世界真不像样……"于是也心满意足的得胜的走了。

他以为阿 Q 这回可遭了瘟。然而不到十秒钟，阿 Q 也心满意足的得胜的

走了，他觉得他是第一个能够自轻自贱的人，除了"自轻自贱"不算外，余下的就是"第一个"。状元不也是"第一个"么？"你算是什么东西"呢？！（《阿Q正传》第二章"优胜记略"）

3. 很白很亮的一堆洋钱！而且是他的——现在不见了！说是算被儿子拿去了罢，总还是忽忽不乐；说自己是虫豸罢，也还是忽忽不乐：他这回才有些感到失败的苦痛了。但他立刻转败为胜了。他擎起右手，用力的在自己脸上连打了两个嘴巴，热刺刺的有些痛；打完之后，便心平气和起来，似乎打的是自己，被打的是别一个自己，不久也就仿佛是自己打了别个一般，——虽然还有些热刺刺，——心满意足的得胜的躺下了。他睡着了。（《阿Q正传》第二章"优胜记略"）

4. 在阿Q的记忆上，这大约要算是生平第二件的屈辱。幸而拍拍的响了之后，于他倒似乎完结了一件事，反而觉得轻松些，而且"忘却"这一件祖传的宝贝也发生了效力，他慢慢的走，将到酒店门口，早已有些高兴了。（《阿Q正传》第三章"续优胜记略"）

阿Q奔入舂米场，一个人站着，还觉得指头痛，还记得"忘八蛋"，因为这话是未庄的乡下人从来不用，专是见过官府的阔人用的，所以格外怕，而印象也格外深。但这时，他那"女……"的思想却也没有了。而且打骂之后，似乎一件事也已经收束，倒反觉得一无挂碍似的，便动手去舂米。（《阿Q正传》第四章"恋爱的悲剧"）

5. 但他突然觉到了：这岂不是去杀头么？他一急，两眼发黑，耳朵里"嗡"的一声，似乎发昏了。然而他又没有全发昏，有时虽然着急，有时却也泰然；他意思之间，似乎觉得人生天地间，大约本来有时也未免要杀头的。（《阿Q正传》第九章"大团圆"）

6. 可惜他体质上还有一些缺点。最恼人的是在他头皮上，颇有几处不知于何时的癞疮疤。这虽然也在他身上，而看阿Q的意思，倒也似乎以为不足贵的，……"你还不配……"这时候，又仿佛在他头上的是一种高尚的光容的癞头疮，并非平常的癞头疮了。（《阿Q正传》第二章"优胜记略"）

惟有圈而不圆，却是他"行状"上的一个污点。但不多时也就释然了，他想：孙子才画得很圆的圆圈呢。于是他睡着了。（《阿Q正传》第九章"大团圆"）

总结：

阿Q的"精神胜利法"具体表现为：

1.用幻想的"阔"掩盖现实的卑微。

2.想象"长了辈分"和"得了第一"掩盖被打的失败。

3.自己打自己想成自己打别人掩盖丢钱的痛苦。

4.善忘，心安理得接受加之于自身的一切不公。

5.把自己的缺点与不足当作光荣。

恩格斯说："人们既然对**物质上的解放感到绝望**就去追寻**精神上的解放**来代替，就去追寻**思想上的安慰**以摆脱目前的绝望处境，并借以**维持自己的正常生存。**"

二、文史结合，知人论世，分析"精神胜利法"产生的原因，探讨医治"精神胜利法"的药方

（一）个人原因

无姓，无名，无产，无力，无能，无亲，无知，无是非——阿Q是"八无人员"。

为了获得生存的物质资料，阿Q需要与外界联系，找到工作；为了避免被孤立与内心孤独，需要从自我走向社会，融入一个集体。而阿Q在未庄无论相貌、地位还是体力、能力都属于劣势，在与外界联系时，常常遭遇嘲弄、欺侮、打击，为了像其他人一样生存，不得不在日常行为中采取"精神胜利法"，借以自我麻痹、自欺欺人、逃避现实。可见阿Q不是一个人，而是一个群体。

从喷泉里出来的都是水，从血管里出来的都是血。——鲁迅

（二）社会原因——历史老师解说，并分析医治"精神胜利法"的药方

伟大的文学作品一定是要关乎人生和社会现实的，在《阿Q正传》中就

有一些细节反映出当时重要的历史事件。

（1）在文章中作者要为主人公阿Q作序，关于名字怎么写的问题上，没有使用"阿贵""阿桂"，而是采用洋字——英文Q做名字，鲁迅解释是因为陈独秀办了《新青年》提倡洋字。

提问：陈独秀办《新青年》杂志有什么意义？

（2）小说中有这样细节："造反了""革命党人来了"。

提问：这是反映中国近代历史上怎样的大事件？有什么历史意义？

（3）小说中有这样的描述"你们看见过杀头么？"阿Q说，"咳，好看，杀革命党，唉，好看、好看"。

提问：20世纪初，以孙中山为首的革命党不怕牺牲，力图通过革命方式推翻腐朽的清王朝，走向共和，实现民族独立复兴，阿Q为代表的未庄人态度是怎样的？看客的心理，表现出麻木自私、愚昧保守。

辛亥革命虽然推翻帝制，成立"中华民国"，建立共和政体，但没有完成反帝反封建任务，中国的社会性质没有改变，有共和之名没有共和之实。辛亥革命砍倒了清王朝这棵大树，但是根依然存在。封建思想束缚尚未清除，奴性思想依然存在，独立、自由、平等、民主的国民思想尚未建立。小说中的阿Q冷漠自私、麻木不仁、顽固守旧、无是非，用"精神胜利法"苟且偷生，正是环境使然，是集体的无意识，既是一个人的悲剧，也是一个社会的悲剧。我们批判是为了警醒，批判是为了更好地前进。

1915年兴起的新文化运动，陈独秀、鲁迅、李大钊等一批知识分子文化精英开始了对辛亥革命的反思，认识到建立民主现代国家首先要实行与之相适合的国民现代思想。中国要补上民众思想启蒙这一课。他们身为知识分子，反封建的方式就是以笔为刀，以新青年为阵地开始向封建思想猛烈冲击。

新文化运动高举"民主、科学"的旗帜，反对封建的专制，反对民众的愚昧，反对封建礼教的束缚，反对旧文学的束缚。在对国民进行思想启迪过程中动摇封建思想的统治地位。所以对国民劣根性批判越深刻，也就越能体会出那个时代人想要继续寻找救国的道路，想要建立一个真正的独立富强的民主国家的迫切愿望。

总结：历史老师不仅分析出了"精神胜利法"产生的社会原因，又分析了鲁迅先生们开出的药方"民主"与"科学"。这恰是鲁迅先生"弃医从文，提倡文艺运动，想要改变他们的精神，以便改良这人生"的核心思想。唤醒他们，使他们成为具有独立思想意志的人，独立、平等、自由、不盲从，这便是鲁迅先生的"立人思想"。

"张大个人之人格，又人生之第一义也。"——鲁迅

"人立而后凡事举。"——鲁迅

三、照照阿Q这面镜子，找找"精神胜利法"在现当代的表现，请同学们谈谈看法

（一）"立人思想"，经过一个世纪的施行，"精神胜利法"消除了吗？

1.祥子将要永远年轻，教虎妞死，刘四死，而祥子活着，快活的，要强的，活着——恶人都会遭报，都会死，那抢他车的大兵，不给仆人饭吃的杨太太，欺骗他压迫他的虎妞，轻看他的刘四，诈他钱的孙侦探，愚弄他的陈二奶奶，诱惑他的夏太太……都会死，只有忠诚的祥子活着，永远活着！（老舍三十年代的作品《骆驼祥子》）

2.忽然想到这次出门，连本搭利，几乎全部搞光，马上要见老婆，交不出账，少不得又要受气，得想个主意对付她。怎么说呢？……陈奂生自问自答，左思右想，总是不妥。忽然心里一亮，拍着大腿，高兴地叫道："有了。"他想到此趟上城，有此一番动人的经历，这五块钱花得值透。他总算有点自豪的东西可以讲讲了。试问，全大队的干部、社员，有谁坐过吴书记的汽车？有谁住过五元钱一夜的高级房间？他可要讲给大家听听，看谁还能说他没有什么讲的！看谁还能说他没见过世面了看谁还能瞧不起他，唔！……他精神陡增，顿时好像高大了许多。老婆已不在他眼里了；他有办法对付，只要一提到吴书记，说这五块钱还是吴书记看得起他，才让他用掉的，老婆保证服。（高晓声七八十年代的作品《陈奂生上城》）

可见，培养有"平等之意识，自由之精神，独立之思想"的立人思想，仍是我们现在教育的目标，也是当代追求现代化国家的主要的、首要的课题。

（二）现今社会，"精神胜利法"又有怎样的表现？谈谈你们的看法。

我们现在讨论"阿Q精神胜利法"这种国民的愚弱性，恰恰证明了《阿Q正传》跨时空的意义，就达到了鲁迅先生弃医从文、用文字唤醒人们警醒人们的目的了。

四、布置作业

毛泽东高度评价鲁迅先生：鲁迅是中国文化革命的主将……鲁迅的方向，就是中华民族新文化的方向。照照鲁迅先生这面镜子，学习他的"揭出病苦以引起疗救注意"使命与担当，敏于发现，勇于表现，敢于改变，传承中华精神文明，创造一个平等、自由、独立、自主的美好时代。

请同学关注现实生活，发现国民"人性上的弱点"，分析原因，并发表你的看法。写一篇不少于800字的文章。

板书：

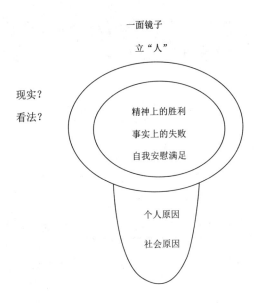

语文综合实践活动——戏曲大舞台

北京五中分校

李　媛（语文）

提要　语文学科在培养学生语言运用和思维发展的核心素养基础上，还担负着审美教育和文化传承的功能。学生在阅读《三国演义》后选取相关情节进行了戏剧展演，对人物、情节、话剧表演有了一定的了解。本节课以"马"的形象为突破点，帮助学生更好地理解原著，了解传统戏曲的表演特点。这节课融入了语文教学中传统文化和名著阅读两大板块，同时也渗透了历史、音乐等学科的内容，是一次学科融合的尝试，有助于全面提升学生的文学和艺术素养。

主题词　学科融合　名著阅读　戏曲

教学基本信息				
课题	戏曲大舞台——以马话戏曲			
学科	语文	学段：初中	年级	七年级
相关领域	名著阅读、历史、戏曲			
教材	书名：语文（七年级下册）　出版社：人民教育出版社　出版日期：2009年3月			

教学设计参与人员

	姓名	单位	联系方式
设计者	李媛	北京五中分校	13671141212
实施者	李媛	北京五中分校	13671141212
指导者	王宇	国家京剧院	
课件制作者	李媛	北京五中分校	13671141212

指导思想与理论依据

语文学科在培养学生语言运用和思维发展的核心素养基础上，还担负着审美教育和文化传承的功能。本学期，学生进行了《三国演义》的阅读，并选取相关情节进行了戏剧展演。在阅读原著和排练戏剧过程中，学生对《三国演义》的人物、情节，对于话剧表演有了一定的了解。本节课以"马"的形象为突破点，帮助学生更好地理解原著，了解传统戏曲的表演特点，学生在欣赏和体验中完成《长坂坡》片断的设计和表演。名著阅读和戏剧表演的有机结合，将全面提升学生的文学和艺术素养。

教学背景分析

教学内容：本课是七年级下册的一次综合性学习课程，所选取的教学内容涵盖"名著阅读"和"传统文化"两大教学重点，针对核心素养中"文化的传承与理解"设计教学。

学生情况：学生对《三国演义》的人物、情节，对于话剧表演有一定的了解，但是对于传统戏曲的表现形式和艺术精髓还缺乏体会与理解。

教学方式：注意教学方式的互动性。要实现由少民主、不平等、单向传输向师生的和谐、民主、平等、互动转变。师生互教互学，彼此形成一个学习的共同体。

教学手段：注意教学手段的多样性，使学生从单一枯燥的学习中解脱出来，去领略课堂里的精彩世界。

技术准备：PPT、视频、实物。

教学目标（内容框架）

1.了解《三国演义》相关人物和情节。
2.了解传统戏曲虚拟性、程式性、综合性的特征。
3.结合剧目，体会传统戏曲表演"源于生活，高于生活"的特点。
4.激发学生对中国传统文化的兴趣和热爱，增强学生的民族认同感。

教学重点：
结合名著和视频，了解传统戏曲虚拟性、程式性、综合性的特征。
教学难点：
理解戏曲表演"源于生活，高于生活"及其写意的审美本质。

教学过程（文字描述）

一、导入
如何在舞台上表演出与马有关的情节呢？其实传统戏曲早就解决了这个问题，今天我们驰骋在马的世界——以马话戏曲。
【设计意图】结合戏剧展演，引出本课的教学内容
二、感知虚拟
1.出示马鞭，提问是否看到了马？
2.完成牵马、抚马、推鞍、上马动作。

3. 总结戏曲"虚拟性"特点。

一根小小的马鞭就让观众看到了一匹马，这其实就是我们的传统艺术京剧的表演手法——虚拟性表演。繁体的"戏"字，左边就是一个"虚"，小篆的写法，祭祀时，戴着虎头面具，持戈舞蹈，这个会意字告诉我们"戏"就是拿着武器假装打仗，是虚拟的。

【设计意图】感知京剧表演"虚拟性"的特点。

4. 辨析马鞭的颜色和人物的关系。

宝马配英雄。《三国》中有几匹与众不同的马，只有一根马鞭，怎么区分出来呢？马鞭的颜色是不一样的。我这里有四根不同颜色的马鞭，你能帮它们找找主人吗？（白色——照夜玉狮子），另外三根可以作为谁的坐骑呢？（红色——关羽，赤兔；黑色——张飞，乌云踏雪；金色——刘备，皇叔，蜀汉开国皇帝，曹操用过多种颜色的马鞭）可见，马鞭的颜色和马的颜色有关，和骑马的人的身份有关，有的时候还要和服饰的颜色有关，这也是虚拟性的一种表现。

中西方戏剧表演的本质区别就在于西方戏剧是写实的，而中国的戏曲是写意的，舞台上没有实物，但是你能通过简单的道具和演员的表演感觉实物是存在的，甚至能区分出实物的区别，虚拟并不虚假，因为一切的表演皆来源于生活。

【设计意图】了解三国人物，明确"虚拟性"来源于生活。

三、感知程式

1. 提问：《长坂坡》中不同人物的上马动作是否一样？

2. 观看视频，观察三个人物的上马动作有什么异同？

基本动作相似，都要认镫、跨马、扬鞭、勒缰，每个人都是一整套动作，这样的好处是演员学表演好学，学会了这一套动作，就可以表演很多人物，观众看表演也好懂，看懂了一次，以后再看到就都能看明白。我们把这种某个动作相对固定的表演特点概括为"程式性"。

但是这些动作并不完全一样，甘夫人动作最简单，因为是女性，而且穿的是裙，情况也很紧急；曹操和赵云的动作比较，曹操相对简单，赵云结合了一些技巧动作，原因是曹操的马相对温顺，而武将的战马性子比较烈，同时也能表现赵云的武艺高强。通过表演区别人物更能说明京剧表演来源于生活。

3. 分析动作异同的原因，总结京剧表演"程式性"的特点。

【设计意图】感知京剧表演"程式性"的特点。

四、感知综合

1. 选取《长坂坡》中与马有关的情节设计表演。思考：如何在表演中融入马的元素？表演中还有哪些困难？

人马合一，人的性格、品质、脾气秉性、武艺本领，这些是否都能表演出来呢？我们来体验实践一下，在学案的文本中，选取一段情节设计表演，如何融入马的表演元素，如何通过马表现出人物的特性？

张飞：莽撞急躁，忠心尽职——加鞭，源于生活，但给人美感，还要高于生活，动作舞蹈化。

赵云：武艺高强，忠心尽职，自信。

2. 学生讨论、设计、展示动作。

【设计意图】引发学生思考。

3. 观看视频：在这段表演中，有念白、武打、技巧，真正的难度不在掷叉这一个动作，而在于要把唱念做打结合到一起，西方有话剧、歌剧、舞剧，是相对单一的表演形式，而京剧把这些结合在一起，形成了独有的第三个特点——"综合性"。通过丰富的表演形式塑造人物，使人物形象更突出、观众也更容易理解人物。所以西方著名的戏剧表演艺术家布莱希特在欣赏完京剧大师梅兰芳的表演之后表示"我多年来所追求而尚未达到的，在梅兰芳这里却已经发展到极高的艺术境界了"。

4. 分析并总结京剧集"唱念做打"于一体的"综合性"特点。

【设计意图】感知京剧表演"综合性"的特点，提升学生传统戏曲的欣赏水平。

五、作业

完成《长坂坡》片断设计，上交剧本或表演视频。

学习效果评价设计
评价方式
完成《长坂坡》片断设计，上交剧本或表演视频。
评价量规
1.了解《长坂坡》的情节和人物。 2.能运用传统戏曲的表演形式表演与马有关的情节。 3.具备基本的戏剧冲突。

本教学设计与以往或其他教学设计相比的特点（300～500字）

一、关注传统文化的传承与理解

    2016年9月，教育部发布了《中国学生发展核心素养》总体框架。其中"人文底蕴"素养要求学生具有人文积淀、人文情怀和审美情趣，"责任担当"素养要求学生具备国家认同，特别是具有文化自信，尊重中华民族的优秀文明成果，能传播弘扬中华优秀传统文化和社会主义先进文化，因此传统文化教育成为当下教育的热点。本节课将传统文化与学生所读、所演相结合，选取传统文化中的精髓，通过深入浅出的讲解使学生真正理解其文化内涵。

二、学生活动设计有层次

    本节课在了解学情的基础上，在不同的教学环节里设计了不同难度的学生活动，从最开始的观察，到之后亲自的体验，再到最后完成一个相对完整的片断设计，层层推进，充分调动了学生参与的热情和思考的热情。

三、学科融合的尝试

    这节课既融入了语文教学中传统文化和名著阅读两大板块，同时也渗透了历史、音乐等学科的内容，可以算作是一次学科融合的尝试。

    当然，在尝试的过程中也会有内容衔接等问题的出现，这就需要我们继续研究，力争拿出更优秀的设计。

超越死生　大美至情——汤显祖《牡丹亭》

北京市广渠门中学

封彦婧（语文）　　徐　刚（历史）

提要　本节课是基于语文课标当中对阅读与鉴赏的要求，结合语文与生活实践紧密结合的特点，借助文化领域纪念汤显祖上演昆曲的热潮，让学生了解《牡丹亭》，从古典作品中得到情感的陶冶以及视野的开阔。

主题词　经典曲词　人物形象　时代背景

一、指导思想与理论依据

新课程标准在阅读与鉴赏部分提出"具有积极的鉴赏态度，注重审美体验，陶冶性情，涵养心灵""学习从历史发展的角度理解古代作品的内容价值，从中汲取民族智慧；用现代观念审视作品，评价其积极意义与历史局限"。

本课立足于这样的指导思想，力求引导学生在阅读中培养积极的鉴赏态度，亲近古典作品，亲近古代文人，认识古典文化在当今生活中的意义和价值，从而丰富审美体验，陶冶性情，涵养心灵。

二、教学背景分析

（一）教学设计思路

本节课是基于语文课标当中对阅读与鉴赏的要求，结合语文与生活实践紧密结合的特点，借助文化领域纪念汤显祖上演昆曲的热潮，让学生了解《牡丹亭》，从古典作品中得到情感的陶冶以及视野的开阔。

（二）学生情况

1.学生特点：本班学生思维活跃，善于表达，喜欢钻研探讨，在引导之下会有很大的突破。

2.已有的知识基础与能力：

本班学生已经初步了解了汤显祖其人，对《牡丹亭》的主要人物及故事情节比较熟悉，并且有部分学生在选修课上听过对这部作品的丰富介绍，也有学生亲自走进剧场欣赏过《牡丹亭》。但是大多数学生都没有真正接触过原作，也没有对作品的创作背景做过多的了解，因此对《牡丹亭》的认识还是停留在固有的评价上，没有形成自己的理解。

（三）教学手段：**多媒体**

三、教学目标与重点难点

（一）教学目标：借助丰富的资料引导学生深入体会《牡丹亭》的动人之处。

（二）教学重点：引导学生多角度体会《牡丹亭》的动人之处。

（三）教学难点：引导学生结合时代背景理解《牡丹亭》的动人之处。

（四）板书设计：

牡丹亭

曲词特点	多用叠词	化用诗句	善用修辞	典雅细腻
人物形象	美丽娇羞	多愁善感		
	知书达礼	情深义重		

凄苦难过　　不甘命运

时代背景　　　　经济　政治　思想

四、教学过程

教学环节	教师活动	学生活动	设计意图
故事导入	讲解两个关于《牡丹亭》的故事。 明确本节课学习重点。 探讨《牡丹亭》为什么如此动人。	倾听， 进入情境。	激发学生亲近《牡丹亭》的兴趣。
学生调查结果展示	梳理学生问题，展示问题。 《牡丹亭》为什么如此动人？ 1. 故事情节曲折离奇。 2. 主人公形象动人、情感真挚。 3. 曲词典雅细腻。 4. 关注现实生活中女性的命运。 5. 展现人性美，冲破传统的束缚。 6. 运用浪漫手法，满足人们追求美好生活的愿望。 做相应解说。	了解从哪些角度去探讨《牡丹亭》。	让学生明确学习方向，对之前零散的想法进行梳理概括。
语文角度的解读	1. 结合经典曲词，带领学生一起阅读、理解。 分析：这些曲词有什么特点？从中看到一个怎样的杜丽娘？ 对曲词的特点和杜丽娘的形象进行概括。 2. 过渡到历史角度的解读。 这样一个形象，敢爱敢恨，勇于抗争，为什么在当时产生了那么强烈的影响呢？	品读曲词，解说曲词特点以及人物形象的特点。	引导学生从曲词入手去深入了解杜丽娘的形象，既是探讨曲词的动人之处，也是探讨人物形象的动人之处。
历史角度的解读	汤显祖的简要生平。 明朝中期苏州的经济发展水平。 明朝专制主义中央集权的强化。 明朝中期含有人文色彩思想的出现与发展。	思考， 参与回答。	引导学生全面理解分析《牡丹亭》的时代背景与创作背景。探讨汤显祖对杜丽娘人物形象的塑造。
总结	多角度理解文学作品，才能更好地体会古典情怀，充满历史深情。	思考，总结，倾听。	让学生深化对本节课学习内容的理解。
作业	作业（二选一） 1. 从文学或历史的角度评述《牡丹亭》。200字左右，可以写古典或现代诗词。 2. 重读关汉卿的《窦娥冤》，从文学或历史的角度重新解读作品，可以参考以下问题。200字左右。 （1）关汉卿为什么去写杂剧？ （2）通过《窦娥冤》这部作品，关汉卿想要表达的是什么？ （3）窦娥是一个怎样的形象？ （4）《窦娥冤》的浪漫手法表现在哪里？	任选其一完成。	让学生巩固对《牡丹亭》的理解。 让学生试着从文学和历史的角度多方面探讨文学作品的内涵。

委婉含蓄 典雅优美

——品《殽之战》外交辞令

北京市第一七一中学

王雅荣（语文） 吴元英（历史）

提要 本课通过语文与历史两位老师交互式的讲述，互相渗透，在品《殽之战》的外交辞令的同时，通过史料的补充讲述，让学生了解到春秋时期国家的荣辱存亡，既取决于战场上战争的胜负，也取决于外交手腕和外交辞令的巧拙；了解到当时的霸主，要想得到各诸侯的真正认同，他们必须遵"礼"而行，理解"礼"就是作为行人辞令前提和基础的"理"，从而提升了学生的文化认识和史学认识；最后通过老师的延伸讲述让学生了解了儒家"礼乐"思想对中国古典文化审美的影响。

主题词 外交辞令 尊礼 国家使命

一、基本信息			
课名	品《殽之战》中的外交辞令， 知"礼乐"思想对中国古典文化审美的影响。		
课型	文史综合课	年级	高一年级

二、教学目标

1. **知识与能力**：在学生把握文章思路和内容、了解战争的来龙去脉的基础上，学生深入品味《殽之战》中外交辞令的含义与表达特点，进而把握《左传》外交辞令的美学风格；学生通过历史与文学两种视野审视外交辞令，提升综合应用和审美探究能力。

2.**过程与方法**：以文学和历史两种视觉，通过对外交辞令抽丝剥茧的分析，挖掘外交辞令中所蕴含的文化内涵，分析当时外交辞令的特点与文化背景之间的关系，以此进一步了解儒家"礼乐"思想对中国古典文化审美的影响。

3.**情感、态度价值观**：学生通过对这篇课文的学习，尤其对外交辞令的品读，理解外交辞令与国家使命之间的关系，理解"礼"即是作为行人辞令前提和基础的"理"；通过赏析外交辞令，从文学和历史两个角度理解春秋时期虽无义战，但又不得不尊礼而行，从而走近春秋时代。引领学生体会中华文化的博大精深，激发其对优秀民族文化的热爱。

三、教材、学情分析

教学内容分析：《殽之战》讲述了春秋时期秦晋之间一场争夺中原霸权的战争。不论是内容还是形式，都具有很高的文学价值和史学价值，是高中语文学习的一个里程碑，通过对此课的学习有助于提高学生文史综合能力。高一学生逻辑思维较强，但思维方式较为单一，而本课内容人物纷繁复杂，各种矛盾相互纠结，尤其外交辞令冠冕堂皇、委婉含蓄，通过语文、历史两科老师有效引导，拓宽视野，以问题为驱动，使学生学会多角度分析问题。

学情分析：学生有一定文言文阅读理解能力，了解"殽之战"基本史实，并学过相关的篇目，如《烛之武退秦师》。

四、教学重难点分析及解决措施

教学重点：品读行人外交辞令，分析其特点及其原因；理解儒家"礼乐"思想对外交辞令的影响，尤其是对中国古典文化审美的影响。

教学难点：儒家"礼乐"思想对外交辞令的影响，尤其是对中国古典文化审美的影响。

五、教学设计

教学环节	环节目标	教学内容	学生活动	设计意图
一、分析文本三段外交辞令	点拨引导，带领学生把握外交辞令的特点。	1.语文教师结合课文创设情境，让学生展开联想和想象，设想：如果你是弦高，你将会怎样去做？ 2.引导学生研读文本，抓住谦辞与敬辞，挖掘其言外之意。 **问题一**：引导学生品读弦高的语言，挖掘其深刻含义。"弦高犒师"一节中，弦高的辞令表达了几层意思？有什么效果？ **问题二**：在学生回答的基础上研读文本，引导学生分析弦高的辞令特点？ **问题三**：①皇武子的致辞后，产生了怎样的结果？	学生读并分析弦高的辞令39字（"寡君闻吾子将步师出于敝邑，敢犒从者。不腆敝邑，为从者之淹，居则具一日之积，行则备一夕之卫。"），同时找出辞令含义及其层次（一层给对方一个错觉：郑国已经知道秦军来袭，否则不会派弦高犒师；二层含蓄地告诉对方郑国已做好充分的准备）。 学生回答：随机应变，含蓄深刻，用暗示的方式揭其阴谋，使其不战而退。 学生分析文本： （1）杞子奔齐，逢孙、杨孙奔宋。 （2）孟明不再攻郑，"灭滑而还"。	通过研读文本让学生说出自己的直观感受，通过挖掘辞令含义，体会辞令的委婉含蓄。 培养学生综合分析能力、概括能力。 培养学生综合分析能力、概括能力。

一、分析文本三段外交辞令		②皇武子的致辞表达了几层含义？（试从其字面内容与深层意味两个方面加以分析。） ③分析皇武子的辞令特点。	学生结合皇武子的致辞令46字讨论分析为何立马让对方纷纷逃窜、狼狈不堪？	通过挖掘辞令含义，体会辞令的委婉含蓄。
			学生讨论得出：冷嘲热讽、软中带硬、迫使对方就范。	培养学生综合分析能力、概括能力。
		问题四：作为主帅孟明，全军被覆，自身被俘，心中必郁积了无限仇恨，他对前来追自己的阳处父那段辞谢包含了哪些深层意味？	学生结合孟明的致辞令36字讨论分析。	通过挖掘辞令含义，体会辞令的委婉含蓄，机锋内藏。
		3.①通过以上赏析弦高、皇武子、孟明三人的外交辞令，对比自己的设想，总结文本中外交辞令的特点。	学生结合以上所学归纳总结。	培养学生比较、综合分析能力、概括能力。
	再通过历史老师的微课补充讲解，让学生理解这时外交辞令遵循的原则。	②结合历史，分析这时外交辞令委婉含蓄，机锋内藏，柔中有刚，外柔而内刚，口气谦恭，委婉得体的原因。		
		历史老师讲述：春秋时期国家的荣辱存亡，不仅取决于战场上战争的胜负，也取决于外交手腕和外交辞令的巧拙。不辱使命，维护国体是外交使节的共同目的和外交辞令遵循的基本原则。让学生结合自己熟知的史事举例说明，如晏子使楚、完璧归赵等。	学生思考、讨论，结合史料理解分析。	通过历史老师的讲述，调动学生已知，加强理解，提升认识。
二、从儒家"礼乐"思想入手，挖掘外交辞令背后的文化内涵	历史教师引导、讲述，让学生理解"礼"即是作为行人辞令前提和基础的"理"。	教师过渡、设疑：从上面弦高、皇武子、孟明三人的外交辞令中我们发现当时的使节谦恭中带有自信，礼貌中含有尊严，不卑不亢，落落大方，充满了智慧与礼貌，不是说春秋无义战吗？他们为何要这样说话？ 1.我们以"王孙满观师"一段来分析了解当时人们怎样的思想？（如果说《曹刿论战》展示了《左传》的"民本"思想，那么这一段展示了什么思想？）（尚礼）	学生读史料分析、思考、回答。	突出教学的重点，深化学生对问题的思考，升华学生的思维。

		2.质疑如何尚礼？历史教师补充史料。 材料一： 《礼记·曲礼上》："刑不上大夫，礼不下庶人。" 材料二： 《吕氏春秋·悔过篇》王孙满之言谓："过天子之城，宜橐（tuó）甲束兵，左右皆下，以为天子礼。" 3.质疑为何尚礼？以文中秦师千里行军袭郑说明礼乐征伐自诸侯，此时礼崩乐坏了，既然如此，当时社会还有尚礼的必要吗？补充史料。 材料一： 齐桓公：尊王攘夷。 （见于《春秋公羊传》） 材料二：		拓展学生知识面和知识结构。
二、从儒家"礼乐"思想入手，挖掘外交辞令背后的文化内涵	历史教师引导、讲述，让学生理解"礼"即是作为行人辞令前提和基础的"理"。	晋赵衰曰："求霸莫如入王尊周。……方今尊王，晋之资也。" ——摘自《史记·晋世家》结合所学历史说明他们这么做的好处是什么？ 历史教师总结：齐桓公、晋文公等相继以"尊王"为名，称霸一时，使得一些诸侯仿效——以尊王的名义互相讨伐征战，称霸称雄。因为这样可以对周王室及其他诸侯进行安抚，并有助于孤立和威慑其他诸侯大国。它是一种合法化的崛起方式，可以为争霸减小阻力。所以在春秋时期，无论霸主如何强大，要想得到各诸侯的真正认同，他们必须遵"礼"而行。"礼"即是作为行人辞令前提和基础的"理"。顾炎武在《日知录》中说："春秋时，犹尊礼重信……"教师可以举《史记》中齐桓公说"非天子，诸侯相送不出境，吾不可无礼于燕"的故事说明。	学生读史料分析、思考、回答。	通过补充史料，让学生更全面地了解当时外交使节所处的是一个什么样的时代，从而更好地理解他们的言行。

		过渡："'礼'的社会功能在于维护上下尊卑的统治体制，其文化形式则表现为个体的感性行为、动作、言语、情感都严格遵循一定的规范和程序……"——李泽厚《华夏美学》		
三、儒家之"礼乐"思想对中国古典文化审美的影响	语文老师进一步引导提升学生的思维力度。	以李泽厚的这一段话进一步引导、点拨，让学生明确儒家之"礼乐"思想对中国古典文化审美的影响。 1.由《论语》"礼之用，和为贵"展开，重点点拨"和"之意，引导学生理解"中和之美"的美学原则与《左传》外交辞令的关系。举例说明：喜怒哀乐之未发，谓之中；发而皆中节，谓之和。——《礼记·中庸》 "为礼以制好恶喜怒哀乐六志，使不过节。"——西晋·杜预《春秋左氏经传集解》 2.教师举例说明中和之美的言行，如：质胜文则野，文胜质则史。文质彬彬，然后君子。——《论语》	学生思考、交流。	引导学生理解"中和之美"的美学原则与《左传》外交辞令的关系。
		3.让学生举例中和之美的言行，如："乐而不淫，哀而不伤，怨而不怒""委婉含蓄""典雅优美"。	学生举例：过犹不及、发乎情止乎礼等等。	
		4.教师举例说明中和之美的古代诗词，如：象外之意，言外之旨。 5.教师举例说明中和之美的古典音乐：温婉幽雅。 6.教师举例说明中和之美的古代绘画，如：《寒江独钓图》写意、留白。 7.教师举例说明中和之美的古代园林，如：拙政园有回环往复曲径通幽之美。 　　小结：由《左传》外交辞令进一步拓展到中国古典文化：	学生在老师的引领下欣赏、提升。	拓展学生思维、拓展学生知识面和层次。

三、儒家之"礼乐"思想对中国古典文化审美的影响	进一步引导提升学生的思维力度。	正是这种思想使中国古典文化遵循着"乐而不淫，哀而不伤，怨而不怒"的"温柔敦厚"之审美原则： 古诗：象外之意，言外之旨； 绘画：写意，留白； 音乐：温婉悠扬； 建筑：曲径通幽。 **布置作业：** 以"美丽的汉语"为题，写一篇500字左右的短文，可以讲故事，亦可谈感想。		拓展学生思维、拓展学生知识面和层次，并提升写作能力。
教学反思	本节课打破了传统的授课方式，通过语文老师与历史老师的交互式讲述，互相渗透，着重让学生品《殽之战》中弦高、皇武子、孟明的外交辞令，通过对外交辞令的分析和史料的补充，让学生了解到春秋既是战乱频仍、激烈兼并的时代，也是"逐于智谋"的时代。国家的荣辱存亡，不仅仅取决于战场上战争的胜负，也取决于外交手腕和外交辞令的巧拙，因此不辱使命、维护国体是外交使节的共同目的和外交辞令遵循的基本原则；最重要的是通过老师的补充讲解，带着学生挖掘了外交辞令背后的文化内涵，让学生了解到在春秋无义战的时代，各国使节谦恭中带有自信，礼貌中含有尊严，不卑不亢，落落大方，充满了智慧与礼义，是一种尚礼行为，了解到当时无论霸主如何强大，要想得到各诸侯的真正认同，他们必须遵"礼"而行，"礼"即是作为行人辞令前提和基础的"理"，从而提升了学生的文化认识和史学认识；最后通过老师的延伸讲述让学生了解了儒家"礼乐"思想对中国古典文化审美的影响。 通过文史的有机结合，不仅保持了学科的独立性，又很有默契地达到整体思维相融合。授课中教师把关键性的东西放在较为突出的地位，但并不完全显露以便让学生经过努力自己掌握问题，而后又通过问题引申加深知识的广度与深度，让学生在整体感知的基础上，激发学习兴趣，同时培养了学生多角度、多层次、多学科思考问题的习惯与方法。并且两科老师联合备课，求同存异，不仅拓展了老师与学生的思路及素养，而且促使学生学会细读、品读文章和抽丝剥茧地分析理解文章，从而有助于学生整体素养的提升。不足的是上课45分钟时间不够，而且对学生来说学科思维转换还是有难度。			

《李清照词两首》教学设计

北京汇文实验中学

白雪燕（语文）　张英新（历史）

教学目的：

1.反复诵读两首词，指导学生解读词的意象，把握景与情的关系，体悟词人情感。

2.比较阅读两首词，感悟李清照南渡前后的作品在内容和词风上的变化。并借助所学历史知识，探究这种变化产生的原因，培养学生学科知识迁移能力。

教学课时：一课时。

教学过程：

一、导入

二、朗读《声声慢》，品味开头三句的抒情层次

三、分析《声声慢》词中意象对表达作者情感的作用

思考：

1.作者选取了哪些意象表现她的愁？

2.在这些具有丰富文化意蕴的意象当中，你感触最深的是哪个意象？请说说你对这个意象的理解。

要求：（1）基于文本，可适当结合作者其他作品或其他诗人的作品。

（2）小组朗读、讨论。

（3）每组推荐一位发言人。

四、比较阅读

朗读《声声慢》和《醉花阴》，比较阅读两首词，感悟李清照南渡前后的作品在内容和词风上的变化。

五、合作探究——知人论世

补充材料：李清照大事记。请借助所学历史知识，说说李清照南渡前后词风产生变化的原因。

六、课后思考

请课下搜集南宋著名诗人（如陆游、辛弃疾等）的代表作品，整理南宋相关史实，完成一篇研究型小论文。

参考题目：《南宋诗人的忧世情怀》《从诗人笔端窥知南宋那个时代》。

《声声慢》教学设计

北京市东直门中学

王雪华（语文）

一、指导思想与理论依据

诗歌阅读是高考阅读的难点，学生如果没有打下良好的诗歌基础，往往在心理上就对诗歌产生畏惧心理。新课程在模块二安排两个单元的诗歌课程，就要求教师能够培养学生阅读诗歌的兴趣，并能够引导学生掌握阅读诗歌的基本方法，让他们有法可依，从而接近诗歌，走进作品。本着让学生有法可依的思路，也考虑到《声声慢》一文需要联系历史背景来理解的特点，我在《声声慢》的教学中**贯穿阅读诗歌的三种基本方法**，并且运用**预习质疑法、朗读法、讨论法**等多种方式，引导学生能够知人论世，**走进《声声慢》的情感世界**。

二、教学背景分析

《声声慢》属于名家名篇，作者李清照的经历和词中情感表达密切相连，易于阅读诗歌三种方式的贯穿。教学对象为高一学生，他们具备一定的分析材料的能力、一定的理解能力、归纳总结的能力，能够参与到教学活动中来，并能够有所收获。而对于相应的历史背景，学生在初中已有基本的了解。

教学方式：以学生的质疑为引子，按照学生的理解，逐步引导学生运用三种方法把握作者情感。另外，运用朗读体会、分组讨论等方式让学生充分参与到教学活动中来。

三、本课教学目标设计

知识与技能：了解李清照的生平和当时历史，知人论世，培养解读诗词情感的能力。

过程与方法：通过整体把握抒情的句子，品味诗中的意象三种方式，了解作者的生平经历和历史背景，把握诗歌情感。

情感、态度与价值观：体会李清照的亡国之痛、丧偶之悲、流离之苦、孤独之伤。

教学重点：让学生掌握把握诗歌情感的三种基本方式。

教学难点：品味意象，把握诗歌情感。

四、教学过程与教学资源设计

（一）导入

梁启超在读过李清照的代表作《声声慢》之后，曾在书旁这样批注：那种茕独凄惶的景况，非本人不能领略，所以一字一泪，都是咬着牙根咽下。《声声慢》到底以一种怎样的情感让一位须眉男儿竟有如此感受呢？今天，就让我们一起走进《声声慢》的情感世界。若要走进，先让我们靠近。同学们在课下已经读过了这首词，有了些自己的感受。

（二）抓情感词，整体感知情感

展示学生初读感受：

我感受到词人是如此伤心，在词中大量使用叠词，更加突出了难过的心情。作者一定是流着泪写下这首词。（张弛）

作者的愁绪和伤感在文字中尽显无遗，她是那样伤心，仿佛世间万物都在为她的伤感谱写着悠长悲凉的乐章。最后"怎一个愁字了得"更表达了她内心的苦痛，让读者初读却是这样悲伤。（孙晨雨）

提问：是哪些词让他们初读便很快体会到作者的伤心和悲伤呢？

学生回答，教师引导：这是因为我们抓住了一些抒发内心感受情感的词——愁、凄惨戚、伤心。我们可以用一个字来概括，就是一个"愁"字。

方法指导：抓住诗词中能够体现作者态度抒情的语句，我们很快靠近诗词，整体感知情感。

板书：抓情感词，愁。

（三）结合作者经历，深入把握情感

展示学生初读疑惑：

1. 词中的愁包含了哪些愁？（商雨萌）

2. 作者在寻觅什么呢？（丁洋溢）

3. 开头第一句的叠词是为了突出凄凉吗？还有没有其他好处？（徐笑）

4. 乍暖还寒时候，为什么最难将息？（巫若凝）

教师范读，学生体会并思考问题。

问题1：

学生回答，教师引导：要解决这些问题，就应该对作者的经历和相关背景有所了解。我们简要了解一下作者的经历和历史背景。

教师板书：结合作者经历和历史背景。

资料展示：

少女时代的李清照是自由的，快乐的。

1103-1126年：与赵明诚结婚，婚后融洽欢娱，共同致力于金石书画的研究。

（**金石学**是指中国古代传统文化中的一类考古学，其主要研究对象为前朝的铜器和碑石，特别是其上的文字铭刻及拓片；广义上还包括竹简、甲骨、玉器、砖瓦、封泥、兵符、明器等一般文物。）

1126年：金兵入侵，围困京师。

1127年：金灭北宋，二人所存的十余屋金石书画在战火中焚为灰烬。

1129年：赵明诚孤身赴任，身染重病而亡，李清照时年46岁。

1131年：居浙江会稽，又逢盗贼，重病缠身，几欲丧命。

教学设计与学案

1132年：再嫁张汝舟，可惜遇人不淑，9月提出诉讼，与张汝舟离婚。

1134年：整理完成赵明诚遗著《金石录》。

1151-1156年：李清照没有子嗣，凄然一身，悲苦地离开人世。无人知道死于何时，葬于何处。

学生根据材料，概括愁的内容，教师引导： 本词作于晚年，便是这种种痛苦凝结而成的血泪之作——亡国之痛、流离之苦、丧夫之悲、孤独之伤。

教师板书： 亡国、流离、丧夫、孤独。

教师举例： 我们学过的《武陵春》，同样作于晚年，自然也是极尽哀婉凄凉之情，描绘的也便是游船轻小，难载重愁的情感。

展示资料：

武陵春

李清照

风住尘香花已尽，日晚倦梳头。物是人非事事休，欲语泪先流。

闻说双溪春尚好，也拟泛轻舟。只恐双溪舴艋舟，载不动许多愁。

问题2和3：

学生回答，教师引导： 寻觅的恰恰是自己的美好记忆——昔日的国家繁华，昔日的美满生活……作者面对痛苦的现在，寻觅美好的过去，本来是为了排遣忧愁苦闷，但寻觅的结果是，周围冷冷清清的环境，它不但没有减轻内心的伤痛，反而使其由这清冷之景更生一种凄凉、惨淡和悲戚之情。这就为全词定下了一个感情基调，使全词笼罩在一种凄惨愁苦的氛围中。

学生自读体会这一句。

方法指导： 读的时候要放慢速度，注意情感的递进。

问题4：

学生回答，教师引导： 天气时冷时热，让作者不禁联想到自己的身世，更是悲从中来。

（四）品读意象，深入体会诗歌情感

提问：

当然，词人表达凄婉深切的愁情，不仅通过情感词直接流露，还借眼前的景物间接表达。王国维说，一切景语皆情语。我们说这种融入作者情感的景物被称为意象。如果想进一步体会作者情感，还需要我们抓住意象特点，仔细体会。词中选用了哪些意象呢？

学生回答，教师引导： 酒、风；雁；菊；梧桐、秋雨。

教师板书： 品读意象，酒、风；雁；菊；梧桐、秋雨。

分组讨论： 请你结合作者经历，仔细分析意象自身特点，思考作者如何借助这些意象传达愁情。现在请大家分组讨论一下。

学生讨论后回答，教师引导。

第一组意象：酒和风

意象特点： 酒——三杯两盏、淡，可以御寒，可以麻醉自己。风——急、秋风萧瑟、冷。

举例： "抽刀断水水更流，借酒浇愁愁更愁。"

劝君更进一杯酒，西出阳关无故人。——王维《送元二使安西》

对酒当歌，人生几何？譬如朝露，去日苦多。慨当以慷，忧思难忘。何以解忧，唯有杜康。——曹操《短歌行》

艰难苦恨烦霜鬓，潦倒新停浊酒杯。——杜甫《登高》

分析：

词中"淡酒"这个词。李清照虽然是个女子，在她的词中就有"浓睡不消残酒"的句子，说自己喝了一点酒，就不胜酒力，而睡去了。那现在却还要嫌酒淡了，这是为什么？酒淡难敌急风寒风，实际上是说愁太重。

第二组意象：雁

意象特点： 候鸟，秋天向南方迁徙。

举例： 李清照《一剪梅》中"雁字回时，月满西楼"。

元代《西厢记》结尾崔莺莺长亭送别时唱的"碧云天，黄花地，西风紧，北雁南飞。晓来谁染霜林醉？总是离人泪"，情景相生，其情不堪，成千古绝唱。

赵嘏的《寒塘》："乡心正无限，一雁过南楼。"

引导：作者为什么见到大雁就伤心呢？大雁有南飞过冬的习性。秋雁南来，写物是人非、国破家亡、漂泊南方之苦。自古有飞雁传书的习俗，看到飞雁，想到旧时的爱人赵明诚，不觉暗自伤心了。

第三组意象：菊

意象特点：秋季开花，以黄为正色。耐寒。堆积、憔悴。

举例：采菊东篱下，悠然见南山。——陶渊明《采菊》

不是花中偏爱菊，此花开尽更无花。——元稹《菊花》

第四组意象：梧桐、秋雨

意象特点：落叶乔木。发叶较晚，而秋天落叶早。

举例：人烟寒橘柚，秋色老梧桐。——李白《秋登宣城谢朓北楼》

梧桐一叶而知秋，本身就是牵愁惹恨的事物，再加上点点滴滴，一场寒的秋雨，不仅滴在耳边，更滴向心头。

秋雨梧桐叶落时。——白居易《长恨歌》

梧桐树，三更雨，不道离情正苦；一叶叶，一声声，空阶滴到天明。——温庭筠《更漏子》

讨论后小结：淡酒急风、旧时过雁、梧桐细雨，这么多意象层层铺陈，无一处不生愁、牵愁、助愁。结尾虽然直抒胸臆，也显得难以言说，包容不尽。明朝人茅暎所编《词的》称赞这首词：情景婉绝，真是绝唱。我们通过对情感词的把握和对意象的理解，体会到了词人发自内心凄婉甚至绝望的愁情。可以说我们已经登堂入室，进入到李清照精心营造的凄苦的情感世界。

言为心声，《声声慢》是李清照内心的表达，那么，我们走进了她凄苦哀婉的内心世界，能不能用我们的朗读来表达自己的更进一步的体会呢？

学生朗读全词，进一步体会。

（五）总结

我们通过三种方式，进入到词人复杂的情感世界：先找一找有没有直接抒情的词或句子，还可以结合词人的经历和时代的背景来理解，另外，读懂意象，让我们进一步体会到词人情感的微妙变化。当然，如果诗中没有直接抒情的词，把握意象就显得更加重要了。

（六）与《醉花阴》比较，体会李清照不同的愁情

学生朗读，按照三种方式，体会作者情感。教师引导：

（1）抓情感词：愁永昼。

（2）结合作者经历和历史背景："易安以重阳《醉花阴》词函致明诚。明诚叹赏，自愧弗逮，务欲胜之，一切谢客，忘食忘寝者三日夜，得五十阕，杂易安作以示友人陆德夫。德夫玩之再三，曰：'只三句绝佳。'明诚诘之，答曰：'莫道不消魂，帘卷西风，人比黄花瘦。'正易安作也。"（见《元伊世珍·琅嬛记》）

（3）品读意象。

附：板书设计

声声慢

李清照（宋）

品读意象	抓抒情词	结合作者经历和历史背景
酒、风		亡国、流离
雁、菊	愁	
梧桐、秋雨		丧偶、孤独

五、学习效果评价设计

方式一：课外拓展形式。让学生在课下查找李煜的相关资料，运用这三种方式体会《虞美人》中的愁情。

虞美人

春花秋月何时了，往事知多少。小楼昨夜又东风，故国不堪回首月明中。雕栏玉砌应犹在，只是朱颜改。问君能有几多愁，恰是一江春水向东流。

方式二：学生总结形式。

根据上课所学方法，写一段鉴赏文字，来评价《声声慢》。

六、教学设计的特点

本课的设计重点体现《新课标》思想，在充分营造良好的诗歌氛围的基础上，通过多种方式，理解诗歌内容。本设计的亮点一是思路清晰，为学生理解搭建台阶，在解决问题的过程中学生逐步掌握阅读诗歌三种基本方法；二是教师极具感染力的朗诵和适时适当的学生朗读体会，很快就把学生带入到作者情感中去；三是教学重点突出，教师引导学生品读意象，要求学生抓住意象本身特点，并适时补充一些相关常识，基本达成了教学目标。本课教学中有待进一步探讨如何在古代诗歌教学中更好地体现学生自主学习、探究学习的新课程理念。

以天坛为载体探究传统节日的由来

北京市第一零九中学

杨莉莉（历史）

提要 本节课以天坛为载体，让学生对天坛蕴含的文化内涵有一个深入的了解。讲解天坛是祭祀建筑。冬至在圜丘祭天，孟春在祈年殿祈求五谷丰登，风调雨顺。本节课围绕着祭祀的两个时间点，讲明这两个时间逐渐固化下来形成了传统节日。通过小组讨论学案，发现很多传统节日都是起源于祭祀。通过这样的课程，学生不仅对天坛有一个全新的认识，对传统节日的共性也有了深入的了解。

主题词 天坛 传统节日

一、指导思想与理论依据

结合现在中考改革形势的需要，重视传统文化，北京市第一零九中学从2014年开始建设传统节日校本课程，到目前两年多的时间里，每到传统节日，我校以系列讲座的形式介绍传统节日的由来，看似讲座，其实开展的形式多种多样，学生课前、课后的积极参与，每个节日学生们都从探究它的由来、习俗及内涵三部分来了解。形成了历史学科的思维意识，掌握了本学科学习的特点。特别是介绍节日的由来通常以时间轴来展示，将历史与传统文化紧密相连。

二、教学背景分析

学生情况：虽然学校离天坛很近，但经常去天坛的孩子并不多，为什么修建天坛？什么时候修建的？学生对天坛的历史了解得不多。不过初二的学生求知欲强，渴望对天坛有更多的了解。

教学方式：小组结合任务单完成情况，进行汇报展示和小组探究相结合。

教学手段：学生分小组展示、教师分层次的设计问题。结合学案，小组探究问题。

技术准备：白板软件、点名器、学生自制微视频和课件、学生绘制的天坛小报、点阵笔、史料、学案资源。

三、教学目标

【知识与能力】通过本课学习，学生了解到天坛是明清时期用来祭祀的建筑。通过祭祀的时间学生探究到传统节日的由来——起源于祭祀活动。

【过程与方法】学生分为四个小组，合作完成任务单。课上分组展示。围绕探究问题，展开小组讨论。

【情感态度价值观】通过本课的学习，学生对天坛有一个新的认识。认识到节日背后隐藏的传统文化——祭祀文明。增强学生的民族认同感和自豪感。认识到祭祀文明中体现的天人合一的思想，学会尊重自然，与自然和谐相处。

教学重点：学生分为四个小组介绍天坛作为一个祭祀的建筑群。

教学难点：如何通过祭祀的时间将祭祀与传统节日的由来结合在一起。

四、教学流程示意

```
学生自制微视频导入
        │
        ▼
                        ┌─ 天坛整体介绍 ──── 祭祀建筑
                        │
学生介绍天坛 ──────────▶├─ 介绍圜丘 ──────── 冬至祭天
                        │
                        ├─ 介绍丹陛桥 ────── 步步升天
                        │
                        └─ 介绍祈年殿 ────── 孟春祈谷
        │
        ▼
探究传统节日的由来 ──── 探究传统节日由来的共性
        │
        │                      ┌─ 讨论是否重视传统节日
        ▼                      │
认识到学习传统节日的重要性 ──┼─ 理解天人合一的理念
                               │
                               └─ 传统节日蕴含的文化内涵
```

五、教学过程（文字描述）

导入新课：

师：大家在周末的时候，都带着历史任务单去参观天坛了。江亚琪同学用大家拍的照片制作了一个微视频，请大家欣赏。

师：播放微视频。

生：欣赏微视频。

师：你对天坛了解多少？它与传统节日又有怎样的联系呢？本节课我们就来学习《以天坛为载体探究传统节日的由来》。

（一）学生介绍天坛

师： 首先请第一组同学对天坛进行整体介绍。

生： 学生结合自己做的课件进行介绍。

师： 教师结合第一组学生提到的天坛是祭祀的建筑群，对祭祀进行讲解。

生： 学生聆听。

师： 教师介绍祭祀的范围、祭祀的对象、等级、仪式。

师： 提出问题："为什么要祭祀？"

生： 回答这个问题。

师： 揭示祭祀源于生产力水平低下，人类畏惧自然，渴望得到超自然力量的帮助。

师： 在哪祭祀？什么时间祭祀呢？

生： 第二组学生结合小组成员用水粉画的圜丘以及课件介绍圜丘建筑。

师： 教师强调祭天的时间是冬至。

生： 第三组学生介绍丹陛桥（自己绘制）。

生： 第四组学生结合天坛模型和课件介绍祈年殿。

师： 强调时间是孟春。

师： 播放一段春节期间祈年殿祭天仪式表演的新闻。

【设置意图】 通过四个小组的介绍，学生对天坛已经有了初步认识，了解到它是一个祭祀的建筑群。为探究传统节日起源做好了铺垫。

（二）探究传统节日的由来

师： 引导学生回想祭祀的时间是冬至和孟春，思考为什么选择这两个时间进行祭祀？

生： 学生回答。

师： 教师出示史料，介绍冬至也是一个传统节日。

师： 无论是冬至还是孟春（正月）举行祭祀，都是一个特定的时间，这个特定时间起源就是因为祭祀。

师： 揭示祭祀以及天坛修建的风格体现了"天人合一"的理念，今天仍然有价值，值得我们后人学习。

师：引导学生看学案，发现不仅春节和冬至节日形成与祭祀有关，原来元宵节、端午节、中秋节、重阳节都是起源于祭祀的。

生：学生利用点阵笔划出这些节日起源的共性——源于祭祀。

师：出示老子一段话，作为过渡。

"天地不仁，以万物为刍狗。"

【设置意图】引用老子的话，让学生形成唯物思想，也为下面的讨论问题做好铺垫。

师：教师进一步引导学生，既然节日起源祭祀，随着生活环境的改善，人类越来越能够征服自然，我们是不是就不需要重视传统节日了？引发学生讨论。

生：经过小组讨论，学生们使用点阵笔在学案上写明本组的观点。

（三）揭示传统节日的文化内涵

师：引导学生说出本组的观点。

师：通过回顾之前讲过的传统节日照片，说出传统节日蕴含的文化价值。

（四）课外拓展

师：发现一个新闻——陕西出土秦汉时期大型国家遗址。建议学生课下关注。

【设置意图】通过观看新闻，学生意识到祭祀自古以来就有，以及古代统治者对祭祀的重视。

六、教学过程（表格形式）

教学阶段	教师活动	学生活动	设置意图	技术应用	时间安排
情境导入	你对天坛了解多少？它与传统节日又有怎样的联系呢？引出课题《以天坛为载体探究传统节日的由来》。	学生自制微视频。	锻炼学生归纳、整理资料的能力。	播放微视频	2分钟

	第一组学生从整体介绍天坛。	学生自制课件进行介绍。		
	教师结合第一组学生的介绍，总结出天坛是祭祀建筑群。 教师讲解祭祀的概念。	学生回答。 学生聆听。		点名器
一、 学生 介绍 天坛	【探究一】 教师介绍祭祀仪式。 第二组学生介绍圜丘。 教师引导学生们关注圜丘是祭天的场所，祭天的时间是冬至。 第三组学生介绍丹陛桥。 第四组学生介绍祈年殿。 教师引导学生关注祭祀的时间孟春即正月，春节期间。 引导学生认识到天坛作为祭祀场所体现了天人合一的思想。	学生结合本组绘制的圜丘和课件进行介绍。 学生结合绘制的丹陛桥进行介绍。明确丹陛桥三条道路的等级。 学生结合课件和祈年殿模型进行介绍。	有助于学生树立正确的价值观、人生观和世界观。 拓宽学生的知识面。多关注考古研究。 锻炼学生语言表达能力。	多媒体课件 25分钟
过渡：	【探究二】 为什么选择冬至和孟春来祭天祈福？ 教师引导学生认识到冬至和孟春都属于传统节日。	学生思考并回答。		点阵笔 3分钟
二、 探究 传统 节 日 的 来	【探究三】 阅读学案，思考传统节日由来有哪些共性。	学生使用点阵笔，找出共性。	有助于学生树立正确的价值观、人生观和世界观。	
过渡：	"天地不仁，以万物为刍狗"引用老子的话语，揭示天地看待万物是一样，不会对谁特别好，也不会特别不好。	学生聆听。		3分钟
三、 揭示 传统 节 日 的 文 化 内 涵	【探究四】 既然传统节日起源于祭祀活动，随着生产力水平的提高，今天我们是否还要重视传统节日？产生思维冲撞，激发学生小组讨论。 结合学生的答案，回顾已开展过的传统节日的照片，揭示每个节日蕴含的文化内涵。	学生小组讨论，并将结果写在点阵纸上。 学生感受传统节日的文化内涵。	拓宽学生的知识面。多关注考古研究。	5分钟
四、 课外 拓展	新闻：陕西出土秦汉时期大型国家遗址。	学生课后查看新闻。	拓宽学生的知识面。多关注考古研究。	2分钟

七、学习效果评价设计

通过阅读学生写的感受，了解到学生理解了天坛是明清时期的祭祀建筑，知道了祭祀的时间是冬至和孟春，也认识到了祭祀的时间就是后来传统节日的最初雏形。找到了二者之间的内在联系，解决了课前的疑惑"天坛与传统节日的由来有怎么样的关系"，学生普遍觉得这次学习很有现实意义，觉得很有用。特别是一名女学生还带着妈妈又去了天坛，为她的妈妈讲天坛文化。通过探究问题的讨论，学生们意识到传承传统节日的意义。

八、本教学设计与以往或其他教学设计相比的特点

（一）选题新颖，天坛建筑与传统节日巧妙结合

学生带着任务单自主参观天坛时，怎么也没有想到天坛与传统节日有这样的内在联系。

（二）与校歌、校徽相联系，贴近学生，激发学生参与的兴趣

很多同学在没有上这节课之前并不清楚每天课间操放的就是校歌，歌词第一句就是"我们望着天坛的金顶"。同时介绍我校校徽是由美术高中学生设计的，体现了天坛标志性建筑——祈年殿。这样的介绍，激发了学生了解天坛的兴趣。

（三）在潜移默化中渗透了天人合一的理念

祭祀对于初中学生来说难于理解，但是通过介绍学生对祭祀有了初步的印象。从另一个角度引导学生，古代中国对自然是很尊重的，与当代社会形成鲜明对比。无形中向学生渗透了天人合一，顺应自然、尊重自然的理念。

（四）培养学生学以致用的能力，实现核心素养的要求

本节课具有实用价值，在没有上本课之前，我认为天坛离我们这样近，大部分孩子或者是家长对天坛的历史文化应该有所了解。但没想到大部分家长和孩子都不了解。通过本课的学习，孩子可以给家长讲天坛文化了。

（五）任务单成为综合实践和校内上课的纽带

一份任务单，既会让我们对参观的建筑有一个初步的了解，也会成为上课要解决问题的核心。它的联系，让综合实践活动与校内上课很好地融合在一起。

九、教学反思

一节课上得如何，我想最好的评价，取决于学生理解和掌握的情况。本节课，我采用抽查学生任务单完成情况和看学生上完本课写的感受。在这个过程中，我也对自己的教学设计、实施过程再次梳理，有了以下几点感悟：

挖掘天坛建筑背后的文化内涵与传统节日起源相联系。

参观天坛是为了中考改革，完成本学期社会实践任务。探究传统节日的由来，是我校开设校本课程，讲了春节、元宵节、端午节、中秋节、重阳节之后，想进一步思考节日起源问题。二者最初都是为了完成各自的任务，没有想到如何联系在一起，也比较困惑如何联系在一起。11月26日，区里组织文史学科骨干教师去苏州大学学习一周，我有幸也参加了。这次学习，聆听大学教授讲课，我变成了学生，我以学生的视角去重新学习。在没有听教授讲苏州园林之前，就去看期待已久的园林，除了景观雅致，没有特别感受。当聆听完苏大教授讲完苏州园林建筑的艺术，我发现园林其实到处蕴含了传统文化，依据五行的设计理念，就连种植什么样的植物都是很有讲究的。只是我不了解，把它当成了一般景观。这让我想到参观天坛，天坛离我们学校很近，很多学生经常去，但你问他为什么修建天坛？修建它的目的是什么？能够说上来的学生寥寥无几。于是我打算挖掘天坛的文化内涵，让学生对它有一个深入的了解。在查找资料过程中，找到了天坛建筑与传统节日相结合的点——祭祀文明。天坛修建为了祭祀。祭祀时间就是传统节日形成的最初雏形。这种内在的联系，就是我整节课要讲的核心。

学生喜欢传统文化，渴望了解更多的文化内涵。

随着国家重视传统文化，诵读文化经典、参观博物馆等活动进入校园，很多学生从不了解，到逐渐热爱，我想它需要一个过程。

在学校开设的传统节日校本课程，从最初的尝试到现在成为起始年级的必选校本课，让我认识到，学生其实是渴望了解传统文化的。在这次天坛参观活动中，就能感受到学生们希望通过学习对天坛有更多的了解。这节课上完之后，还有的学生跑过来问祭祀、天坛建筑相关的知识点，很显然激发了他们的学习兴趣。

充分发挥任务单的作用，成为实践活动与课堂学习的纽带。

学生之所以对天坛了解很少，是因为缺少去了解的动力。在任务单的驱动下，学生不得不去查找资料。在这个过程中学生对天坛有了深入的了解，不再觉得它就是一个公园。不过，任务单的问题并不是在百度百科都能找到。初中生求知欲望强烈，渴望得到答案。于是我让四名介绍天坛建筑的导游展示给学生关于天坛的知识，就是围绕任务单问题进行介绍。相当于他们把任务单的答案说了一遍。用心的学生一定能够把答案填对。这样还有助于上课的听课效果和课下的巩固。通过这样的方式，学生记忆是较为深刻的。所以我采用抽查任务单的方法，来了解学生听课的效果。

学生感受到学习知识的实用性，实现了核心素养的要求。

很多学生说去了天坛很多次，但从来没想过它的历史，就认为它是一个公园。但通过这次学习，学生们的思想不一样了，他们觉着学习这节课后非常有用，可以向家人朋友介绍天坛。一名女学生在感受中提到，她和她的妈妈因为有月票，经常去天坛，但从来不了解天坛文化。通过课上的学习，她都能为妈妈讲解天坛文化了。课下，她与她的妈妈特意又去了一趟圜丘、丹陛桥、祈年殿。俨然她成了她妈妈的小老师。她在感受中写道：这次学习真的太有用了！

看到学生们的感受，我觉得这节课的付出都是值得的。我希望这样的学习模式仅仅是一个开始，在以后的学习和生活中，学生们都能够学会关注建筑背后蕴含的文化。

这节课让我反思，无论是中考改革，提倡开展综合社会实践活动，还是每个学科提出的核心素养，其实都是想让学生从课本中走出来，在实践中获取知识的一种体验过程。因为这样的过程是印象深刻的，学生感受到有用、有价值才愿意学习，才能够真正实现学以致用的目的。也只有这样，学生们才能真正感受到我们传统文化博大精深，喜爱它，并乐于探究它。也希望正如学生在课上发言所说，学习传统文化，实现古为今用。

《寄情山水》——文史地学科融合探究课

北京市第二十七中学

王　莉（语文）　　孙丽苹（历史）　　武艳双（地理）

教学基本信息				
总课题	《寄情山水》——文史地学科融合探究课			
历史课题	《魏晋南北朝时期的思想文化》			
语文课题	《与朱元思书》（第二课时）			
地理课题	《富春江的自然环境》			
是否属于 地方课程或校本课程	否			
学科	历史、语文、地理	学段：初中	年级	初二
教材	《语文》　出版社：人民教育出版社 《历史》　出版社：北京师范大学出版社 《地理》　出版社：中国地图出版社	出版日期：2015年6月 出版日期：2005年6月 出版日期：2015年12月		

教学设计参与人员			
	姓名	单位	联系方式
设计者	王莉、孙丽苹、武艳双	北京市第二十七中学	13521585384
实施者	王莉、孙丽苹、武艳双	北京市第二十七中学	13521585384
课件制作者	王莉、孙丽苹、武艳双	北京市第二十七中学	13521585384

指导思想与理论依据

一、学科融合的概念：学科融合是指在承认学科差异的基础上不断打破学科边界，促进学科间相互渗透、交叉的活动。学科融合既是学科发展的趋势，也是产生创新性成果的重要途径。

二、学科融合的意义：通过多学科或跨学科的研究，常常能够获得单一学科研究无法获得的创新成果。多学科融合或通过跨学科研究问题也是当代科学和技术解决问题的创造性方法，体现了广泛联系和发展的辩证法。当代各门科学之间的交叉性越来越大，通过学科之间的交叉往往可以获得新的认识，带来创新。学科交叉成为一种新的思考方式和研究方法。

三、中学学科融合课的背景：当今世界，经济全球化趋势日渐增强，现代科学和信息技术迅猛发展，新的交流媒介不断出现，给社会生活带来巨大变化，在这种情况下，学生的学习方式和思维方式也发生了巨大的变化。为了适应时代和学生的需求，教学实践中，学科融合课作为一种新的教学方式也越来越广泛地受到关注。

历史	《义务教育历史课程标准（2011版）》中指出："历史教育对提高学生的人文素养有着重要的作用。义务教育阶段的历史课程，弘扬以爱国主义为核心的民族精神和以改革创新为核心的时代精神，传承人类文明的优秀传统，使学生了解和认识人类社会的发展历程。学生通过历史课程的学习，初步学会从历史的角度观察和思考社会与人生，从历史中汲取智慧，逐步树立正确的世界观、人生观和价值观，提高综合素质，得到全面发展。" 历史学科核心素养有"时空观念、史料实证、历史理解、历史解释、历史价值观"。 本节课通过对魏晋时期社会大动荡的介绍，带领学生分析在这一特定的历史背景下产生的特定的魏晋文化，并据此对这一时期的文化做出合理解释。本节课通过让学生查找史料、分析史料并对获取的史料进行辨析，让学生学会运用可信史料努力重现历史真实的态度与方法。本节课通过教师对历史的解释，让学生对历史具有同情、理解的态度，更好地感悟和理解历史上的各种事物，并对历史事物之间的因果关系做出合理的解释。在面对现实社会与生活中的问题，能够以全面、客观、辩证、发展的眼光加以看待和评判。 本节课与语文、地理的融合，旨在"以人类优秀的历史文化陶冶学生的心灵，帮助学生客观地认识历史，正确理解人与社会、人与自然的关系，提高人文素养，逐步形成正确的价值取向和积极向上的人生态度，适应社会发展的需要"。能够将对历史的认识延伸到对自身成长和现实社会的认识上，能够从历史中获取有益的养料，体现历史的价值。
语文	一、《义务教育语文课程标准（2011版）》中规定："拓宽语文学习和运用的领域，注重跨学科的学习和现代科技手段的运用，使学生在不同内容和方法的相互交叉、渗透和整合中开阔视野，提高学习效率，初步养成现代社会所需要的语文素养。"《北京市中小学语文学科教学改进意见（2016年）》中指出："要扎实推进语文教学与学习方式的改变，要"积极拓展、整合教学资源，促进语文和其他学科教学的衔接。提倡把历史、地理、政治等学科内容作为语文学习的依托和背景，加强学习过程的开放性、体验性和实践性。" 本节学科融合探究课真正实践了《课程标准》《改进意见》中"拓展和整合教学资源"的要求，体现了跨学科交融的精神，使语文教学和学习的过程具有开放性、体验性和实践性的特点。 二、《义务教育语文课程标准（2011版）》中指出："学生是学习和发展的主体。"因此，"语文学习应该积极倡导自主、合作、探究的学习方式"。本节课充分尊重学生的认知水平和规律，以学生为主体，以学生需要为教学内容，引导学生通过合作、探究的学习方式有所收获。 三、《义务教育语文课程标准（2011版）》中指出："应该重视语文课程对学生思想情感所起的熏陶感染作用，注意课程内容的价值取向，要继承和发扬中华优秀文化传统，体现社会主义核心价值体系的引领作用。"本节课通过分析和感受古人寄情山水的原因和感情，体会古人身上的家国情怀，学习古人以天下为己任的担当精神。

地理	《义务教育地理课程标准（2011版）》中规定："地理学是一门研究地球表层自然要素、人文要素及其相互关系的科学。它的本质是兼有自然学科和社会学科性质的课程，而且更强调基础性，以基本地理观念为起点和目标，综合开放性更强。"《标准》指出：初中地理课程具有"区域性""综合性""思想性""生活性""实践性"几个特征。特别是后两个特征的凸显，要求老师具有开放思想，创造性地使用教材，要融入自己的科学精神和智慧，选取更好的内容对教材进行加工。积极拓展、整合教学资源，促进地理和其他学科教学的衔接。提倡把历史、语文、政治等学科内容作为地理学习的依托和背景，加强学习过程的开放性、生活性和实践性。 地理学科核心素养包括四个要素，即人地协调观、综合思维、区域认知和地理实践力。其中人地协调观是最核心的价值观，指人们对区域的特征、问题进行分析、解释的意识和能力。学生具备区域认知，能够形成从区域空间认识地理现象的意识，能够运用区域综合分析、区域比较等方式，来认识区域特征和区域人地关系问题，形成因地制宜进行区域开发的观念。

教学背景分析	
历史	**学生情况**：虽然学生从小接触历史，但系统地学习还是从初一开始的，通过前面的讲解与分析，大部分学生了解魏晋时期的社会状况，但对这种社会背景之下的思想文化却鲜有了解。本节课通过对魏晋时期社会大动荡背景的复习和再分析，旨在让学生理解佛教、道教文化的兴盛对魏晋时期文学、艺术的深刻影响，并让学生理解魏晋独特的文学、艺术有其深刻的社会根源及对中华文化的深远影响。 **教学方式**：引导法、探究法、讨论法、吟诵教学法 **教学手段**：多媒体 **技术支持**：PPT
语文	**学生情况**：从小学一年级到初中八年级，学生学习过许多有关山水的诗词文章，大多数学生对这些古诗文的掌握仅停留在能够熟练背诵的层面；一部分学生能够从诗文中感受到作者热爱山水、热爱自然的情感。但是，古人为什么会寄情山水、古人寄情山水的真正情怀是什么，就鲜有学生能够深入了解。八年级下册语文书中，有五篇文章都是与山水景物有关的文言文，要想让学生深入把握文章中作者的情感，就有必要深入挖掘古人寄情山水的真正原因，系统地梳理古人在山水诗文中所表达的真正含义和情怀。处于八年级第二学期的学生，已经学习过《三峡》《答谢中书书》《记承天寺夜游》《湖心亭看雪》和《山中杂诗》等古诗文，对山水诗文有了一定的了解，具备进一步深入挖掘古人寄情山水情怀的基础。此时借助《与朱元思书》的学习，对山水诗文进行深入剖析和系统梳理，可以做到水到渠成。 **教学方式**：学案导学法、探究法、讨论法、吟诵教学法 **教学手段**：多媒体 **技术支持**：PPT
地理	**学生情况**：学生真正接触地理学是从初一开始，学生系统地学习了中国自然地理环境的几个要素——中国的地形、气候和河流水系等。大多数学生对这些地理环境要素的掌握仅停留在能够熟记的层面；一部分学生能够在某一区域内部，把自然地理要素之间的相互作用联系起来。此时借助语文《与朱元思书》的学习，教师引导学生理解自然地理环境要素之间相互联系相互作用，可谓水到渠成。另外，古人为什么会以山水寄情，到底人地之间的自然联系是什么，很少有学生能够深入思考。本节课借助山水诗文，教师从文学知识角度对人地协调观进行提升，深入挖掘古人寄情山水的情怀基础，突出人地关系。 **教学方式**：学案导学法、探究法 **教学手段**：多媒体、音频"高山流水" **技术支持**：PPT

<table>
<tr>
<td colspan="3" align="center">**教学目标（内容框架）**</td>
</tr>
<tr>
<td rowspan="3">**课程
目标**</td>
<td colspan="2">知识目标：学习和掌握历史、语文和地理学科在本课中所涉及的相关学科知识。</td>
</tr>
<tr>
<td colspan="2">能力目标：培养学生打破学科壁垒，树立学科交融渗透的思维方式，激发学生的创造性。</td>
</tr>
<tr>
<td colspan="2">情感目标：感受古人的家国情怀和以天下为己任的担当精神，进而树立自己的社会责任感。</td>
</tr>
<tr>
<td rowspan="9">**学
科
目
标**</td>
<td rowspan="3">历
史</td>
<td>

一、知识目标

1. 了解魏晋南北朝时期朝代的更替，了解这一时期动荡的社会背景。

2. 通过对魏晋时期社会大动荡的分析，了解佛教、道教兴盛的原因与表现。

3. 通过魏晋时期独特的思想、文化的分析，理解这一时期的文学与艺术产生的社会根源及对中华文化的深刻影响。

二、能力目标

1. 通过对魏晋时期社会大动荡的分析，学生能进一步对这一时期的文化做出合理解释。

2. 通过让学生对史料进行辨析，学会运用可信史料重现历史真实的态度与方法。

3. 通过教师对历史的解释，学生能对历史有同情、理解的态度，更好地感悟和理解历史上的各种事物，并对历史事物之间的因果关系做出合理的解释。进而能够以全面、客观、辩证、发展的眼光看待和评判现实社会和生活中的问题。

三、情感目标

1. 感受中国思想文化的博大精深，感受中国文学艺术之美。

2. 学习古人通过文学艺术的形式适当调节自我的心态，学会在现实生活中选择恰当的方法缓解压力，调节自我。

</td>
</tr>
<tr><td></td><td></td></tr>
<tr><td></td><td></td></tr>
<tr>
<td rowspan="3">语
文</td>
<td>

一、知识目标

1. 熟读成诵，积累名句。

2. 了解文意，积累词义。

3. 继续识记入声字，进一步加深对入声字作用的理解。

二、能力目标

1. 体会和学习作者从多角度、多感官描摹景物的写作手法。

2. 学习和体会通过深入分析原因探寻文章或作者情感的探究方法。

3. 通过对多篇课文的勾连和梳理，培养学生举一反三、融会贯通的思维习惯。

4. 通过反复吟诵，培养学生运用声韵知识赏析诗文的思维和能力。

三、情感目标

1. 感受和学习古人的家国情怀和以天下为己任的担当精神，进而树立自己的社会责任感。

2. 学习古人适当调节自我的心态，学会在现实生活中选择恰当的方法调节自我。

</td>
</tr>
<tr><td></td></tr>
<tr><td></td></tr>
<tr>
<td rowspan="3">地
理</td>
<td>

一、知识目标

1. 了解富春江河流概况。

2. 说明富春江水文特征。

3. 从人类精神生活角度，理解人地协调观。

二、能力目标

1. 学会阅读水系图，运用地图说明河流概况。

2. 根据课文文本和地图、资料说明河流水文特征。

3. 通过地理环境要素的分析，形成综合思维、融会贯通的地理学习习惯。

三、情感目标

1. 感受和学习古人对自然山水的热爱之情，学习古人适当调节自我的心态，学会在现实生活中选择恰当的方法调节自我。

2. 学习古人以天下为己任的担当精神，进而树立自己的社会责任感。

</td>
</tr>
<tr><td></td></tr>
<tr><td></td></tr>
</table>

教学过程		教师活动	学生活动	设置意图	技术应用	时间安排
历史学科	一、导入新课	板书"遁"字并对其进行解释。 "遁"是迁徙隐居、遁世的意思。中国古代的文人有时会选择"遁世"来逃避现实、保护自己。	认真倾听、思考"遁"的含义。	让学生了解"遁"字的本意和引申义。	PPT	2分钟
	二、讲授新课	引导学生思考： （一）在中国古代选择遁世的文人主要集中在哪段历史时期？ （二）为什么魏晋南北朝时期选择遁世的文人比较多？	思考并回答问题。	让学生理解动荡的社会环境造就了独特的魏晋文化。	PPT	2分钟
		出示幻灯片，引导学生从这些图文材料中得出历史信息。	观察阅读、思考。	让学生了解佛教的兴盛、佛教的教义及对中国文化的影响。	PPT	4分钟
		引导学生分析道教文化的起源，道家文化的核心思想。	回忆、思考、回答问题。	让学生了解道教的兴盛、道家文化的思想核心。	PPT	2分钟
		引导学生思考： （一）老庄的"人法地，地法天，天法道，道法自然"对中国知识分子产生了怎样的影响？ （二）知识分子这样的处事态度对中国文学和艺术产生什么影响？	思考、分析、回答。	让学生理解道家文化对中国文化的影响。	PPT	4分钟
		简介中国书法艺术的发展历程，介绍王羲之的代表作。	认真倾听、欣赏、思考。	让学生了解魏晋是中国书法艺术的分水岭，从自发进入到自觉阶段。	PPT	2分钟
		学生简介顾恺之的绘画作品及在中国山水画坛的地位：顾恺之作品特点及"中国山水画开山鼻祖"的地位。 教师介绍两部理论著作：宗炳的《画山水序》、王微的《叙画》。 明确：魏晋时期山水画作为独立的画种出现了中国画的舞台上。	认真倾听、欣赏、思考。	使学生了解相关知识。	PPT	4分钟
		（一）引导学生思考：文学史上，魏晋时期有没有新的变化？ （二）回顾：学过的写山水的文章。 自然过渡到语文课文《与朱元思书》。	思考、回忆、回答问题。	使学生理解魏晋文学领域也出现了新变化。	PPT	2分钟

教学设计与学案

语文学科语	一、回顾作业导入新课	（一）展示学生作业，进行点评，引导学生学习他人的思维方式和语言表达。 （二）展示学生的问题，引导学生对文章主旨进行深入探究。	阅读朗读，思考问题，分享交流。	1.展示作业，让学生在交流中互相学习；2.分析不足，让学生发现自己的问题。	PPT	4分钟
	二、分析文本举一反三	（一）吟诵文本，进一步感受作者在文章中表达的感情。 （二）引导学生分析课文中描写的具体景物以及景物的特点。 视觉：水清、湍急、山高、树寒 听觉：泉响、鸟鸣、蝉啭、猿叫 **教师总结：**作者从视觉和听觉两个角度展示出富春江水景色优美清丽、生机勃勃的特点。 （三）引导学生勾连学习过的《三峡》《答谢中书书》《记承天寺夜游》和《湖心亭看雪》等课文，发现问题，大胆质疑，深入思考。	吟诵朗读，思考问题，分享交流，圈点勾画。	1.吟诵让学生沉浸在美的氛围中；2.分析文本训练学生迅速筛选提取有效信息的能力；3.勾连复习以前学过的课文，培养学生学以致用，举一反三，融会贯通的学习和思维习惯；4.引导学生大胆质疑文本，培养学生的质疑精神。		
		教师提问： 1.作者说这里的景色"天下独绝"，真的是这样吗？ 2.既然美丽的景致特点都大同小异，那"天下独绝"指的又是什么呢？ 3."鸢飞戾天者，望峰息心；经纶世务者，窥谷忘反。"这句话表达了作者怎样的内心世界？	吟诵朗读，思考问题，分享交流，圈点勾画。		PPT	10分钟
	三、文史通融探寻真相	（一）引导学生从历史背景、个人生平和儒家精神等方面深入探寻作者产生"遁世情结"的原因。 1.**历史背景：** 回顾刚才历史课上所学，得出认识：社会动荡　佛道影响。 2.**个人生平：** 根据学案中出示的《南史·吴均传》得出认识：理想受挫　罢官免职。 3.**儒家精神：**积极进取　阴阳相调 吟诵"子曰：道不行，乘桴浮于海。"通过拖长声音揣摩感受孔子在说这句时内心的情感。 无奈，悲愤，痛苦，压抑，心痛…… （二）引导学生带着刚才的认识回看《三峡》《答谢中书书》《记承天寺夜游》《湖心亭看雪》等文章，感受作者真正的情感，提升认识和赏析水平。	聆听思考，吟诵感受，交流分享，圈点勾画。	1.引导学生回顾历史背景，培养学生打破学科壁垒，树立学科交融渗透的思维方式；2.学案中引入作者生平原文，培养学生利用工具书阅读简单文言文的能力；同时培养学生用更开阔的视野分析问题的思维意识；3.反复吟诵有利于学生通过声音更准确把握古人内心情感；4.系统梳理学过的文章，提升学生对山水诗文的深入认识和赏析。		

语文学科语	四、回归文本解读吴均	1.寻找勾画表达作者情感的句子。 2.通过吟诵拖长声音，玩味揣摩作者的情感。 **教师总结：**原来古人游山玩水绝不仅仅是想表达他们对祖国大好河山的热爱之情啊，他们或国破家亡或仕途不顺或志不得发，他们心怀天下，自觉担当责任，但是却因为种种原因抱负不得施展，他们不得已只能通过游山玩水来排解心中的不平、悲愤、痛苦、无奈之情。			PPT	10分钟
		（一）引导学生回归文本，总结概括《与朱元思书》所表达的作者情感。 **教师总结：**吴均在志向不得施展、理想不能实现的情况下，只能带着内心的苦闷去寄情山水，希望通过山水之美能够排解心中的不平之气，得到心灵的解脱。 （二）探寻"解"字本源，引出"吴均是否解开心结？"的思考。 1.描画"解"字的甲骨文，析字： 本义：用力掰开牛角。 引申：解开实物，如解开绳子，肢解东西。 扩大引申：解开心结，除去，消除。 2.引导学生从课文文本、人物生平、个人创作等方面深入全面思考问题。 **课文文本：**从流飘荡，任意东西。（闲适、自在） **人物生平：**坐免职。寻有敕召见，使撰《通史》，……均草⑨本纪、世家已毕，唯列传未就⑩，卒。 **个人创作：**《山中杂诗》《咏雪》两首诗都压入声字的韵。入声字作韵表达的是压抑、阻塞、难过、不平之情。 **教师总结：**今天我们并不能明确地知道吴均到底有没有解开自己的心结，摆脱了心中的痛苦，但是我们能够知道，吴均和许多有家国情怀的文人是一样的，他们的内心是矛盾和纠结的，当"时不我与"的时候，当不得志的时候，他们多么想彻底放下这个国家和社会，从此寄情山水，"乘桴浮于海"，让自己过得闲适而自在些。但是与生俱来的社会责任感又让他们无法放弃社会和国家，无法放下自己的理想，也就无法释怀啊。	聆听思考，吟诵感受，回答问题，交流分享，圈点勾画。 聆听思考，吟诵感受，回答问题，交流分享，圈点勾画。	1.引导学生回顾文本，梳理思路，培养口头总结概括能力；2.探寻汉字本源，让学生了解汉字的发展，感受汉字的深厚，进而热爱祖国文化；3.引导学生从多方面思考问题，培养和强化学生融会贯通、全面分析问题的思维方式；4.吟诵让学生进一步感受入声字的作用，学会用音韵学的知识赏析诗文。	PPT	9分钟

Continued table.

学科	环节	教师活动	学生活动	设计意图	媒体	时间
语文学科语文	五、布置作业——言而有文	完成学案上的两道题： 1.你觉得吴均是否解开了自己的心结？结合本课所学内容以及相关材料，谈谈你的理解吧。 2.回忆你以前学过的山水诗歌，用楷书抄录下来，然后查阅作者生平，结合课上所学内容，谈谈你对这首诗歌新的理解和认识吧		1.将上课的收获和思考整理成文字，训练学生的思维和文字表达能力； 2.培养学生及时总结的学习习惯； 3.培养学生鉴赏诗歌的能力。		2分钟
	六、阶段小结——承上启下	这节课上到这里，我们了解了魏晋南北朝多出山水小品的原因，我们更知道了古人寄情山水的真相。为什么古人排解心中的苦闷要选择山水呢？下面请武老师从地理的角度带着我们一探究竟吧。				
地理学科	一、河流概况	导入：同学们，下面我们以地理的视角走进《与朱元思书》，赏析作者眼中的山水之美。首先我们要知道山水在哪里？ 1.用文中句子说出作者描述的景观位置。 课文文本：自富阳至桐庐一百许里。 看图说出，该景观位于哪条河流及沿岸地区。 （富春江） 2.源头、入海：先从源头说起，富春江是钱塘江的中游，上游新安江发源于中国名山安徽黄山，下游钱塘江汇入杭州湾所在的东海。这里出现了三条河流，它们在哪里分界呢？ 3.分段、流向：在图中找出杭州市梅城镇和闻堰镇。它们之间的河段就是富春江。请你根据箭头指示判读富春江的流向。 设问质疑：既然是这样的流向，那"自富阳至桐庐一百许里，从流飘荡，任意东西"这句话符合现实吗？为什么？	1.用文中句子说出作者描述的景观位置。2.说出河流位置和注入海洋。3.找出中游富春江河段，并判断流向。 思考：依据河流流向判断文中路线是否合理。完成学案。	为学生出示"富春江流域图"，引导学生从地理的角度了解景观位置和河流概况，从而为流域内的自然环境做铺垫。	PPT	10分钟
	二、水韵山势	过渡：作者惊叹于富春江的奇山异水，我想同学们也很好奇——到底怎么样的山势水韵，会让作者认为这景色天下独绝呢？ 1.在文中用曲线划出描写河流的词句。 课文文本："水皆缥碧，千丈见底。游鱼细石，直视无碍。急湍甚箭，猛浪若奔。" 这些描写河流或者秀丽，或者壮美的词句，寓意着河流的水文特征，包括流量、流速、水能、含沙量、汛期等。	1.在文中用曲线画出描写河流的词句。	1.找出文中原句，说明河流的水文特征，并深入分析水文特征形成原因，已达到学科融合的目的。	PPT	20分钟

地理学科	二、水韵山势	2.从文中找出两个描写河流流量的词语，并说明其水文特征及成因。 课文文本："千丈""猛浪"。 水文特征：河流流量大。 形成原因：气候中的降水量决定外流河流量。附近的杭州属于温暖湿润的亚热带季风气候，年降水量达到1400mm左右，降水丰富，河流流量大。"蝉则千转不穷"，说明作者在夏季游览，夏季降水集中，水位上涨，是河的汛期，流量尤其大。 3.找出描写河流流速的词句，说明其水文特征及形成原因。 课文文本："急湍甚箭，猛浪若奔。" 水文特征：河流流速快。 为什么流速快？地形起伏状况决定河流流速。在文中用横线画出描写地形的词句。该地区是哪种地形类型？试描述该地区的地形特征。 形成原因："夹岸高山，皆生寒树，负势竞上，互相轩邈，争高直指，千百成峰。"说明河流两岸山势高峻，峡谷幽深。河流流经山地，山高谷深，河道狭窄，河床较深，以下蚀为主流速快。 阅读资料1：富春江两岸为什么山势高峻？ 4.找出描写河流含沙量词句，说明水文特征及成因。 课文文本："水皆缥碧，千丈见底。游鱼细石，直视无碍。" 水文特征：含沙量小，水体洁净。 为什么河流含沙量小？形成最主要的因素是流域内地面植被状况。在文中用双横线划出描述植被的词句。 形成原因："皆生寒树。""横柯上蔽，在昼犹昏；疏条交映，有时见日。"说明河流两岸植被覆盖率高，减少水土流失，所以含沙量小；另外地形和土壤性质也影响河流含沙量，长江三角洲地区土壤黏性较大，不易被降水冲走。 文中"寒树"的意思是什么？从语文和地理学科分别解析。 语文学科中"寒树"指林木茂密，使人心生寒意。从地理角度看，寒树是耐寒的树种，比如针叶林或者针叶阔叶混交林。刚才我们说此地属于亚热带季风气候，气候特点温暖湿润。为什么"皆生寒树"呢，影响因素是什么？	2.从文中找出两个描写河流流量的词语，并说明其水文特征及成因。 3.找出描写河流流速的词句，说明其水文特征及形成原因。在文中用横线画出描写地形的词句。该地区是哪一种地形类型？试描述地形特征。 4.找出描写河流含沙量词句，说明水文特征及成因。	2.深入挖掘文中能够联系的要素，比如根据文中提示，推测出作者游览山水的季节，按照时空尺度去研究小区域地理环境，这样会让学生更为全面地了解河流水文特征。 3.由河流的流速快引出两岸的地形特征，凸显自然地理环境要素之间的相互联系。通过出示资料，给学生呈现的知识更加饱满。 4.从语文和地理学科分别解析"寒树"的含义，突出地理学科的自然地理环境要素特点。	PPT	20分钟

	二、水韵山势	（地形）影响因素是夹岸高山，受到地形的影响。近地面随着海拔的升高，气温降低，才会生出寒树。 教师总结：我们花了大量篇幅分析从桐庐至富阳河段的水文特征，例如流量、流速、水能、含沙量等。这是为什么呢？因为水文特征能为我们更好地呈现这唯美的山水画面，加深对文学知识的理解。 从地理角度看，河流水文特征的影响因素有气候、地形、植被和土壤。山因水而灵动，水因山而厚重，区域内部自然地理环境要素之间相互影响、相互作用，构成了统一的整体。	从语文和地理学科分别解析"寒树"的含义。思考"皆生寒树"的影响因素？完成学案，聆听并思考，教师总结内容。	5.通过教师总结，引导学生理解学科融合的意义，提升学生对于区域内自然地理环境要素之间相互影响、相互作用的认知，从而为"天人合一"的理解做铺垫。	PPT	20分钟
地理学科	三、天人合一	过渡：作为自然界的最高生灵，人的物质生产生活和精神生活同样离不开自然环境。下面进入第三部分——人与自然的和谐统一。 刚才两位老师都为大家出示了两个字，那我也给大家写两个字。这是"山"，字形像什么？（山形）实际上"山"在《说文解字》是这样解释的："山，宣也。宣气散，生万物。"山地能宣发地气，促生万物。我们再看，这是"水"，水字的寓意是"众水流动"。 板书：展示古字"山水"。 教师总结提升：我们观察山水的形态，自然之气和内心之气是有联系的，所以古人会寄情山水，像山一样宣发，像水一样排解心中的不平之气。富春江的山水在作者眼中是那样的独特，其实那是作者在以情观景，把自己的情绪情结融入这山水之间，来进行情感的宣泄，以达到心气平和的境界，最终为天地立命，争取更大的作为。所以"天人合一"的理念不仅是祖先，也是我们追求的最为美好的境界！	随老师一起书写古字山水，体会字中含义，思考"天人合一"的理念。	以展示古字"山水"作为结尾，通过对字意的解释，使文史地的学科融合达到最高点，同时引出自然山水与人类心理活动相互联系，通过"天人合一"的理念进行升华。	PPT 音频"高山流水"	5分钟

板书设计

	本教学设计与以往或其他教学设计相比的特点

亮点：

1.真正实现了学科融合。作为一节学科融合探究课，我们认为本节课最大的亮点在于真正实现了学科间的交叉、渗透和融合。本节课围绕着"古人寄情山水的原因""古人寄情山水的表现和情怀"以及"古人为什么会选择山水以寄情"等问题层层展开。历史学科从社会动荡和佛教、道教的兴盛两方面为语文学科进行了背景的铺垫；语文学科从个人得失、儒家精神进行文本和古人情怀的深入梳理；地理学科紧密结合语文文本和本课主题，分析和梳理地理学科相关知识。三个学科的融合和交流，开阔了学生的视野，培养了学生跨学科思考分析问题的思维。

2.板书设计精巧用心。本节课板书的设计是一大亮点。首先板书的设计有主有次，红色的古文字是主板书，白色的内容是副板书。主板书的内容体现了本课的整体性和核心目标的一致性；副板书的内容尊重和体现了各科的差异性。其次，文史地的板书都包含汉字的甲骨文，从汉字的起源追溯汉字的引申义，进而讲到本课主题，充分体现了本节课的主题思想，同时也让学生切实体会到中华文化的博大精深，汉字的丰富内涵。

不足：

情感态度价值观目标稍欠缺。本课的情感目标初设有两个：1.感受和学习古人的家国情怀和以天下为己任的担当精神，进而树立自己的社会责任感；2.学习古人适当调节自我的心态，学会在现实生活中选择恰当的方法调节自我。第一个目标在教学的过程中得以反复体现，学生能够感受和体会到。但是第二个目标，课堂上最终并没有明确体现出来。如果在课堂结尾环节，能够让学生把古人遇到挫折会选择寄情山水的自我调节思想迁移到学生自己身上，让学生简单谈一谈，今天的学习和生活中应该如何解压，情感目标会实现得更充分。

	学科反思
历史	**亮点：** 1.尊重学生的已知知识，以学生为主体，提升学生学习的积极性和实效性。 2.把魏晋的政治、思想、文化进行整合，并引导学生分析其内在的联系，对其中的因果关系做出解释，从而使学生整体把握这一阶段的历史脉络。 3.通过对中国书法艺术、绘画艺术的欣赏，陶冶学生的心灵，提高人文素养，感受中国传统文化之美，形成正确的价值取向和积极向上的人生态度。 4.整节课充分调动学生的思维，使其一直处于活跃状态。 **不足：** 学生参与活动较少，对学生的调动不够充分，课堂氛围活跃度有待加强。
语文	**亮点：** 1.以学生需要为教学内容，充分尊重学生学习的主体地位，切实解决学生在学习过程中遇到的问题，提升课堂实效性。 2.将课文归类梳理，体现了教师专题整合的教学思想，为学生提供了更广阔的视野和思路，给学生渗透了归类梳理文本的习惯，培养了学生从某一个专题思考分析进而解决问题的思维习惯。 3.吟诵教学手法和读书法的恰当运用，让学生能够从声音的角度体会古人心情和感受，准确理解和把握文章、诗句的情感；优美悠扬的吟诵之声营造了一种古韵氛围，有利于学生的全身心投入。 **不足：** 学生活动较少，没有调动全班学生参与课堂的活动设计，课堂氛围不够活跃。

地理	亮点： 1.从地理学的视角看待问题，给学生提供了更广阔的视野和思路，把地理学内容和语文学科知识融会贯通，培养了学生从某一个专题思考分析进而解决问题的思维习惯。 2.充分贯彻地理学科核心素养的综合思维，教师在"水韵山势"这一环节，深入剖析自然环境要素之间相互作用相互影响的关系，学生感觉收获颇丰。 3.在地理学科核心素养四个要素中，人地协调观是核心价值观。教师通过解释古体字"山水"字形字义，引出自然环境与人类心理活动相互联系，于潜移默化中向学生渗透"天人合一"理念，是本节课的升华部分。音频"高山流水"的烘托，让学生能够从声音的角度体会古人心情和感受，为学生营造了一种古韵氛围，学生在思想提升的同时，也是一种美的享受。 不足： 　　没有深入调动学生学习古人寄情山水、释放自我的心态，学会在现实生活中选择恰当的方法调节自我。

寄情山水

——学科融合探究课（文史地）语文学案

北京市第二十七中学

王　莉（语文）

与朱元思书

南朝梁　吴均

风烟俱净，天山共**色**。从流飘荡，任意东西。自富阳至桐庐一**百**许里，奇山异水，天下**独绝**。

水皆**缥碧**，千丈见底。游鱼细**石**，**直**视无碍。急湍甚箭，猛浪若奔。

夹岸高山，皆生寒树，负势竞上，互相轩邈，争高**直**指，千**百**成峰。泉水激石，泠泠作响；好鸟相鸣，嘤嘤成韵。蝉则千转**不穷**，猿则**百**叫**无绝**。鸢飞戾天者，望峰息心；经纶世务者，窥**谷**忘反。横柯上蔽，在昼犹昏；疏条交映，有时见日。

【学而不思则罔】

粗通文意之后，你有什么收获？又产生了哪些疑问或思考，请你一并写一写吧。

我的收获：

我的疑问：

【听其言而观其行】

吴均字叔庠，吴兴故鄣人也。家世寒贱，至均好学有俊才，沈约尝见均文，颇相称赏。……均文体清拔，有古气，好事者或学之，谓为"吴均体"。……（柳恽）荐之临川靖惠王，王称①之于武帝，即日召入赋诗，悦焉。待诏著作，累②迁奉朝请。先是，均将著史③以自名④，欲撰齐书，求借齐起居注⑤及群臣行状，武帝不许，遂私撰齐春秋奏之。书称帝为齐明帝佐命⑥，帝恶其实录，以其书不实，使中书舍人刘之遴诘问数十条，竟支离无对。敕⑦付省⑧焚之，坐免职。寻有敕召见，使撰《通史》，起三皇讫齐代。均草⑨本纪、世家已毕，唯列传未就⑩，卒。

——《南史·吴均传》

①称：称赞。

②累：累计，逐步。

③著史：著写史书。

④自名：成就自己的名声。

⑤起居注：是我国古代记录帝王的言行录，从汉以后，几乎历代帝王都有起居注，但流传下来的很少，因为其一般不外传，仅作为撰修国史的基本材料。

⑥书称帝为齐明帝佐命：梁武帝萧衍曾经辅佐萧鸾废杀萧昭业、萧昭文，自立为齐明帝。

⑦敕：帝王的命令。

⑧省：文中指相关的部门机构。

⑨草：起草。

⑩就：完成。

【举一而三反】

三峡

北魏　郦道元

自三峡七百里中，两岸连山，略无阙处。重岩叠嶂，隐天蔽日，自非亭午夜分，不见曦月。

至于夏水襄陵，沿溯阻绝。或王命急宣，有时朝发白帝，暮到江陵，其间千二百里，虽乘奔御风，不以疾也。

春冬之时，则素湍绿潭，回清倒影。绝巘多生怪柏，悬泉瀑布，飞漱其间。清荣峻茂，良多趣味。

每至晴初霜旦，林寒涧肃，常有高猿长啸，属引凄异，空谷传响，哀转久绝。故渔者歌曰："巴东三峡巫峡长，猿鸣三声泪沾裳。"

答谢中书书

南朝梁　陶弘景

山川之美，古来共谈。高峰入云，清流见底。两岸石壁，五色交辉。青林翠竹，四时俱备。晓雾将歇，猿鸟乱鸣；夕日欲颓，沉鳞竞跃。实是欲界之仙都，自康乐以来，未复有能与其奇者。

记承天寺夜游

宋　苏轼

元丰六年十月十二日夜，解衣欲睡，月色入户，欣然起行。念无与为乐者，遂至承天寺，寻张怀民，怀民亦未寝，相与步于中庭。庭下如积水空明，水中藻荇交横，盖竹柏影也。何夜无月，何处无竹柏，但少闲人如吾两人者耳。

湖心亭看雪

明　张岱

崇祯五年十二月，余在西湖。大雪三日，湖中人鸟声俱绝。是日更定矣，余挐（ráo）一小船，拥毳衣炉火，**独**往湖心亭看雪。雾凇沆砀，天与云与山与水，上下一白。湖上影子，惟长堤一痕，湖心亭一点，与余舟一芥，舟中人两三粒而已。到亭上，有两人铺毡对坐，一童子烧酒炉正沸。见余，大喜曰："湖中**焉**得更有此人！"拉余同饮。余强饮三大**白**而**别**，问其姓氏，是金陵人，**客**此。及下船，舟子喃喃**曰**："莫说相公痴，更有痴似相公者！"

【风檐展书读】

山中杂诗

南朝梁　吴均

山际见来烟，**竹**中窥落日。

鸟向**檐**上飞，云从窗里**出**。

咏雪

南朝梁　吴均

微风摇庭树，细雪下帘**隙**。

萦空如雾转，凝阶似花**积**。

不见杨柳春，徒见桂枝**白**。

零泪无人道，相思空何**益**。

【言之无文，行而不远】

中国的文化有积极入世的一面，也有遁世自保的一面。积极入世，意味着奋斗努力，道济天下，匡世济民，做大丈夫，不自私；遁世自保，则会寄情山水，借助山水排遣心中的不得志之意，宣泄心中的不平之气，解除精神上的压抑和苦闷。所以中国古代很少有走向绝路的文人，他们都有家国情怀，也都会调节人生的不如意。

1.你觉得吴均是否解开了自己的心结？结合本课所学内容以及相关材料，谈谈你的理解吧。

2.回忆你以前学过的山水诗歌，用楷书抄录下来，然后查阅作者生平，结合课上所学内容，谈谈你对这首诗歌新的理解和认识吧。

寄情山水

——学科融合探究课（文史地）历史学案

北京市第二十七中学

孙丽苹（历史）

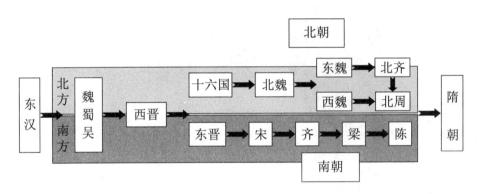

魏晋南北朝时期的政权变迁

云冈石窟（山西大同）

龙门石窟（河南洛阳）

江南春绝句（杜牧）

千里莺啼绿映红，水村山郭酒旗风。南朝四百八十寺，多少楼台烟雨中。

思考： 从这些图文材料中，同学们从中得出什么信息呢？

回顾： 道家思想的创始人是谁？集大成者又是谁？

思考： 老庄的哲学思想的核心是什么？

思考： 老庄的"人法地，地法天，天法道，道法自然"对中国知识分子产生了怎样的影响？

老子

"人法地，地法天，
天地道，道法自然。"

庄子

思考： 知识分子这样的一种处事态度会对中国艺术和文学产生什么影响呢？

请同学们查找魏晋时期的书法作品和山水画作，想一想作者表达的思想感情。

思考： 大家能回忆起学过的一些写山水的文章吗？（过渡到语文学科）

寄情山水

——学科融合探究课（文史地）地理学案

北京市第二十七中学

武艳双（地理）

一、河流概况

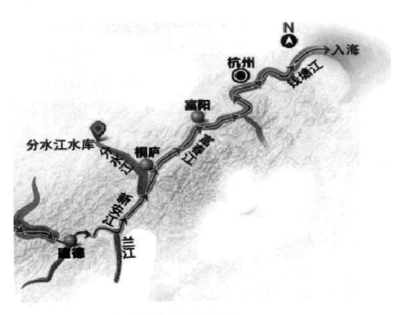

1. 用文中句子写出作者描述的景观位置 ＿＿＿＿＿＿＿＿＿＿＿＿＿＿＿＿＿＿
＿＿＿＿＿＿，该景观位于 ＿＿＿＿＿＿ 河流及沿岸地区。

2.源头、入海：富春江是 _____ 江的中游，上游新安江发源于安徽黄山，下游钱塘江汇入 _____ 海。

3.分段、流向：上、中、下游分界点是梅城镇和闻堰镇，之间河段就是富春江，该河段的流向是 _____。

4.富春江流经省区：_____ 省；地形区：_____。

二、山势水韵

与朱元思书

作者：吴均

风烟俱净，天山共色。从流飘荡，任意东西。自富阳至桐庐一百许里，奇山异水，天下独绝。水皆缥碧，千丈见底。游鱼细石，直视无碍。急湍甚箭，猛浪若奔。

夹岸高山，皆生寒树，负势竞上，互相轩邈，争高直指，千百成峰。泉水激石，泠泠作响；好鸟相鸣，嘤嘤成韵。蝉则千转不穷，猿则百叫无绝。鸢飞戾天者，望峰息心；经纶世务者，窥谷忘反。横柯上蔽，在昼犹昏；疏条交映，有时见日。

1.在文中用曲线画出描述河流的词句。

2.写出描述河流流量的词语，并说明其水文特征及形成原因。

水文特征：文中 _____、_____ 两个词语描述的是河流流量 _____（大或小）。

形成原因：气候(降水量)决定河流的流量。该流域属于 _____ 气候，_____ 丰富。

3.写出描述河流流速的词句，并说明其水文特征及形成原因。

水文特征：文中 _____ 描述的是河流流速 _____（快或慢），加之流量 _____，所以该河段水能 _____。

形成原因：地形（起伏状况）决定河流的流速。在文中用横线划出描述地形的词句，说明河流两岸地势 _____，河流流经 _____，流速 _____。

资料 1. 在平原丘陵地区出现的千米以上的山地，是地形抬升的结果，形成地垒，我们叫作断块山。该景观位于长江三角洲地区，地势低平，海拔不超过 10 米，与之相比，富春江两岸山地相对高度大，这样凸显了山地的险峻高大。

阅读资料 1，说明富春江两岸山势的形成原因：＿＿＿＿＿＿＿＿＿＿＿。

4. 写出描述河流含沙量的词句，并说明水文特征及形成的主要原因。

水文特征：文中也静态描写了河流的含沙量，＿＿＿＿＿＿＿＿＿＿＿＿＿＿＿＿＿＿＿＿ 两句说明河流含沙量 ＿＿＿＿＿（大或小）。

形成原因：主要决定于流域内地面植被状况。在文中用双横线画出描述植被的词句，说明河流两岸山地植被的特点 ＿＿＿＿＿＿＿＿，减少 ＿＿＿＿＿＿＿。另外地形和土壤性质也影响河流含沙量，长江三角洲地区土壤黏性较大，不易被降水冲走。

"走进博物馆"系列活动初二年级语文学案

北京市第二中学分校

刘　凡

学习目标
通过参观故宫，了解故宫楹联，感受书法之美，学会运用空间顺序认识事物、介绍物品、指引方向。

一、填一填

1. 如右图，请借助导览图或询问工作人员，完成中轴路各建筑名称的填写。

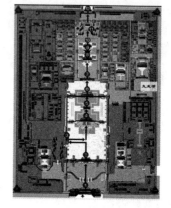

① _____　　　② _____

④ _____　　　⑤ _____

⑥ _____　　　⑧ _____

⑨ _____　　　⑩ _____

2. 当你站在③附近的广场时，有外地游客想向你询问参观九龙壁的路怎么走，请你结合资料为他提供一条便捷的路线。

资料：九龙壁位于宁寿宫皇极门外，是一座背倚宫墙而建的单面琉璃影壁，为乾隆三十七年 (1772 年) 改建时烧造。

二、找一找

　　紫禁城留存的楹联措辞雅正，书写美观，多出自皇帝御笔，具有很高的价值。外朝楹联（三大殿和两侧的文华殿、武英殿统称"外朝"，又叫"前朝"）主要强调君权神授与儒家治国之道，强调微言大义，使得这类楹联的形式庄重肃穆。而内廷楹联（乾清门以内称"内廷"）因属于帝王生活区域，内容活泼，形式多样。如乾隆题乐寿堂联"乐同乐而寿同寿，智见智而仁见仁"就是一副嵌字联。

　　请你用正楷抄录一副故宫中最喜欢的楹联，并从内容和书法的角度谈谈喜欢的理由。

楹联： _____

_____

_____

理由： _____

_____

三、写一写

　　故宫文化创意店又有新品上市了！这种伞的伞面借鉴了故宫建筑内的某种图案，非常有特色（如右图）。请观察下面大图及细节图，为这种伞命名，并写一段介绍文字，150～200字。

伞名： _____

介绍：

超越死生　大美至情

——汤显祖《牡丹亭》

广渠门中学　封彦静

【经典曲词】

第十出《惊梦》【醉扶归】

你道翠生生出落的裙衫儿茜，艳晶晶花簪八宝填，可知我常一生儿爱好是天然。

恰三春好处无人见。不堤防沉鱼落雁鸟惊喧，则怕的羞花闭月花愁颤。

第十出《惊梦》【皂罗袍】

原来姹紫嫣红开遍，似这般都付与断井颓垣。良辰美景奈何天，赏心乐事谁家院！

朝飞暮卷，云霞翠轩；雨丝风片，烟波画船。锦屏人忒看的这韶光贱！

第十二出《寻梦》【江儿水】

偶然间心似缱，梅树边。这般花花草草由人恋，生生死死随人愿，便酸酸楚楚无人怨。待打并香魂一片，阴雨梅天，守的个梅根相见！

第二十六出《玩真》【黄莺儿】

空影落纤娥，动春蕉，散绮罗。春心只在眉间锁，春山翠拖，春烟淡和。相看四目谁轻可！恁横波，来回顾影不住的眼儿睃。

第三出《训女》【前腔】

娇莺欲语，眼见春如许。寸草心，怎报的春光一二！〔见介〕爹娘万福。〔外〕孩儿，后面捧着酒肴，是何主意？〔旦跪介〕今日春光明媚，爹娘宽坐后堂，女孩儿敢进三爵之觞，少效千春之祝。〔外笑介〕生受你。

第三出《训女》【玉山颓】

爹娘万福，女孩儿无限欢娱。坐黄堂百岁春光，进美酒一家天禄。祝萱花椿树，虽则是子生迟暮，守得见这蟠桃熟。

第十四出《写真》自画像题诗

近睹分明似俨然，远观自在若飞仙。他年得傍蟾宫客，不在梅边在柳边。

第二十七出《魂游》【小桃红】

【小桃红】咱一似断肠人和梦醉初醒。谁偿咱残生命也。虽则鬼丛中姊妹不同行，窣地的把罗衣整。这影随形，风沉露，云暗斗，月勾星，都是我魂游境也。到的这花影初更，一霎价心儿瘆，原来是弄风铃台殿冬丁。

第三十二出《冥誓》【前腔】

【前腔】孤神害怯，佩环风定夜。则道是人行影，原来是云偷月。这是柳郎书舍了。呀，柳郎何处也？闪闪幽斋，弄影灯明灭。魂再艳，灯油接；情一点，灯头结。奴家和柳郎幽期，除是人不知，鬼都知道。竹影寺风声怎的遮，黄泉路夫妻怎当赊？"待说何曾说，如聱不奈聱。把持花下意，犹恐梦中身。"奴家虽登鬼录，未损人身。阳禄将回，阴数已尽。前日为柳郎而死，今日为柳郎而生。夫妇分缘，去来明白。今宵不说，只管人鬼混缠到甚时节？只怕说时柳郎那一惊呵，也避不得了。正是："夜传人鬼三分话，早定夫妻百岁恩。"

【拓展阅读材料一】

施复夫妇成为机户

施复夫妇发家致富的故事。施复夫妇住在苏州盛泽镇，拥有一台织机，还养了几筐蚕，靠缲丝织绸过日子。他们织出的绸缎光彩润泽，成了市场上的抢手货，人们争相购买，不到十年，施复夫妇就添置了三四十台织机，雇人织绸，成了大机户。

——《醒世恒言·施润泽滩阙遇友》

【拓展阅读材料二】

到明初，在中国历史上实行了 1600 多年的宰相制度被废除，专制皇权发展到了新的高度。

——《历史·必修一》

"凡乐人搬做杂剧戏文，不许妆扮历代帝王后妃、忠臣节烈、先圣先贤像，违者杖一百。官民之家容扮者与同罪。其神仙道扮及义夫节妇、孝子顺孙、劝人为善者不在禁限。"

——《大明律》"禁止搬做杂剧律令"条

【拓展阅读材料三】

王艮（王阳明弟子）一反经典的传统和说教，匠心独具地认为："百姓日用即道"，"愚夫愚妇"都"能知能行"。他具体地形容"僮仆之往来，视听持行，泛应动作，不假安排"就是"道"，此乃"即事是学，即事是道"。

他还把"百姓"和"圣人"放在等同的地位，说"百姓日用条理处，即是圣人之条理处""圣人之道，无异于百姓日用，凡有异者，皆谓之异端"。这样，"百姓日用"就成了检验是"道"还是"异端"的标准。

李贽认为人皆有私，"穿衣吃饭，既是人伦天理"，追求物质享受乃是"秉赋之自然"。每个人都可以顺其"自然之性"，"各从所好，各骋所长"，使个性得到自由发展，而不应该被强迫顺从统治者的利益和愿望。

——《历史·必修三》

传统节日学案

北京市第一零九中学

杨莉莉（历史）

任务一：从学案中找出传统节日由来的共性。（使用点阵笔，将共性画线）

1. 汉朝时，祭祖是春节的重要活动和习俗。东汉崔寔《四月民令》提到："正月之旦，是谓正日。躬率妻孥，絜祀祖祢。"正月初一过新年的习俗也越来越丰富。（春节）

2. 汉武帝时，"太一神"祭祀活动定在正月十五（太一：主宰宇宙一切之神）。司马迁创建"太初历"时，就已将元宵节确定为重大节日。（元宵节）

3. 端午节起源于中国，最初为古代百越地区（长江中下游及以南一带）。是崇拜龙图腾的部族举行图腾祭祀的节日。（端午节）

4. 中秋节的起源和农业生产有关。秋天是收获的季节。"秋"字的解释是"庄稼成熟曰秋"。八月中秋，农作物和各种果品陆续成熟，农民为了庆祝丰收，表达喜悦的心情，就以"中秋"这天作为节日。它起源于古代帝王的祭祀活动。《礼记》上记载："天子春朝日秋夕月。"夕月就是祭月亮，说明早在春秋时代，帝王就已开始祭月、拜月了。后来贵族官吏和文人学士也相继仿效，逐步传到民间。（中秋节）

5. 《吕氏春秋》之中《季秋纪》载："（九月）命家宰，农事备收，举五种之要。藏帝籍之收于神仓，祗敬必饬。""是日也，大飨帝，尝牺牲，告备于天子。"可见当时已有在秋九月农作物丰收之时祭飨天帝、祭祖，以谢天帝、祖先恩德的活动。

任务二：既然传统节日起源于祭祀活动，随着生产力水平的提高，今天我们是否还要重视传统节日？（小组讨论，说明观点，总结一两句话写在点阵纸上）

教学案例与课件

关注过程：基于故宫为探究主题的跨学科综合实践

北京二中分校

刘　凡（语文）　　杨巧稚（历史）

提要　跨学科主题教学是课程整合的重要方式与发展趋势，而场馆教育的学习模式为跨学科主题教学设计提供了一种开放的视野。本研究试图借鉴场馆学习的特征，以场馆教育所独有的正式学习与非正式学习相结合的学习模式为跨学科课程的教学过程及其路径进行探讨，关注跨学科主题课程的具体实施，并通过北京二中分校的"走进故宫"综合实践活动案例加以阐述。

主题词　场馆教学　跨学科主题教学　故宫

一、研究背景

随着世界范围内课程改革的发展趋势和社会对人才培养的迫切需求，"跨学科"作为一种组织课程的方式，逐渐受到越来越多的关注。急剧增长的信息数据淡化了学科界限和知识边界，知识的应用与问题的解决日趋强烈地需要各类相关知识的交叉与互补。正如著名课程专家克莱因所言，"跨学科的方法在今天已经变得越来越重要"。面对这一系列的挑战，学校传统的单一学科教学已无法独当一面。增设跨学科课程与教学，创设多层面、多角度、多学科的问题情境，培养学生的跨学科思维和综合性能力的理念越来越为人们所接纳。

场馆是有意识地为一定教育目的而创设的物理空间，通过实物、模型的布置，配合图片、文字说明构建出结构化的学习内容。现代学习理论一般将课堂以外的学习称为"非正式学习"，场馆学习正是其中一种重要的学习方式。场馆学习不仅是知识的学习，学生在真实情境下对于这一学科的兴趣、态度也会产生积极的转变，一方面感受、体验、组织，以便未来应用，同时也要尝试、提炼、整合它。我国近年倡导的建设学习型社会及建议将博物馆教育纳入国民教育体系等举措，更进一步促进了场馆学习的发展，使场馆学习在中小学教学中的地位日渐增高。

跨学科主题课程是一种课程发展趋势，"场馆学习＋任务型学习单"模式是目前行之有效的教学设计模式之一，两者整合可以为跨学科的主题教学设计提供较完整的框架，有效提升学生学习的有效性，培养学生的通用能力。

二、故宫教学资源实施策略及案例

故宫作为课程资源在中学的语文、历史等人文社科课堂上发挥着特有的作用。中学历史授课不仅仅是为了学生掌握历史知识，更是为了对受教者的价值观及人文素养进行培养，尤其是增强其爱国主义情怀。因此应当注重引领受教者对乡土文化有较为深入的了解。杜威提及"生活"即是教育，两者有着密切的关联。古往今来，建筑及文物古迹等人文旅游资源均蕴含了众多经济、政治、科技、文化等历史讯息，可以说是打开历史之门的金钥匙。

（一）与中学教学相关联的故宫教学资源及特点

现以人民教育出版社出版的八年级课本为例，如下表格：

表1　人教版八年级课本单元知识点与相关联的故宫资源对应

初中八年级教材	单元知识点	相关联的故宫资源
历史	近代化的探索（辛亥革命、戊戌变法）	军机处、养心殿、宁寿宫
语文	说明类文章的特征（故宫博物院） 书法欣赏	三大殿、前廷后宫格局 各大殿帝后大臣题写的匾额楹联
地理	祖国的首都	故宫建造史
美术	笔墨丹青、纹饰与生活、 中国古典园林欣赏	武英殿、珍宝馆、瓷器馆、九龙壁 御花园、乾隆花园、慈宁花园
音乐	华夏古韵	钟表馆

根据上表分析，故宫中有众多与现行教材相关联的资源可用，并且具有同期性、领域广、关联密切等特点。如何将这些丰富的课程资源运用到教学中呢？笔者认为主要通过以下跨学科整合来实现资源的充分应用。

（二）教学策略及案例

1. 对活动主题的说明

北京二中分校地处历史悠久、古迹众多的东城区，语文八年级课文《故宫博物院》要求学习说明文的阅读，对故宫的建筑有所了解，对空间顺序有具体的认知。而探究故宫博物院的建筑也正契合历史的课程标准：通过北京城的建筑，体会古代人民的智慧和创造力。所以我们选择组织这次文史结合为主的以故宫为探究主题的综合实践活动。

本次活动方案是基于综合实践活动的场馆教育案例，其特色在于：（1）各学科教师编写实践手册，统领场馆教育活动；（2）活动属于正式学习与非正式学习相结合，是一堂场馆教育"课"，包括课前铺垫、课中实施、课后评价，拥有完善的课后评价体系、作品展示环节；（3）活动是综合实践活动，涉及历史、语文、美术、英语、书法、地理、信息技术等多学科；（4）在场馆教育中学生是互助合作的，学生通过小组课题合作研究、学生成果汇报等方式提高学生间的互动、分享和交流，从而增强场馆教育的有效性。

2. 活动过程的指导（流程和内容见图1）

（1）前测

故宫综合实践活动之前，历史、语文教师先进行实地参观、资料查阅、与场馆相关工作人员沟通，了解故宫的情况。进行前测，清楚了学生对于故宫的了解情况后确立主题。

（2）课堂介绍

根据这一前测，历史和语文教师分别在课堂上有针对性地讲解介绍和训练。

（3）学生分组

历史和语文教师通过研究故宫的历史和建筑内容，给出文史结合的任务单。学生进行分组。

（4）活动要求

活动前给全体学生开会，提参观要求。

（5）学生活动

必要的知识准备：故宫建筑的相关资料；方位感读图能力培养；空间顺序的运用。

分组学习：学生自由分组挑选任务单，小组成员间合作学习。

（6）成果展示

学生完成后上交任务单，教师利用历史和语文课时间组织学生以小组为单位，进行展示交流。

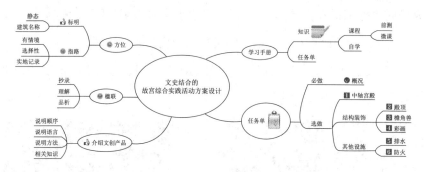

图1　文史结合的故宫综合实践活动方案设计思维导图

3. 活动评价

在评价阶段，学校多角度考察学生场馆活动情况，培养学生传承中华传统文化的意识。主要从以下三个方面对学生进行评价。

（1）学习手册（见图2），在手册编写过程中，除了为学生提供相应知识资源外，教师为学生设计了任务单（见图3），学生在场馆活动中，边参观边思考，并随时记录发现与感悟，相关科目教师会对这些题目的完成情况进行检测、评价和反馈，进行过程性评价。

图2　学习手册

图3　任务单

（2）学生自评与他评相结合。

（3）优秀学生成果交流展示。

4.活动反馈

因为故宫资源的总量庞大和更新速度快，学生经常会在学习探究中生成新的问题，教师必须予以重视并及时指导、评价，因为这是学生积极进行任务为导向的操练过程，看其能否最终落实跨学科主题课程目标的关键。现以语文学习单为例，阐述在实际情境中进行活动反馈的具体问题。

（1）实际任务中，学生容易受材料的潜在影响，忽视真实情景任务执行的影响因素。（如图4、图5）

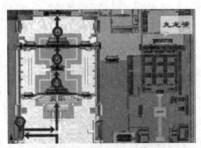

图4　任务单（带数字的地点为参观顺序）

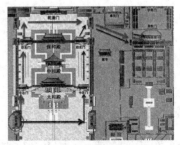

图5　故宫地图

该项任务要求学生给在③处（弘义阁）的外地游客指一条路：如何便捷地到达九龙壁。多数学生受参观示意图影响，未考虑三大殿的高度和游客数量，指的都是教科书里的经典路线（太和殿—中和殿—保和殿）。真正便捷的路线是中左（右）门—后左（右）门，因为高度较低，游客人数少，路线较便捷。

教师在场指导意见：带着学生重走几条路线，比较得出最佳路线。

教师讲评反馈：引导学生回忆参观路线，比较各条路线难易便捷程度。

（2）学生在收集故宫楹联时，因为缺乏一些必要的知识储备（如《尚书》等难懂的典籍），产生抄录楹联不明白意思，无法进行内容和书法上的鉴赏的困惑。

教师在场指导意见：建议学生多走几个地方，尤其是除三大殿之外的宫殿、楼宇、亭子，比较后找出最喜欢的楹联并鉴赏。

教师讲评反馈：引导学生回忆宫殿建筑群特色，结合居住者身份和建筑特点用途比较不同；教师示范点评楹联；推荐阅读《紫禁城楹联赏析》一文。

（3）在对故宫文创产品——图案为藻井花纹的伞进行命名和描述时，有学生居然到故宫文创商店买了一把伞。不过，他后悔了，因为买的伞和任务单上的伞不一样。而且，这把伞伞面上还有洞。学生很困惑。这引发了他们的新一轮探究——故宫的伞有什么奥秘？

学生们很快发现这把伞与平常的伞不同。（如图6、图7）

图6　任务单上的伞　　图7　学生买到的伞（左图为折叠效果，右图为打开效果）

但他们自己还是不太明白图7这把伞的设计亮点，于是把这个问题带到了交流的课堂上。大家尝试打开、关上、折叠后，经过实践和讨论，终于明确了：

折叠后可立而不倒；

开伞伞面与平常伞面相反，可以欣赏鲜艳的图案；

开伞方式与平常伞不同，是向外推；

收伞方式与平常伞不同，作用不明；

伞面有好多小洞，不是伞坏了，作用不明……

经过网络搜索和教师点拨，学生终于明白这把"古怪的"伞居然是专利设计、方便雨天开车一族的反折伞。（如图8）

图8　专利反折伞的开启闭合方式及好处

伞面的小洞是方便闭合时气流流向，这是请教物理老师才得出的结论。

该伞果然功能强大。所有学生若有所思，喃喃自语，他们都要求亲手撑开这把阴差阳错没买对的故宫伞，再体会一下设计的巧妙。后来这把伞传遍了年级。这无意间增加了学生对故宫博物院文化的好奇、探究的心理，他们更加关注与故宫有关的文化现象和探究活动。

跨学科学习的实践性可见一斑。

三、结语

（一）跨学科主题教学不同于一般的学科教学。其一，跨学科主题教学目标具有多样性，除了学科知识和学科专项技能外，它还注重跨学科知识、跨学科技能的掌握及跨学科思维的培养。其二，跨学科主题教学过程具有实践性，学生需要通过"做中学"来操练相关跨学科技能，以实践为依托将知识技能内化和外化。其三，跨学科主题学习成果具有综合课程与学科教学研究性，学生在学习过程中习得的新知是学科融合的产物，完成的任务是跨学科的体现，创造和展示的作品是综合学习的结果。

（二）跨学科主题课程的成功实施必须做到以下几点

1.在教学设计上，不仅需要好的主题，更需要切合的过程性设计来落实跨学科主题的教学目标。

2.教学设计须以理论基础为支撑，为其设计的科学性、合理性、有效性提供切实的保障。

3.在教学实施上，教师需具备跨学科素养，对学科和跨学科的关键内容与能力有良好的提炼和恰当的活动设计，并灵活地结合理论和教学机制进行跨学科主题的教学。对于跨学科主题课程的教学设计也需要灵活变通，根据跨学科主题的特点选择不同的学习设计模型，完善未来的跨学科主题课程的设计与实施。

（三）教育即生活，给孩子一个完整的世界

无论哪一门的学科知识，原本都是从生活中提炼出来的，我们在学习时，也本应与生活紧密结合起来，也就是从生活中来，再到生活中去。可是随着社会的发展，学科间的界限越来越清晰，学习与生活离得越来越远了，只为学习而学习的情况是该有所改变了。跨学科课程使得学生的学习重新回到了生活中去。它是一个饱满丰富的项目课程，由单一学科走向跨学科整合，由单向度读写走向多维度体验，由被动接受走向主动探索，最重要的是在培养能力。

（四）故宫作为世界遗产保护单位，除具有极高的历史文物价值外，它的旅游价值、建筑艺术价值、美学价值日益为人们所重视。开展"走进故宫"综合实践活动，可以引领学生以文化审美的方式关注世界遗产的保护，也是在传播中华文化、增强可持续发展的文化生态观的手段；更是加强爱国主义教育，真正激发学生的爱国热情和民族自豪感，达到爱国主义教育的目的的课题。我们身为教师，要做好优秀传统文化的传播者和守护者。

参考文献：

①吴刚平.课程资源的开发与利用[J].《全球教育展望》2001年第8期.

②王文彦.我眼中的故宫　学生探究学习活动[J].《开放学习研究》2016年第5期.

他山之石，可以攻玉

——文史相融引发学生多元思维

北京宏志中学

温　岩（历史）　张　敏（语文）

提要　鲁迅是新文化运动的代表人物，他的小说集《呐喊》被列为高中必读书目。文学作品对历史学科来说不是第一手的研究材料，但是文学作品是一定社会的文化反映，对中学生来说是帮助搭建进入历史情境的有效阶梯。通过对鲁迅小说所创作的"人物"进行剖析，然后与历史学科相融合，有助于学生理解新文化运动的产生原因和历史作用。本课教师一改只是简单选取史料说明历史的发展走向做法，选取小说人物进行历史探究，实践后感到有助于学生多元角度看事物，深度思维品质得以提升。

主题词　学科融合　思维活跃

一、合作教学为历史创设文学情境

历史必修三《文化发展历程》是让学生了解人类思想文化发展历程的简史。先进的思想无疑能发挥推动社会进步的积极作用。平常教学老师会引用大量史料观点让学生了解历史知识，有的学生会反映："不喜欢学习思想模块，太枯燥难懂，您就给我们画书，背背主要内容就行了，反正能应对考试就好。"

学生的话引起我的思考，历史课怎样才能激发他们学习热情呢？死记硬背应对考试也许管用，但历史课的"味道"就没了。作为高中学生需要老师引领他们进行思维深层次提升，我能理解学生对历史课的态度，因为太"遥远"了，怎样让学生找到历史的"亲近感"？必须搭建一个历史情境。与语文老师谈起鲁迅的文章学生是否熟悉时，语文老师给了这样的回答："鲁迅是学生最熟悉的新文化运动代表人，但他的作品对于现在的学生并不'讨喜'。"怎样引导学生穿越时空感悟思想家悲天悯人的思想情怀和社会担当呢？让我们文史教学合作一把吧！用多元的视角引导学生进行深度思维。

二、文史结合，引发深度思考

新文化运动是中国近代史一次思想解放运动，具有很重要的地位。新文化运动的推动者是当时的文化精英，创办《新青年》，写文章，做思想宣传，猛烈批判封建思想。鲁迅是新文化运动中的重要代表人物，他的作品学生初中学段学过，为此我们选择从学生熟悉的鲁迅小说《故乡》谈起。

文史结合，由语文老师带学生进入文学场景。

回忆鲁迅《故乡》的一个细节。

提问：作者回到故乡处理家中祖屋事宜，见到的一个朋友是谁？

"闰土"，学生大声说。

提问：作者是充满愉悦之情在描写少年闰土形象，他是怎样描写的？

"少年的闰土相貌是紫色的圆脸，头戴一顶小毡帽，颈上套一个明晃晃的银项圈。"

从描写中少年闰土的形象跃然眼前：面容圆润，身体健康、心理快乐，与人相处真诚友爱，有着鲜活生命力的闰土，是作者内心理想的"人"的状态。

提问：哪个细节描写作者美好的回忆被现实击碎？

他恭敬起来叫了一声"老爷"，拉大了他们之间的距离。

提问：文学创作来源于生活，又高于生活，鲁迅通过这心头一热一惊的描写想告诉人们什么道理？

学生在思考后得出这样的认识："在天真的孩子眼里没有身份上高低贵贱之分，人是平等的。而成年闰土的一声'老爷'，说明成年闰土认为他们是有尊卑之分的，他受到封建礼教思想的影响。"

顺着学生的思维老师继续乘胜追击，既然懂得文学是一定社会生活的反映，所以不能脱离当时社会现实谈文学，这样就很自然地把文学创作背景与有关历史知识有机结合在一起。

历史老师引导学生回到小说创作的历史背景：小说创作完成在 1921 年即"民国"时期九年。引领学生回忆辛亥革命的历史意义：1911 年辛亥革命爆发，它推翻清王朝统治，结束了帝制，建立民主共和国，民主共和观念深入人心。

老师出示：民国政府颁布《临时大总统关于革除前清官厅称呼内务部令》规定，各官厅人员相称，咸以官职；民间普通称呼，则曰先生，曰君，不得再沿用前清官厅恶称。废除跪拜、请安等礼节，代以鞠躬、握手。

学生通过史料阅读看到临时政府在礼仪上推进了民主平等的进程。史料选取与小说中闰土行为发生了冲突，学生思维困惑的时候也是激发学生探究欲望的时候。

提问：小说创作时间发生在民国时期，早已是"皇帝倒了，辫子剪了"，闰土为什么还有这样的行为？这说明什么？

通过问题引领，学生认识一个人的思想行为是外化的表现，行为背后折射出社会现实。辛亥革命虽然建立"中华民国"，但没有改变社会性质，还有大量封建残余思想存在，封建礼教依然束缚着人民的思想。闰土在成长中逐渐接受封建思想，所以他认为他与作者是主仆关系，是有上下尊卑的，下人要对主人顺从、必须叫"老爷"。学生把小说人物与当时社会的重要历史事件联系了起来，将理论形象化了。

提问：鲁迅描写少年闰土的面色圆润，对比之下成年闰土面容憔悴。为什么要进行这样的人物描写？

学生马上认识到：说明他的日子过得很艰难。一个人物的命运能折射出他所生活的社会状况，这样顺理成章让学生思考民国时期中国社会现状。

通过历史回顾，学生回答：当时社会处于军阀的黑暗统治，常年兵荒马乱，经济萧条，下层人民生活日益艰辛。

新文化运动的背景就这样一步步呈现在学生眼前，水到渠成。学生在以文学作品搭建的场景中不知不觉中走进历史场景，实现了历史与文学时空的转换。

凭借所学历史知识学生知道：近代中华民族饱受列强凌辱，民族危机重重，但是先进的中国人从未放弃探索中国富强之路，地主阶级洋务派开启近代工业的起步，兴办洋务运动，但是只学技术不进行全面的政治改革不能实现"自强求富"。戊戌变法虽然开启政治民主化的改革之路，但是昙花一现而改革失败。辛亥革命虽然建立亚洲第一个共和国家，但是当时人们没有看到一个富强民主国家出现，于是先进的中国知识分子开始对辛亥革命进行反思，为什么民主政治在欧美卓有成效，在中国却屡屡失败？新文化运动的倡导者认为根源在于多数国民尚不具备民主觉悟。

封建礼教培养下的臣民是什么样子？

成年闰土形象具有很好的代表性：恭敬顺从、消极忍耐、压抑个性。

一个真正的民主国家的民众从臣民到国民的培养，必须清除封建思想的束缚，进行思想解放。在师生互动中历史老师出示史料——1915年陈独秀在《新青年》中表明立场："我们现在认定，只有这两位先生可以救治中国政治上、道德上、学术上、思想上一切的黑暗。"

学生很快通过文本阅读得出结论：陈独秀认为要实现真正的民主政治，唯一根本的条件是国民对政治具备"其居于主人的地位"的自觉，这样的国民应具备人权，即个体的自主权、思想言论自由。需要唤醒民主的意识，每一个人都意识到自己是国家的主人，能够享有行使自己的权利，国家才能实现民主政治。陈独秀认为判断事物的标准是理性，强调独立思考，破除权威，运用自己的判断力，反对盲从、盲信。

新文化运动的推动者是当时的文化精英，他们以笔为武器，以《新青年》为思想宣传阵地，渴望启迪麻木、愚昧的民众思想。用西方的民主科学思想去动摇封建思想。

历史理解到位后，让历史思维再次提升，我们怎样看待新文化运动的历史意义？

老师出示史料：张灏在《重访五四——论"五四"思想的两歧性》提到"民族危机变成知识分子迫切的关怀，他们急需一套思想和信仰来作为共识和共信的基础，以认识方向，团结意志"。从这段话中学生能体会出新文化运动中的先进知识分子进行这场文化运动的根本原因和想实现的政治理想，用民主科学西方思想唤醒国民的民主意识，成为人格独立的人，旧思想是不能与民主政治配套的。

提问：鲁迅在离开故乡时写道水生与宏儿的友谊，如何能长久保存着这份友谊，而不像少年的"我"与少年的"闰土"关系那样脆弱，瞬时即逝？

学生：要清除封建礼教的束缚，要进行民主意识的教育培养。

鲁迅先生是新文化运动的重要代表人物，他以笔为刀，用犀利的笔锋割除中国民众思想的"毒瘤"。在形形色色的艺术人物形象中都能找到每个人的影子，引发民众进行反思。

在一气呵成的问题引领、文学历史的探究中，学生思维十分活跃，发言踊跃，更让老师高兴的是学生还举手大胆质疑：老师，在今天我们强调弘扬传统文化，为孔子塑像。但是新文化运动者却高喊"打倒孔家店"，新文化运动这样对传统文化批判合适吗？

学生提出一个很有启发性的问题，经过热烈讨论大家达成思想共识：不能脱离历史背景看问题，虽然在对待传统文化上当时人中有偏激之绝对否定，但回到当时中国社会现实以及社会亟待解决的问题上看，儒家思想是封建统治思想，封建礼教束缚人们思想，所以要动摇封建思想的基础必然要反对；从当时看，传播民主的新思想，动摇了封建思想的统治地位，无疑是具有思想解放的作用。在今天，儒家思想为核心的中国传统文化也是经历不断与时俱进的发展过程，我们要取其精华继承优秀的传统文化。一种文化是一个民族精神的体现，是一个民族的精神支柱，不能抛弃。

三、文史相融，突破思想的壁垒

1. 文史相融，有利于增强教师间的合作意识

通过与语文学科的融合，打破了教师之间长期的"术业有专攻"、教师各有其职的格局，在品读经典名著、文学作品中，老师们找到合作的契合点为学生搭建了一个与历史对话、与艺术人物对话的平台。文史不分家，教师合作多元视角下，学生不再孤立地单学科接受知识。文学帮助人们找到精神家园，关怀人生，历史是文学创作的社会载体，社会变迁的背后需要人进行理性的思考。文史相融背后给了学生多元看问题的角度，是学生思维方式的一次改变：从学科的单纯记忆知识到多角度运用所学知识进行知识的应用，做到了学以致用，快乐学习。

2. 文史相融，有助于学生多元角度看事物，提升思维品质

教学实践中，教师会接触到一些学生"不喜欢学习某某学科"的真情流露。如何引导学生把不喜欢的学科学进去呢？老师是教学目标的设计者和教学推进者，要能积极引导而不是消极抱怨学生。让当今生活幸福衣食无忧的学生感受 20 世纪的中国社会其实是很困难的，鲁迅作品有些学生也会因没有"时代感"而不爱看，何不换一个角度，换一种思维？

这次教学实践中，从学生熟悉了解的知识入手，语文与历史找到了交融的切合点。通过小说中一个人物命运的变迁，教师为学生搭建了学习情境，充分考虑到学生认知水平，但没有一味迁就学生，老师想办法帮助学生提升思维品质。老师通过对小说作品的赏析，以一个个环环相扣、层层引入的问题链进行探究，引导学生思考新文化运动的历史背景、新文化运动的倡导者要实现的政治理想，以及如何运用历史唯物史观客观评价历史事件。在现今不断扩大语文阅读能力、品读名篇经典的大环境下，两者教学相融合的教学尝试，完成了学生从最初的文本表层解读到深度阅读，真正理解作者的创作意图。

3. 文史相融，找到学习的兴趣点，找到探究的问题场

美国现代著名心理学家布鲁纳曾说："学习的最好刺激，乃是对所学材料的兴趣。"找到针对性强的材料无疑能激发学习兴趣。

学习是对一个人综合智能调动的过程，在这节课中，教师从教学实际出发，从学生认知心理出发，层层推进教学目标的完成，这个案例把鲁迅的《故乡》与新文化运动背景、内容、评价的学习有机结合，学生始终处于爱学、想学的愉悦学习状态。同时也使教师看到阅读在历史教学中的重要性。阅读能力提高才能引发学生思考，拓展学生知识视野，缺乏阅读则必然影响学生视野的广度和思维的深度，并具体表现为狭窄的知识面、低能的文字理解力、浅薄的分析能力。所以教学文史结合尝试对教师、学生都是一次收获。在语文教学过程中，学生通过对文学作品中的艺术人物的情感变化的分析，有利于帮助学生走进历史情境，建立与历史的联系，为进行思维提升、感悟历史搭建一个平台。这就是学习兴趣因语文知识被调动起来，但又极好地为历史教学服务，学生的思维在文史知识应用中活跃地穿梭，让理论性较强的一节历史课上得很"亲民"，让感性的语文品读有了思想价值引领的"高度"，这是师生共同感受到的满满成就感。

一堂文史结合的诗歌鉴赏课例

——以意逆志、知人论世解读李商隐《锦瑟》

北京市第五中学

王云英（语文）

提要　"以意逆志、知人论世"是高中语文古诗鉴赏很重要的一个方法。了解诗人在什么历史背景和心理状态下创作诗歌对于准确理解诗歌内容有着重要的作用。以往的高中语文教学中，这部分内容都是由语文老师去查阅相关历史背景资料，然后讲给学生。但是受专业所限，语文老师课上浮光掠影的人物命运概述不足以让学生深入理解诗人内心世界。本节课大胆引入外援，由中国社会科学院研究古典文学史的博士顾世宝老师为学生讲解史料，顾老师深入浅出，采用独特的视角，最终让学生带着一个生命对另一个生命全部的体恤，充分理解了李商隐这个人，从而完成自己对于《锦瑟》的解读。

主题词　文史结合　知人论世　诗歌题旨探究

教学背景

"以意逆志、知人论世"是高中语文古诗鉴赏很重要的一个方法。了解诗人在什么历史背景和心理状态下创作诗歌，对于准确理解诗歌内容有着重要的作用。以往的高中语文教学中，这部分内容都是由语文老师去查阅大量的历史背景资料，然后讲给学生，从而帮助学生比较准确把握诗歌的题旨。比如对于陶渊明、李白、杜甫、王维、苏轼、陆游、辛弃疾等教材中比较多见的诗人和词人，高中学生可以通过教材中他们的文章、传记梳理他们的人生际遇，从而知人论世对他们的诗词创作有个大致的理解和认识。但是晚唐李商隐的诗本来就晦涩难解，高中生对于李商隐的一生也很少有其他途径的了解，语文老师课上浮光掠影的人物命运概述不足以成为学生理解诗人创作题旨的手段。本节课就是由社科院专门研究古典文学史的博士顾世宝老师和五中的语文老师合作。顾老师主要通过大量史学背景的补充，让学生了解了李商隐的一生，最终学生带着一个生命对另一个生命全部的体恤，充分理解了李商隐这个人，从而完成自己对于《锦瑟》的解读。

文史不分家，高中语文教学离不开历史教学。语文老师都有这个意识，都能在学科教学中渗透并引导学生加强历史知识的梳理，只有把人物的作品放置到人物生存的历史土壤上才能准确地把握作者的创作主旨。但是语文老师由于学科所限，很难站在一个宏观立场上深入浅出地把历史人物的人生际遇立体地呈现给学生，这就需要和历史学科配合。本节课的另一名老师——社科院的博士顾世宝老师对于文学人物的历史处境十分理解，曾经在选修课上为本班同学上过《唐代诗人的朋友圈》，对于唐代诗人的社交处境、家庭处境、政治处境十分清楚，他以生动谐趣的方式把历史讲给学生，学生立刻能把历史人物还原到当下处境，从而能准确推想人物当时的处境与选择，真正把古典诗词鉴赏的基本方法"以意逆志、知人论世"落到实处。

教学安排

本节课分为两课时。第一课时，学生结合典故和意象完成对于《锦瑟》的初步理解与感知。大多数同学能够完成字面意思的理解，从"锦瑟"这一意象入手，联想到年华，由"庄生梦蝶""望帝春心"两个典故，呈现出人生幻灭感与情感的执着，"沧海珠泪""蓝田玉烟"，夜的幽静澄澈与白日的迷蒙煦暖共同构成或明或暗的意境，最后"此情可待成追忆，只是当时已惘然"，也能体会到那种怅然感，学生根据全诗的情感基调甚至完成了各种仿写、改写。

然而"此情可待成追忆，只是当时已惘然"到底指什么情感？学生无法破译。其实何止学生无法破译，自宋以来，人们对《锦瑟》诗的题旨所做的解释和推测就分歧繁复，有大概以下7种：

（1）恋情说。尽管恋情的对象扑朔迷离。

（2）悼亡说。为嘉偶之纪念，为悼亡之作，至于这位女子是谁，则无从考证。

（3）听瑟曲说。认为此诗"实是写听瑟曲而引起的情怀"。

（4）伤唐室残破说。

（5）编集自序说。说明《李义山诗集》的主要内容和它的艺术特色。

（6）自伤身世或自叙平生说。义山一生仕宦不进，终身坎坷，故开卷锦瑟一篇，乃假物以自伤。

（7）"不可知"说。"凡诗有所寄托，有可知者，有不可知者"，若《锦瑟》《无题》诸篇，即是"不可知者"。

这些学者的破译，有的明显带有索隐的性质，比如（5）。对于学生来说，理解本诗，只需要关注李商隐这个人所处的时代大环境，李商隐这个人的志趣追求和人生选择，李商隐的朋友圈子，李商隐的家庭生活。这些弄清楚了，就可以做有根据的解读。

所以第二课时语文老师带着大家重温该首诗的诗境、充分体会诗歌艺术的感性之美后，把解读的悬念设计到最足，引起同学强烈的探究兴趣。而后由顾老师为同学们讲解与李商隐相关的历史故事。从而把真实的作者、把有血有肉的诗人形象还原给学生，让学生得出自己的解读。

教学过程

1. **导入：** 引用元人句子"逶迤婉转　迷离惝恍——一首《锦瑟》解人难"引出课题。

2. **讨论交流**：请同学结合自己的阅读经验和人生经验，谈谈对于《锦瑟》的理解。

在此过程中语文教师主要引导大家通过典故、意象的准确解读并通过把握诗歌上下句的关系来保证理解的基本共识。

3. **习作展示**：学生学习成果的多元化展现。有的学生以书信体的方式模拟李商隐写给妻子王氏的一封《与妻书》，有的同学写了一首现代诗来解读这首诗朦胧的情愫，有的同学写了一篇评论文章《艺术的想象空间》。语文教师结合学生作品充分尊重学生的多元化的解读，并引导大家思考——无论哪一种解读，都得尽可能地接近创作主体的真实处境。从而引出"以意逆志、知人论世"的方法。

4. **讲解历史**：由社科院古典文学博士从两个方面深入浅出地给学生还原李商隐的时代处境、政治处境、人生处境、情感历程。顾老师主要讲解的题目是《从牛李党政看李商隐所处的政坛》，主要讲李商隐与令狐楚、牛僧孺、李德裕、令狐绹几个人物之间复杂的关系。《从小李杜看李商隐所处的文坛》主要讲李商隐和杜牧和白居易三个人物之间的关系。顾老师的讲解完全出于史料又高于史料，他专业的学养足以跳出史料的烦琐与枯燥，把复杂的历史背景讲成现实中的人与人之间的关系，学生立刻体会到李商隐的事业处境和文学处境的尴尬与纠结，加上之前对于李商隐情感纠葛的了解，李商隐这个人完全立体而有血有肉地站在了他们面前。

5. **总结**：语文老师总结诗歌鉴赏方法"以意逆志、知人论世"。强调"知人论世"的重要性，引导学生在语文学习中自觉与历史学习结合，真正形成文史结合的研究理念。

教学反思

这是一节读书交流课。课前学生完成了两项工作：一是自己对《锦瑟》的初步理解，二是学生根据自己的理解对《锦瑟》进行语言形式的改写。学生这两项工作完成得很不错。对于《锦瑟》，有的同学认为是一首爱情悼亡诗，是李商隐写给自己的亡妻王氏的，有的同学认为这首诗是李商隐追悔自己人生的，还有的同学认为这首诗没法解读，呈现出多义性。学生理解的分歧恰恰是读书交流的前提。而且《锦瑟》由于意象的朦胧多义，历代名家学者对此理解纷纭，元好问说"一首《锦瑟》解人难"。以这样一个开放性的文本作为唐诗鉴赏中的例作可以拓宽学生思维，培养学生的质疑探究能力。

实际教学中过程很流畅。学生的交流碰撞有了，教师在呈现苏东坡和钱钟书关于《锦瑟》的理解时，学生明显有吃惊的反应。原来这首诗竟然也可以这么理解，而且理解得也挺有依据的。甚至有一个同学说，感觉苏轼的理解挺对的，甚至颠覆了自己之前对诗意的理解。这就是读书交流互相增益的过程。

专家的讲解主要侧重于史实。这也是本节课文史结合的主要体现。

讲解分两个部分，一部分讲李商隐的工作环境——牛李党争，另一部分讲李商隐的文学环境——与白居易、杜牧的关系。牛李党争部分学生事先有耳闻，但专家鲜活的细节讲述能迅速让学生理解李商隐进退两难的人生处境。与白居易、杜牧的人际交往足见李商隐在文坛上的孤独。

多舛坎坷的命运，一腔幽愤不能直抒胸臆，冷傲孤独的个性，诗作没有朋友知音酬和解读，最终李商隐给我们呈现了文学上扑朔迷离的魅力。

引入专家资源的好处是，这些我们需要查阅十几万字的资料才能知道的东西，专家寥寥数语就可切中要害。而且专家引入的视角就有比较研究的方法意义。一个人的个性只有在于同时代人的对比交往中才能凸显，专家这种讲法会引领学生日后在学习研究中有意识运用这种方法。语文老师受专业所限，毕竟不能从史学研究角度，对李商隐所处的时代的诸多历史事件进行一一梳理。

这节交流课除了让部分学生大放异彩、极大激发了学生自主学习热情之外，专家提点讲解的最终落点设计在了诗歌鉴赏的方法指导上。为什么要讲牛李党争和李商隐的"朋友圈"，那是为了更好地"以意逆志"，而"知人论世、以意逆志"是我们读诗应该遵循的最基本的方法，只有掌握足够多的诗人、诗作相关资料，我们才能避免诗歌鉴赏中的主观臆断，做到最大限度地还原诗人心境。

　　总之，对于我自己来说，这节课是一个尝试也是一个锻炼，文学的鉴赏不是教师的灌输，也不是学生的胡乱理解，而是教师资源、学生资源以及其他各种资源的整合碰撞，也许探索未必能抵达真理，但一定能无限接近真理。是为反思。

参考文献：

[1]钟恒模.语文教学应该重视历史背景的讲解[J].《教学研究》2014年5月.

[2]何治清.例谈诗词教学中的知人论世[J].《语文建设》2010年7月.

[3]汪东南.牛李党争与李商隐诗歌的悲剧色彩[J].《青年文学家》2015年6月.

课件——《锦瑟》鉴赏

北京市第五中学

王云英

迤逦婉转 迷离惝恍

——一首《锦瑟》解人难

锦 瑟

李商隐

锦瑟无端五十弦，一弦一柱思华年。
庄生晓梦迷蝴蝶，望帝春心托杜鹃。
沧海月明珠有泪，蓝田日暖玉生烟。
此情可待成追忆？只是当时已惘然。

悼亡说

- 李商隐以锦瑟为嘉偶之纪念，为悼亡之作，盖作于大中五年秋。王氏病逝时，李商隐四十岁，此后七年（李商隐四十七岁逝世）他一直没有停止对于妻子的怀念，写过不少悼念亡妻之作，如《房中曲》《夜冷》《西亭》等。王氏也会鼓瑟。
- 李商隐悼亡诗并不完全是其与王氏婚姻情感合乎逻辑的延伸，相反，它的写作，恰恰是创作主体对世俗婚姻生活的人伦价值、情感价值的重新发现、体验过程，在这种伴随着追悼和伤痛的发现体验中，王氏的形象如水下冰山一样逐渐浮现出来，成为李商隐余生永恒的眷恋。

自伤说

- 美籍学者刘若愚认为，《锦瑟》诗可视为人生如梦主题的变奏曲，这种看法不排除对诗人妻子或任何人的忆念，也不排斥对诗人往昔生活和其诗作的沉思。显示了诗人对自己一生的回顾。美籍学者王福民也认定《锦瑟》诗是李义山的"自叙诗""是他一生际遇的自叙""是作者站在旁观者的地位把他一生的前尘加以欣赏的结论"。
- 吴奔星指出，"从思华年的内容上看，不外以党争引起的宦海沉浮为经，以夫妻生离死别到纬交织成篇。""诗人的一片惘然之情，是由象征官场的尘网和陷入一往情深的情网所产生的失落感引起。

恋情说

- 宋人刘颁的《中山诗话》谓《锦瑟》是令狐绹的青衣名，计有功的《唐诗纪事》略同。此说遭到了明清两代大多数学者的辩驳，故响应者不太多。清屈复在《玉溪生诗意》中笼统地定为"男女悲悦之词"，但又认为"有寄托"。苏雪林在其《李商隐恋爱事迹考》中则认为此诗是咏"他所恋爱的宫嫔"的。刘开扬《论李商隐的爱情诗》又认为是"追忆他年轻时恋爱的事"。

音乐说

- 《缃素杂记》记载宋黄山谷云："余读此诗（即《锦瑟》），殊不解其意，后以问东坡，曰'此出《古今乐志》，云锦瑟之为器也，其弦五十，其声也，适、怨、清、和。'案李诗'庄生晓梦迷蝴蝶，适也'，'望帝春心托杜鹃'，怨也，'沧海月明珠有泪'，清也，'蓝田日暖玉生烟'，和也；一篇之中，曲尽其意，史称其瑰迈奇古，信然。"

自序说

- 《锦瑟》所表达的是诗人一生诗歌创作的心路历程。李商隐推崇和学习杜甫诗是公认的事实，杜甫以玉琴喻诗有先例。钱钟书《谈艺录》认为《锦瑟》与描绘创作构思有关。以颔联为例："庄生晓梦迷蝴蝶，望帝春心托杜鹃。"钱先生的理解是"言作诗之法也，心之所思，情之所感，寓言假物，譬喻拟象；如庄生逸兴之见形于飞蝶，望帝沉哀之结体为啼鹃，均词出比方，无取质言。举事寄意，故曰'托'；深文隐旨，故曰'迷'"。

- 艺术的事情不必一定要弄明白什么问题，在迷茫和困惑中思考，美也就在其中了。
- 我看李商隐的诗，不知道他为何而创作，但是那种情绪我觉得很真切，我觉得就够了。
- 如果真的有一天这首诗创作背景被考证出来了，反倒没了意思。

以意逆志

- 孟子在回答弟子的提问时，提出了理解作品的方法："故说诗者，不以文害辞，不以辞害志；以意逆志，是为得之。"
- 《说文》云："逆，迎也。"郑玄注："逆，犹钩考也。"这句话说，"以己之意'迎受'诗人之志而加以钩考"（朱自清《诗言志辨·比兴》）。
- 探索原来的创作意图。

学生阅读习作

难寻其道，锦瑟五十弦
琴音入耳，佳人怨华年
庄生梦醒见蝶冀，蝴蝶惊觉化庄生
杜鹃啼血悲蜀民，望帝化魂哀国殇
沧海横流月正圆，遗珠洒落泪光现
暖日晖映照蓝田，良玉生烟似无烟
世事无常，追忆留遗憾
当时惘然，今日空长叹　（BY朱雨晨）

学生阅读习作

- 锦瑟啊锦瑟，为何你要有五十弦？你弹奏出来的曲子是那么的悲怜！
- 我曾经像庄周梦蝶一样，沉浸在美好的幻想中，但最终只是像望帝那样，把自己的心意和执念托付给杜鹃。
- 点点泪珠中，过去的图景依依浮现：年少轻狂、自恃才高，却卷入晚唐的政治漩涡中进退维谷，怀才不遇竟至终生潦倒无灵，等待着这样的半华年，如今只剩我独自徘徊在人世间，无边孤独寂寥无处诉说。
- 月满则珠圆，茫茫大海中，每一颗珍珠都是鲛人的眼泪，蓝田山中盛产美玉，有玉之处烟霭蒙蒙，人们只见烟霭不知玉在何处，美玉如沧海遗珠无人赏识。
- 锦瑟无端，空惹人哀怨。（BY王新怡）

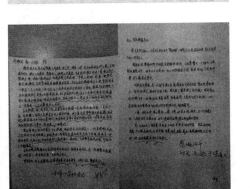

◈ 以意逆志、知人论世
◈ 虽无法抵达，但却在无限接近。

课件——《牡丹亭》

北京市广渠门中学

封彦婧（语文）　　徐　刚（历史）

《哭娄江女子二首》（并序）

吴士张元长、许子洽前后来言，娄江女子俞二娘秀慧能文词，未有所适。酷嗜《牡丹亭》传奇，蝇头细字，批注其侧。幽思苦韵，有痛于本词者。十七恍愤而终。元长得其别本寄谢耳伯，来示伤之。因忆周明行中丞言，向娄江王相国家劝驾，出家乐演此。相国曰："吾老年人，近颇为此曲惆怅！"王宇泰亦云，乃至俞家女子好之至死，情之于人甚哉！

"画烛摇金阁，真珠泣绣窗。如何伤此曲，偏只在娄江。"

"何自为情死，悲伤必有神。一时文字业，天下有心人。"

鲍倚云《退余丛话》

崇祯时，杭有商小玲者，以色艺称，演临川《牡丹亭》院本，尤擅场。尝有所属意，而势不得通，遂成疾。每演至《寻梦》《闹殇》诸出，真若身其事者，缠绵凄婉，横波之目，常搁泪痕也。一日，复演《寻梦》，唱至'打并香魂一片，阴雨梅天，守的个梅根相见'，盈盈界面，随声倚地。春香上视之，已殒绝矣。

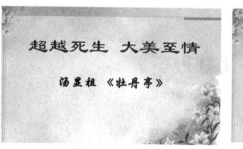

超越死生 大美至情

汤显祖 《牡丹亭》

学生调查结果展示：
《牡丹亭》为什么如此动人？

1. 故事情节曲折离奇。
2. 主人公形象动人、情感真挚。
3. 曲词典雅细腻。
4. 关注现实生活中女性的命运。
5. 展现人性美，冲破传统的束缚。
6. 运用浪漫手法，满足人们追求美好生活的愿望。

汤显祖（1550—1616），中国明代戏曲家、文学家，江西临川人。34岁中进士，次年以七品官到南京任太常寺博士。1598年，因不满政治腐败弃官而走。同年，根据明话本小说《杜丽娘慕色还魂记》创作了《还魂记》即《牡丹亭》。

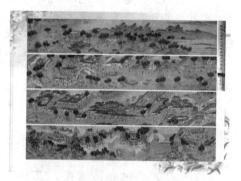

且说嘉靖年间，这盛泽镇上有一人，姓施名复，浑家喻氏，夫妻两口，别无男女。家中开张绸机，每年养几筐蚕儿，妻络夫织，甚好过活。不上十年，就长有数千金家事。又买了左近一所大房居住，开起三四十张绸机，又讨几房家人小厮，把个家业收拾得十分完美。

清雍正十二年苏州府长洲县永禁机匠叫歇碑

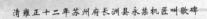

"凡乐人搬做杂剧戏文，不许妆扮历代帝王后妃、忠臣节烈、先圣先贤像，违者杖一百。官民之家容扮者与同罪。其神仙道扮及义夫节妇、孝子顺孙、劝人为善者不在禁限。"

——《大明律》"禁止搬做杂剧律令"条

到明初，在中国历史上实行了1600多年的宰相制度被废除，专制皇权发展到了新的高度。

——《历史·必修一》

汤显祖早年师从罗汝芳,读"非圣之书",后来又与激进的禅宗大师紫柏交朋友,尤其敬仰激进的思想家李贽,读其《焚书》,十分倾慕。他说:"如明德先生者(汝芳),时在吾心眼中矣,见以可上人(紫柏)之雄,听以李百泉(贽)之杰,寻其吐属,如获美剑。"

明人陈继儒在《批点牡丹亭·题词》中记述:"张新建相国尝语汤临川云:'以君之辩才,握麈而登皋比,何渠出濂、洛、关、闽下?而逗漏于碧箫红牙队间,将无为青青子衿所笑!'临川曰:'某与吾师终日共讲学,而人不解也。师讲性,某讲情。'张公无以应。"

作业

1.从文学或历史的角度评述《牡丹亭》。200字左右,可以写古典或现代诗词。

2.重读关汉卿的《窦娥冤》,从文学或历史的角度重新解读作品,可以参考以下问题。200字左右。

(1) 关汉卿为什么去写杂剧?

(2) 通过《窦娥冤》这部作品,关汉卿想要表达的是什么?

(3) 窦娥是一个怎样的形象?

(4) 《窦娥冤》的浪漫手法表现在哪里?

游学单与任务单

《园林建筑与中国文化》学习单

——以曹林娣教授《中国传统文化在园林中的表现》为视角

北京二中

陈惠莲（语文）　　隋子辉（历史）

提要　园林是历史的物化，物化的历史。粉墙黛瓦的房屋、灵动的雕刻盆栽、曲折婉转的水系都是园林建筑最主要的元素，对我们来讲园林是历史、文化和艺术的结晶，我们要从文化的层面来领略园林建筑的风采。

主题词　园林建筑　中国文化

学习类型：跨学科素养课。

学习目标：

1. 通过对中国园林建筑的赏析，丰富学生的经验，滋养学生的心灵，使学生在旅游时学会从文化和历史的视角看园林景观。

2. 通过学生的小组讨论、探究学习，培养学生自主学习、发现问题和解决问题的能力。

3. 通过对园林建筑体现的中国文化的分析，了解中国园林建筑之美，并理解中国文化包容性的特点。

学习重点和难点：

1.学习重点：中国园林建筑的特点。

2.学习难点：中国园林建筑所体现的中国传统文化的特点。

学习方法：

1.实地考察法、问题探究法。

2.跨学科合作学习，史论结合。

活动：一同欣赏苏州园林旖旎风光。

一、万水千园走遍
——纸上得来觉文化深厚　园林躬行感造化神奇

1.建筑材料——土木便生人

宫室之制，木以便生人。——《北史》

园林最美，建筑是人住的，非为娱神。

2.以诗文构园——有鲜明主题

诗文构园是中国园林区别于其他国家园林的最大特点。

古代没有专职设计师，都是文人设计，高级工匠建造。园林的设计者多为画家、哲学家、文学家。

拙政园中部——清空骚雅，空灵处如闲云野鹤，去来无踪，如姜白石词风。

留园——秀色夺人，建筑富丽精工，炫人眼目犹吴梦窗词，像七宝楼台。

网师园——清绝风雅，神韵独高，有悠悠不尽之美，若晏小山词清新不落俗套。

环秀山庄——山中李杜。

沧浪亭——清丽平淡无金粉气，蕴涵哲理，耐人涵咏，则具宋诗神韵。

艺圃——质朴的古风体。

狮子林——禅宗临济宗公案故事集。写在大地上的一首诗。

3.园林空间布局

礼乐文化的形象载体：住宅——宫区——"礼的容器"。

圆天和方地成为"艺术的宇宙图案的天然蓝本",但园林建筑并不对称,无中轴线,大门一般在小巷之内。

东南方,槐树。春,夏,秋,冬四季植物有规定。

亭台到处皆临水,屋宇虽多不碍山。

4.建筑装饰文化——装饰结构化

园林单体建筑的立面构图灵活多样,根据居住、读书、作画、抚琴、弈棋、品茶、宴饮、憩游等功能,建造厅、堂、台、楼、阁、榭、舫等建筑,每种类型中又有多种结构、形式和造型,是人们生理需要和精神审美享受需要的双重选择。古建筑装饰形态巧妙地隐藏在建筑结构之中,如斗拱、南雕北画。

5.欣赏耦园建筑

耦园——主题双隐。

化爱情为浪漫的妙构,用山水建筑谱写一曲高山流水知音的爱情颂歌,一首写在地上的爱情诗。

首先我们会来到园林的大门,园林的大门一般在什么位置?

大门不用正南,消受不起,一般皇宫寺庙才行。

问题:进入耦园内我们会看到什么植物?

竹篱茅舍心自甘,竹子寓意不住高宅大院,而是住小巷里面。

问题:体现了中国人什么样的文化心理?

载酒堂——用典故杨雄(积善堂很俗)谦虚,把客人比作杨雄。

厚德载福——把德和福联系起来。

白玉兰——中国的花;桂花——金桂——金玉满堂。(玉兰开花像手笔,有的玉兰堂叫笔花堂)

舫——不一定都在水边,也可在旱地,用石头做成波。

储香馆——桂花香,书房外面种桂花。

日月双照——阴阳和合。

问题:注意观察,汉语"双关"式的改造有何寓意?

鹿——长寿之物,有些地方寓意钱。

公鸡鸣叫——功名富贵。

旭日东升——云文。

冰梅——气节。

苏州才是古老东方的典型，东方文化，当于园林求之……

——曹聚仁《吴侬软语说苏州》

二、文化多元之赏析

园林建筑是无声的语言，外显的是功能，内涵的是文化。

我们感受了园林建筑艺术之美，文化之多元，可以跨学科合作探究。

问题：

1. 中国的园林建筑有什么样的特点？与中国历史上其他重要的建筑类型有何不同？

2. 从中国园林建筑的特点透视中国传统文化有哪些特点？

要求：史论结合，论从史出；逻辑清楚；表达准确。

四合院民宅和故宫皇家建筑的布局大同小异。

思考：紫禁城、四合院布局的特点？（礼的容器）

中轴对称（我们的紫禁城也是有中轴线的）、坐北朝南、主次分明。

宗法伦理观念的建筑群是理想的政治秩序和伦理规范的具体表现，反映了一种社会秩序，伦理纲常。儒家礼制作为一种顽强的封建伦理观念对传统建筑发展产生了极大的影响，它依照"人伦之模轨"的设计原则，使得合院式的平面布局成为中国传统建筑的基本特征之一。

主次分明，升降有致，结合完全对称的布局使得整个建筑群庄严雄厚，具有强烈的节奏感。

殿堂，四合院遵循礼制的特点正体现了中国传统文化的循序的特点，殿堂布局的典型化、规范化。

思考：园林的布局一样吗？这种布局特点体现了中国传统文化的哪些观念？

中国园林建筑发展的过程中不断受文化的影响，自汉代以来，深受儒家的宗法伦理观的影响，从文化层面表达出诸多深刻哲理，之所以能够取得如此辉煌的成就，与其不断地吸收、融合儒家思想、道家思想、佛教思想是分不开的。体现了中国传统文化的包容性。

园林的布局属于自由式的，没有明显的主轴线，根据地形和山势布置建筑，灵活多变。中国文化是一种世俗文化，重视现世生活，强调礼仪秩序。园林建筑正是"娱人"，讲究和谐，讲究和合，体现了中国传统文化的**世俗性**。

建造过程中阴阳结合、奇偶结合，是建筑与阴阳宇宙观的完美结合，强调阴阳和谐，体现了古人的风水学说，吸取了道家理论的精华，是道家重视人与自然的和谐的体现，强调"人法地、地法天、天法道、道法自然"，与环境和谐、共生，体现了中国传统文化的**综合性**。

总结：通过探究我们看到了园林建筑受儒家宗法伦理、道家阴阳宇宙观的影响，非常灵动地表达了中国文化层面的诸多哲理，我们看到了中国文化的包容性、世俗性、综合性的特点。正是基于对这些特点的把握和对中国历史与文学的深刻理解，国学大师钱穆对中国文化的命运做出了非常自信的概括，即中国文化"可大""可久""可大"，可博大精深、兼容并包诸如佛教这样的异域文化，可绵延不绝几千年不曾中断，并将继续发扬光大。

学习框架结构：

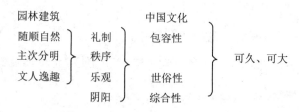

八年级上紫禁城综合实践活动任务单

北京市第二中学分校

杨巧稚（历史）

（一）
概况篇

学校：_____ 班级：_____ 姓名：_____ 学号：_____

> **提要** 通过对紫禁城的主要宫殿、殿顶样式、檐角小兽、彩画装饰、排水系统和防火设施的参观考察，体会中国古代人民的智慧和创造力；以文化审美的方式关注世界遗产的保护，了解和传播中华文化。
>
> **主题词** 紫禁城　宫殿　文化

图1

一、紫禁城名称（探一探）

我们都知道，故宫在明清时叫"紫禁城"，你知道为什么称为紫禁城吗？我们一起来观察图1，一探究竟。

如图1所示：天上的星座分三垣，分别是"_____垣""_____垣""_____垣"。古人认为紫微垣是宇宙的中心，天帝居住的地方，地上皇帝居住的宫殿就应称为_____宫，它还是座禁城，故称"紫禁城"。

二、历史沿革（查一查）

紫禁城是明清两代的皇宫，那么紫禁城是明代什么时候开始修建的呢？哪个皇帝在位时修建的呢？有多少皇帝在紫禁城中居住过呢？这些都是同学们感兴趣的问题，我们一起来探究吧！（阅读教材外，可以参看各处标牌的介绍，还可以访问工作人员）

1. 紫禁城是明代_____（年号）皇帝在位时修建的，于公元_____年开始修建，到公元_____年修建完成，花费了15年的时间和无可计数的人力物力。

2. 明朝有_____（数量）个皇帝居住在紫禁城，我们大家耳熟能详的、居住在紫禁城的明朝皇帝有哪些：_____。（写3~5位，填名称或年号均可）

3. 清代有_____（数量）个皇帝居住在紫禁城，清军入关后，第一个居住在紫禁城的清朝皇帝是：_____；清朝历史上功绩卓著、在位时间最长、在南书房智擒鳌拜的皇帝是：_____；为了太上皇期间养老，在外东路修建宁寿全宫，留有最多诗词匾联墨宝的皇帝是：_____。（填名称或年号均可）

三、建筑规模（标一标）

1. 课堂上我们讲了雍正皇帝设立军机处，你知道它在哪里吗？请在图2中标注出军机处的位置。

图2

2.紫禁城东西宽750米，南北长960米，占地面积约为72万平方米（按教室约50平方米计算，相当于14400个教室），这么大的紫禁城我们如何设计参观路线呢？请在下图3中标出你的参观路线（最好用彩色笔）。

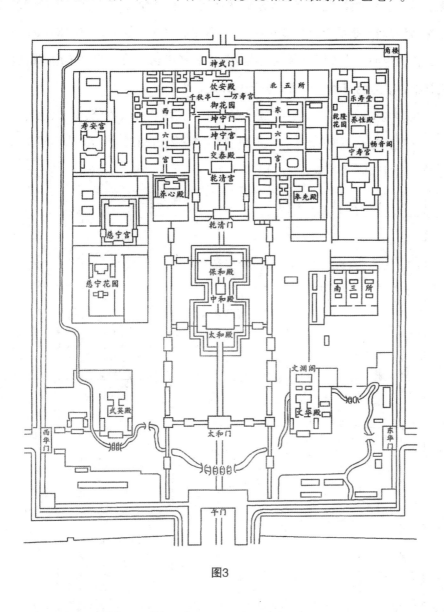

图3

【知识链接】故宫被誉为世界五大宫之首，世界五大宫包括：北京故宫、法国卢浮宫、英国白金汉宫、美国白宫、俄罗斯克里姆林宫。

四、参观感想（写一写）

　　紫禁城是世界上规模最大、保存最完好的古代皇宫建筑群，是中国古代建筑最高水平的体现。1987年根据文化遗产遴选标准，被列入《世界遗产名录》。世界遗产委员会对紫禁城的评价：紫禁城是5个多世纪（1416–1911年）最高权力中心，它以园林景观和容纳了家具和工艺品的10000个房间的庞大建筑群，成为明清时代中国文明无价的历史见证。

　　紫禁城实地参观考察并完成任务单后，大家有什么收获、什么感想，请写下来吧！记录下你的学习成长历程吧！（不少于300字，文体不限，超出字数部分可以自己附作文纸。）

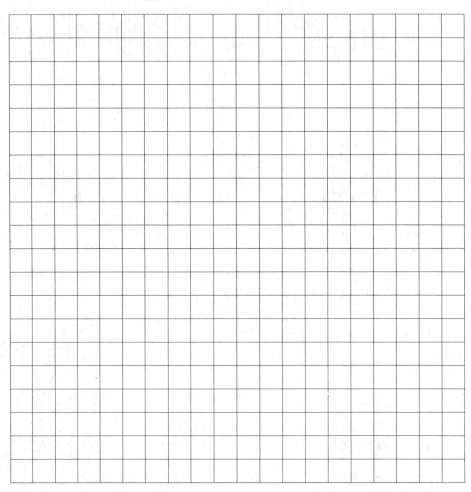

（二）
中轴宫殿篇

学校：_____ 班级：_____ 姓名：_____ 学号：_____

请根据阅读教材内容和紫禁城实地参观了解，回答下列问题。

紫禁城中最主要的建筑就是坐落在中轴线上的前三殿和后三宫了，同学们知道它们的名称和功能吗？我们共同来探究吧！

1.通过实地参观考察请写出前三殿的名称：

名称：_____、_____

2.前三殿的台阶上有许多装饰物，图4和图5他们的实际功能和寓意是什么呢？

图4　　　　　　图5

实际功能：

寓意：

图6

图6：

名称：_____

功能：_____

寓意：_____

游学单与任务单
出离俗繁地　行走天地间

图7:

名称: _____

功能: _____

寓意: _____

图7

3.观察下面各殿图片，通过参观和参看殿前介绍牌，你能把殿宇功能和图片对应上吗?

图8

图9

图10

图11

图12

（1）它是紫禁城中等级最高的大殿，皇帝举行重大典礼的地方，皇帝登基、万寿和重要的节日都会在这里举行盛大的典礼，此殿是：_____。（填

写上图标号）

（2）它是紫禁城中的宴会厅，皇帝在这里宴请皇亲国戚和文武百官，康熙和乾隆年间都在这里举行过千叟宴；这里还是科举考试殿试的场所，此殿是：_____。

（3）它是明清两代皇帝的寝宫，皇帝还在这里接见大臣、处理朝政，其中悬挂的匾额非常有名，主要是因为此匾与清朝的秘密建储制有关，皇帝写的立太子的两份诏书，其中一份就放在秘密建储匣中，放于此匾之后，此宫是：_____。

（4）它是皇帝去太和殿大典之前休息的地方，并接受执事官员的朝拜的地方。凡遇皇帝亲祭，如祭天坛、地坛，皇帝于前一日在此阅视祝文，祭先农坛举行亲耕仪式前，还要在此查验种子和农具，此殿是：_____。

（5）清代于此举行册封皇后和皇后诞辰典礼，存有清二十五玺，此殿是：_____。

4.观察图13和图14，这是皇后寝宫坤宁宫的西暖阁和东暖阁：西暖阁地下有许多跪拜用的垫子，东暖阁有大红的帐子、被子和双喜字，通过实地参观，推测西暖阁和东暖阁的实际功能分别是什么。

图13 西暖阁

图14 东暖阁

游学单与任务单

（三）
殿顶样式篇

学校：_____ 班级：_____ 姓名：_____ 学号：_____

请根据阅读教材内容和紫禁城实地参观了解回答下列问题。

紫禁城内近千座宫殿，造型庄严，形式壮观。鳞次栉比、错落有致的宫殿屋顶的样式多种多样、灵活多变，这是封建社会区别建筑等级的一项重要表征。

1.参照殿顶等级图示，通过实地参观标出这些屋顶的名称，并按照其等级高低排序。

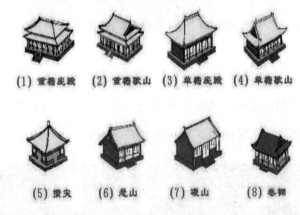

"宫式"建筑屋顶等级从高到底依次为：

(1) 重檐庑殿　(2) 重檐歇山　(3) 单檐庑殿　(4) 单檐歇山

(5) 攒尖　(6) 悬山　(7) 硬山　(8) 卷棚

图15　保和殿

图16　交泰殿

图17　太和殿

图18　弘义阁

图19　贞度门

图20　绛雪轩

按照殿顶等级高低排序：（写序号）_____

2. 把你最喜欢的六个殿顶样式的简图画出来，突出体现出各个殿顶的特点和各种屋脊的数量，请本组其他同学认一认，并标注出殿顶名称。

殿顶名称：	殿顶名称：
简图绘制：	简图绘制：
殿顶名称：	殿顶名称：
简图绘制：	简图绘制：
殿顶名称：	殿顶名称：
简图绘制：	简图绘制：

（四）
檐角小兽篇

学校：_____ 班级：_____ 姓名：_____ 学号：_____

请根据阅读教材内容和紫禁城实地参观了解回答下列问题。

细看屋顶，我们会在细节处发现精致美妙的东西，在起翘屋檐的上面，我们会看到一排奇特的走兽，映着蓝天，宛如一幅优美的剪影画，甚是招人喜爱。这些小兽排列有着严格的规定，按照建筑等级的高低而有数量的不同。

1. 找一找：除了太和殿的小兽是 10 个以外，紫禁城各个殿小兽都是 1、3、5、7、9 个，请在参观的同时寻找各个殿有几个小兽，总结概括不同小兽数量的殿在功能上有什么区别。

小兽数量	宫殿名称（包括门、楼、阁等）	宫殿主要功能
9个		
7个		
5个		
3个		
1个		

【总结概括】不同小兽数量的殿在功能上的主要区别。

2. 想一想：仔细观察下列小兽，了解它们正确的名称和象征意义，见图 21 ～ 28。

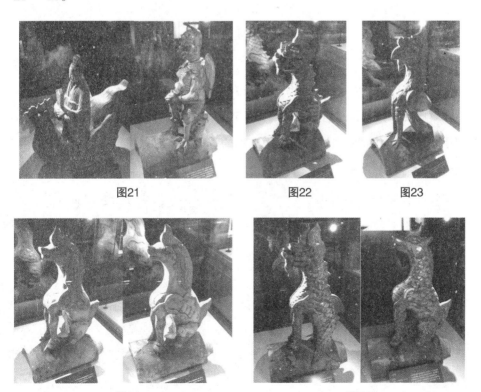

图21　　　　　　　图22　　　　　　　图23

图24　　　　　　　　　图25

图26 　　　　　　　　图27 　　　　　　　　图28

3. 说一说：这些小兽有实际功能吗？请你进行合理想象推测它的实际功能，也可以通过访问紫禁城工作人员了解。（请把你的结论写下来）

（五）

彩画装饰篇

学校：_____ 班级：_____ 姓名：_____ 学号：_____

请通过阅读教材内容和紫禁城实地参观考察，回答下列问题。

彩画是中国古代建筑特有的装饰形式之一。彩画的底层有一层油灰地仗，用于木构件的防腐防虫。在保护木结构的基础上，着上鲜艳夺目的彩绘，将功能和审美统于一身。

1. 故宫建筑上的彩画以_____、_____、_____等为主色，加强了檐下阴影部分的对比。_____图案是它的主要题材。黄琉璃瓦的屋顶，深红色的墙面和柱子，洁白的基座，配以屋檐下的彩画，色彩和谐，层次鲜明，使宫殿建筑群更加辉煌壮丽。

2. 宫殿建筑彩画主要分为三类：_____彩画、_____彩画和_____彩画。下面请依据图案识别出是哪一种彩画。

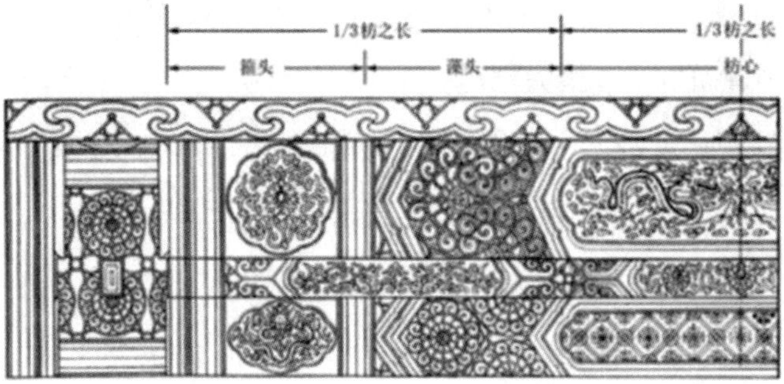

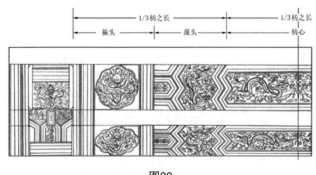

图29

图 29 彩画是_____彩画。此彩画枋心有龙锦枋心、一字枋心、空枋心、花锦枋心等，纹饰视藻头旋花类型而定。

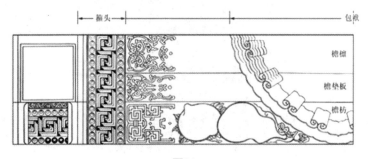

图30

图 30 彩画是_____彩画。此彩画是古建筑中彩画等级最高的一种，由枋心、藻头、箍头三部分组成。枋心位于构件（梁枋）之中，占构件的三分之一，内多绘龙、凤等图案，且大面积用金，因此最为亮丽辉煌。

图31

图 31 彩画是_____彩画。此彩画在紫禁城园林建筑中广泛采用，其中尤以乾隆花园中建筑的彩画最为精美。

3. 和玺彩画是紫禁城中使用最多的彩画，也是等级最高的，按图案不同分为金龙和玺（图 32）、龙凤和玺（图 33）以及龙草和玺彩画（图 34）。请同学们看下面彩画图片样例，在紫禁城内寻找到有这些彩画的宫殿，写下名称并画下彩画样式和图案，最好按照看到的彩画图案涂好颜色。

金龙和玺彩画宫殿名称：
绘制彩画：
龙凤和玺彩画宫殿名称：
绘制彩画：
龙草和玺彩画宫殿名称：
绘制彩画：

图32

图33

图34

（六）
排水系统篇

学校：_____ 班级：_____ 姓名：_____ 学号：_____

请根据阅读教材内容和紫禁城实地参观了解回答下列问题。

紫禁城有一整套排水系统，假设我们是小雨滴，现在已经掉落在紫禁城的各个区域了，我们来跟随各地的小雨滴开启这趟紫禁城的快乐之旅吧，看看我们都掉落哪里？流经哪里？最后汇入哪里离开紫禁城？完成我们的旅程。好的，旅程开始了，小雨滴们！

1. 找一找：落下来的小雨滴都哪里去了？

（1）场景一：太和殿

太和殿有三层台阶，请你们找一找，你们是如何从台阶上以非常快的速度流到地面上的，并能在不管多大雨的时候都能保证台阶上不积水的？请写出排水设施的名称并绘制出其样式和如何排水的方式？

排水设施名称：
绘制其样式和排水方式：
除了太和殿，还有哪些殿有这种排水设施：

图35

（2）场景二：乾清宫

乾清宫御道为什么是中间高两边低？小雨滴落下来会流向哪里？见图36。

图36

小雨滴又是如何流到地面的？见图 37。

图37

小雨滴在乾清宫院落中最后流到哪里？见图 38。

图38 小雨滴流向

（3）场景三：西六宫

请小雨滴们在西六宫区域找到最后流入的暗沟入水口——**"钱眼"**（图39），按着暗沟走一走，看一看，看这些暗沟都走向哪里？尝试在图 40 西六宫地图中绘制出主要沟渠流经地区，标出主要钱眼所在位置。

图39

图40

2. 紫禁城的地势是西北高东南低，小雨滴通过干渠、支渠、明沟、暗沟从北向南排，最后都流入南面的金水河，再从金水河排到紫禁城外的护城河，实现整体性的排水，使紫禁城近 600 年来排水畅通，没有积水。这其中金水河起了重要的作用。看图 41，思考：除了从沟渠排入金水河，地面上的小雨滴是从哪里流到金水河里去的呢？

图41

（七）
防火设施篇

学校：_____ 班级：_____ 姓名：_____ 学号：_____

请根据阅读教材内容和紫禁城实地参观了解回答下列问题。

紫禁城从明朝永乐十八年（公元 1420 年）建成，到清朝溥仪退位（公元 1911 年），491 年间，据有记载的火灾，就有四五十次，若把零零星星未酿成灾的失火也算在内，恐怕百次也不止，其中雷击引起的火灾占了大多数。由于紫禁城多是木结构建筑很容易着火，所以防火灭火的设施就尤为重要。那么在明清两代，紫禁城是如何防火灭火的呢？

1. 想一想：在紫禁城中，几乎所有建筑旁都有大小不同的铁缸、铜缸，整个紫禁城内共有缸 308 口，这些大大小小的缸如图 42 是用来做什么的呢？

图42

2. 数一数：太和殿、保和殿和乾清门前有鎏金铜缸如图 43，请大家数一数一共有多少口鎏金铜缸？

图43

3. 忆一忆：太和殿旁的鎏金铜缸现在的样子如图 44，结合历史课中学习的知识追忆一下这些铜缸经历了什么灾难，说一说这些铜缸为什么表面的鎏金都被刮掉了？

图44

4. 议一议：铜缸如何使用？大殿这么高，一旦着火，用激桶这种工具如图45，怎样能把水打到大殿顶上，实现灭火？（可以访问故宫工作人员并结合教材讲解内容）

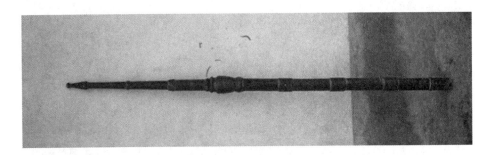

图45　激桶（原理类似于针管，伸长约有2米）

5. 探一探：这些大缸如图46是储水防火灭火的，然而冬天水结冰了怎么办？（可以访问故宫工作人员并结合教材讲解内容）

图46

6. 填一填：激桶和大缸，纵然能灭火，但不能隔断火势的蔓延。明清两代共发生20多次较大的火灾，都有一个共同的特点，即火势不是局限在乾清门以里，就是局限在乾清门以外，从没有内、外廷一起失火的。这主要依靠乾清门前的_____，这条街宽30多米，一旦内廷发生火灾，这30多米的空间能有效地阻挡火势蔓延，如图47。

图47

7. 找一找：电脑里有防火墙，紫禁城里也有防火墙，外廷失火，往往波及东西两庑，而内廷失火，则不会蔓延至东西两庑。这是因为古代宫殿的设计者们以巧妙的构思，在后宫的建筑群中，不着一点痕迹地设置了两组防火墙。请在内廷试着找一找这两组防火墙位于什么位置吧。

提示：直观看来，防火墙建造得完全像是一间房子，但若仔细观察会发现，它的梁、柱、枋、斗拱等全是用石料雕刻成的，没有一丝木材。（两组防火墙在内廷乾清宫和坤宁宫附近）

诗意苏州，文史之游

——苏州游学任务单（一）

北京景山学校

杨丽华（语文）　　田　耕（历史）

> **提要**　"雕一块中国古香古色的花窗，摇曳着花影数重，独看一帘梅影瘦；构一道东方独特的长廊，延绵这历史的沧桑。"苏州的每一座园林都是一首精巧的诗，每一座建筑都在诉说一段历史，游走在姑苏城中，穿越过往，吟诗前行。
>
> **主题词**　苏州　诗歌　文化　历史

"雕一块中国古香古色的花窗，摇曳着花影数重，独看一帘梅影瘦；构一道东方独特的长廊，延绵这历史的沧桑。"苏州的每一座园林都是一首精巧的诗，每一座建筑都在诉说一段历史，游走在姑苏城中，穿越过往，吟诗前行。

第一天：发现自然之趣　拙政园—苏州博物馆

1.走进拙政园，请你认真阅读对拙政园的介绍，认真聆听导游的讲解，然后用简单的语言记录下拙政园的历史。

2.叶圣陶在《苏州园林》中写道："似乎设计者和匠师们一致追求的是：

务必使游览者无论站在哪个点上，眼前总是一幅完美的图画。"请选择拙政园中的一处景观，欣赏并拍摄四周的景观，感悟处处是画的特点，并结合图片说说其景观设计是如何体现自然之趣的。

3. 与拙政园相邻的苏州博物馆无论是建筑、色彩，还是布局、风格，皆秉承了苏州古典园林的风貌与精髓，而在其上又有所突破和创新，你观察到的突破和创新是什么？

第二天：寻觅传承之路　山塘街—木渎古镇

1. 漫步在山塘街，最吸引你的地方是什么？

2. 请选择一个城市的历史文化商业街与山塘街进行对比，说说他们各自的特色和需要改进的地方。

3. 苏州评弹拥有四百年的历史，被誉为"中国最美的声音"，让人在吴侬软语、弦琶琮铮中感受到江南柔美。但由于新兴娱乐方式的出现、书目的老化，演员收入低微、文化水平不高等原因，听众大量流失，评弹面临着传承与发展的尴尬困境。听完评弹，你能为其发展和传承提一点建议吗？

4. 木渎古镇是与苏州城同龄的汉族水乡文化古镇，已有2500多年的历史，素有"吴中第一镇"之称，但参观后有人对其的评价并不高，你认为评价不高的原因是什么？同时也请你为木渎古镇的进一步发展进行一个方向规划。

第三天：品读史、书之美　寒山寺—虎丘

1. "姑苏城外寒山寺，夜半钟声到客船。"《枫桥夜泊》问世后，寒山寺内有很多名人的《枫桥夜泊》的碑帖，请拍一幅你最喜欢的，试着模仿书写。

2. 宋代大诗人苏东坡写下："到苏州不游虎丘乃憾事也！"虎丘山高仅30多米，却有"江左丘壑之表"的风范，绝岩耸壑，气象万千，几乎每一处风景名胜都伴随着一个传说典故。有很多传说典故，请记录下其中一则。

第四天：细品文化之远　平江历史文化街区—耦园—苏州大学

1. 走在傍河的平江路上，看小桥流水，品苏州美食，请品尝一种当地小吃，描述一下其历史和口感。

2. 沿着平江路曲折的石板路，走入枕河而居的耦园，细心观察，找出一处能体现耦园主人伉俪偕隐的巧妙设计。

　　3.百年苏大沐江南之灵气，循传统之文脉，承"养天地正气，法古今完人"之校训，给走入苏州大学的人们留下了美好的印象，而校区内的东吴校区一草一木、一砖一瓦更是在向人们诉说着历史。请你在苏州大学东吴校区内随机采访两位同学，记录他们对东吴大学的认识。并说说你对东吴大学的印象。

穿梭汉中栈道　问道千年文化

北京汇文实验中学

白雪燕（语文）　　张英新（历史）

提要　栈道是我国古代交通史上的奇迹。组织同学们阅读学案和进行实地考察，了解古栈道的来历，认识古栈道的历史地位和作用，感悟文学诗词中的深刻内涵，体会诗人情怀。

主题词　栈道　文化

一、背景

栈道是我国古代在峭岩陡壁上凿孔架桥连阁而成的一种通道，也是兵家攻守的交通要道，工程艰巨，路途险恶，是我国古代交通史上的奇迹，《战国策·秦》记载"栈道千里于蜀汉"。栈道亦称阁道，是高阁式的通道，也就是一种天桥。川陕之间的栈道始建于战国时代，拓展于秦汉两代，由于古代战火焚烧和 2000 年的蚀毁，古栈道留下斑斑痕迹，引人感叹。

二、教学目的和方法

1.通过阅读学案和实地考察，了解古栈道的来历，认识古栈道的历史地位和作用。

2.阅读学案和相关材料，培养学生阅读史料提取信息的能力，培养学生史地结合的能力。

3.诵读相关文学作品，体会诗人情怀，感悟作品内涵。

三、学习的阶段

长城的精神在于"围"和"堵"，以大围墙的姿态拒绝外人进入自己的"家园"，而栈道的精神却恰恰相反，它象征着延伸、沟通和发展，有了解外面、走出去的内涵。

[学案　秦岭古栈道]之　栈道的来历

巍巍秦岭，绵延千里，成为横亘于我国中部的一道天然屏障。古时，人们为了南北之间交通的便利，便在秦岭之中先后开凿了多条栈道，成为连接南北的重要通道，见图1。

图1

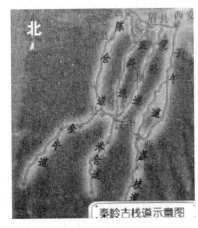

图2

栈道是我国古代在峭岩陡壁上凿孔架桥连阁而成的一种通道，也是兵家攻守的交通要道，工程艰巨，路途险恶，是我国古代交通史上的奇迹，《战国策·秦》记载"栈道千里于蜀汉"。栈道亦称阁道，是高阁式的通道，也就是一种天桥。川陕之间的栈道始建于战国时代，拓展于秦汉两代，由于古代战火焚烧和2000年的蚀毁，古栈道留下斑斑痕迹，引人感叹，见图2。

古代的蜀道中，90%的主体在汉中境内。主要有：

子午道，又叫子午谷。北口在长安县，叫子口；南口在洋县，叫午口，全长420公里。子午道的沿途有东汉发明造纸的蔡伦的墓地和西汉出使西域使者张骞的墓地。

褒斜道，又名石牛道，古代穿越秦岭的山间大道。栈道南端叫小石门，北端叫大石门，两个石门通长16.3米、宽4.2米，南口高3.45米、北口高3.75米，据说是世界上最早的栈道。隧道内壁和石门南褒河两岸崖上，留下汉魏以来历代著名官员和文人墨客的题名和留诗，通称"石门石刻"。1971年石门所在地因修水库，把其中主要石刻移入汉中博物馆保存。褒斜道从三皇时代到武王伐纣就已通行，蜀王还出兵相助武王，秦人也经此道到南郑（汉中）。夏代，褒水流域的褒国是夏王统治下的一个"诸侯"国，褒人经褒斜道进入关中，再去中原朝见夏王。

金牛道，又叫蜀栈。金牛道是古代川陕的交通干线，北起陕南勉县，南至四川巴中大剑关口。此道川北广元到陕南宁强一段十分险峻。诗人李白赞叹的"蜀道难，难于上青天"，就是指的这一段。

米仓道，北起陕南南郑县，南至四川巴中县，因穿越米仓山而得名。米仓道全长250公里，绕山越岭，攀行其间，如腾云驾雾。

傥骆道，北从西安周至开始，翻越秦岭，至汉中洋县。

陈仓道，北起宝鸡的陈仓，南到汉中勉县。

荔枝道，从汉中西乡县出发，翻巴山，到汉中镇巴县（定远厅），再到四川万源。

汉中自古就是中国的栈道之乡，有"南三北四"之说，"北四"指的就是沟通关中和汉中翻越秦岭的四条道路，又叫北栈或秦栈，由西向东分别为"陈仓道""褒斜道""傥骆道""子午道"。看到在悬崖峭壁上修建的栈道，由衷地体会到李白诗中的感慨！

[学案　秦岭古栈道] 之　栈道的烽火

栈道毁于战火者，当居多数。例如：

鸿门宴后，刘邦被项羽贬到巴蜀地带做汉王，就是沿子午道返回汉中。途中他听张良的主意，烧了走后的栈道，以防止项羽南侵，又可使项羽不疑心刘邦北上，以"示天下无还心"，解除楚霸王项羽的戒备。刘邦据汉中秣马厉兵，拜韩信为大将，养精蓄锐，六月韩信命樊哙明修栈道，声东击西，最后取道陈仓道打到了关中灭了项羽统一了天下，明代诗人何景明曾赋诗："汉王昔日定三秦，壮士东归意气新。旌旗暗度陈仓口，父老重迎灞水滨。"这就是"明修栈道，暗度陈仓"典故的由来。子午道与今天的西汉高速的走向大致相一致。

蜀汉建兴六年（公元228年）春，诸葛亮首次伐魏败退时，赵云"烧坏赤崖以北阁道缘谷百余里"，以防追击。蜀汉建兴十二年（234年）八月，诸葛亮病死五丈原军中。蜀军沿褒斜向汉中退，"所过烧绝阁道"。

西魏恭帝拓拔廓元年（554年）五月，乐炽叛魏，"闻官军至，乃烧毁栈道"。

唐僖宗光启二年（886年），李克用攻京师，僖宗南逃，因"兴元（汉中）节度使焚阁道"，而由故道来汉中。

明崇祯七年（1643年），襄城县知县易道粹断栈道，守鸡头关（褒斜道南口），使"秦蜀梗塞"。

[学案　秦岭古栈道] 之　栈道的修建

修栈阁，"石坚不受斧凿"，当时开凿山石不是用铁器或火药，而是原始的"火焚水激"法，开山破石。其施工方法是："遇大石塞路，则以锤碎而通之；遇峭壁悬崖，则在崖壁之上凿孔，架横木，上覆木板，钳钉以通之；遇深沟险涧，则架长枪，覆厚板以通之；遇险陡'羊肠'，壁立千仞，则在路旁打桩立栅，砌石栏以通之。"（《西京赋》注）栈阁的修造形制，则大多在崖壁上凿成30厘米见方，50厘米深的孔洞，洞中插木柱、石柱，分上、中、下三排，上排搭遮雨棚，形如屋顶，以遮半山流下来的泉水或滚落的石块；中排铺板成路；下排支木为架。相互间榫卯结合，远望如空中悬阁。汉《鄐君开通褒斜道摩崖》中记："……始作桥阁六百二十三间。"修筑者因地制宜，创造了标准式、石积式、千梁无柱式、依坡搭架式、凹槽式和多层立柱平梁式等多种栈道形制。

另有隧道工程、桥梁工程、路基和路面工程、驿站及其他附属工程。例如驿站，为便于行人路途食宿，公文传递，驿卒驿马更替，货物交流和信件中转，栈道沿途设有驿站、邮亭和其他附属设施。东汉明帝时整修258里栈道，就维修"邮亭、驿置、徒司空、褒中县官寺并六十四所"。早期的邮驿多系官办，具有多种职能，以后随着沿途居民点的增多，私人客舍也即产生，官驿职能逐渐转向单一，数量随之减少。栈道南段较大的驿站有褒城驿、青桥驿、马道驿、武关驿、江口驿等，褒斜栈道北段的驿站有仙岭驿、白云驿、临溪驿等8处，遗址无存。

[学案 秦岭古栈道]之 栈道上的故事

《栈道商贸图》《玄宗入蜀图》《贾君修栈图》《诸葛归葬图》《杨君修路图》等，我们捡几个普及一下历史知识吧。

1.《栈道商贸图》：在西汉时期，汉中、四川盛产丝绸、茶叶、铁器等商品，大量的蜀锦经栈道运到长安，再由长安转输到中亚、西亚和欧洲。因此，此时的栈道是长安与成都的商贸大道。

2.《诸葛归葬图》：公元234年，诸葛亮率10万军队出褒斜道伐魏，八月病逝五丈原，司马懿得知后，便率军追赶撤退的蜀军。姜维让杨仪下令反打着旗帜，擂起进攻的战鼓，装作欲反攻司马懿军的架势。司马懿怕中诱兵之计，不敢再追，收军回营。于是杨仪军掉而退，走至山谷后面，才为诸葛亮发丧。百姓因此而编了一句谚语"死诸葛吓走生仲达"。司马懿听到百姓的这一评论感慨地说"吾能料生，不能料死故也"。司马懿进入诸葛亮军留下的营垒中去视察，不由得惊叹道："天下奇才也！"司马懿挥军再追，蜀军已远去，只得作罢。

研学旅行任务：游完栈道，像是穿越到了古代，感慨于古人的情怀与胸襟，折服于古人的智慧与谋略。

1. 说说有关汉中栈道的经典文学作品或历史典故。（至少3个）

2. 谈谈秦岭古栈道的历史作用。

学生感受：

李：现在我们开凿这样的一条栈道十分简单，但放在古代开凿这样规模的栈道是不敢想象的，只能靠人工来开凿，看着气势恢宏的栈道我不得不佩服古人的智慧。古栈道在历史上发挥了重要的作用，它为古人解决了崇山峻岭里的交通问题。它不仅使秦岭天堑得以跨越，还沟通了关中与巴蜀，促进了地方经济的发展和文化的交流。

张：这世上本没有路，古人却能于莽林绝壁之中修出通达南北的栈道，在最简陋的条件下开凿出条条"高速公路"。"一骑红尘妃子笑"足见当年栈道的使用效率。

田：我喜欢户外运动。在我看来，栈道就是打通了一条连接两地的穿越路线。户外运动的初衷是探索和发现，是挑战更大的快乐，古栈道让我们对户外有了更多的理性思考，栈道连接了外面的精彩世界，如今我们仍在沿袭着这种探索精神。

游大观园　读《红楼梦》

北京市第一中学

穆　红（语文）

提要　为了能更好地落实文学经典《红楼梦》的阅读，我们设计了此游学单，带领学生走进北京大观园，完成"游大观园读《红楼梦》"的情景阅读活动。大观园场馆众多，为了更扎实地实现预期的"情景阅读"，我们特意设计了"宝黛钗人物""十二钗"和"诗词楹联鉴赏"三个主题路线，并配以相应的阅读材料供同学们选择和学习。以体验式学习为主，带着学习任务观察实景、实物辅之以阅读和讨论。

主题词　名著阅读　情景阅读　个性化阅读

现场任务

《大观园试才题对额　荣国府归省庆元宵》路线

【第十七回主要内容】此时大观园内工程俱已告竣，但园中匾楹对联还未题，贾珍来回贾政，于是贾政便与众清客同游大观园，并决定先将园中的匾额对联"虚合其意拟了来，暂且做出灯匾联悬了，待贵妃游幸时，再请定名"，当众人至大观园，恰遇因思念去世的秦钟，忧戚不尽而在园中游玩的宝玉。贾政近因闻得塾掌称赞宝玉专能对对联，虽不喜读书，偏倒有些歪才情似的，今日偶然撞见这机会，便命他跟来，想借此机会一试宝玉的才情。在贾珍的引领下，贾政同宝玉在众清客的陪同下一同参观大观园，并为园中题匾额和对联。因众人知道贾政有意要借此机会试宝玉，便有意用一些俗套来敷衍。在这次的游园中，贾政对宝玉题的匾额和对联虽加指责，但最终却采用了宝玉的意见。

【翠嶂】贾政先秉正看门。只见正门五间，上面桶瓦泥鳅脊；那门栏窗槅，俱是细雕时新花样，并无朱粉涂饰；一色水磨群墙，下面白石台阶，凿成西番花样。左右一望，皆雪白粉墙，下而虎皮石，随意乱砌，自成纹理，不落富丽俗套，自是欢喜。遂命开门，只见迎面一带翠嶂挡在前面。众清客都道："好山，好山！"贾政道："非此一山，一进来园中所有之景悉入目中，则有何趣？"众人都道："极是。非胸中大有丘壑，焉想及此。"说毕，往前一望，见白石峻嶒（形容山的高俊），或如鬼怪，或似猛兽，纵横拱立。上面苔藓斑驳，藤萝掩映，其中微露羊肠小径。贾政道："我们就从此小径游去，回来由那一边出去，方可遍览。"说毕，命贾珍前导，自己扶了宝玉，逶迤走进山口。抬头忽见山上有镜面白石一块，正是迎面留题处。贾政回头笑道："诸公请看，此处题以何名方妙？"众人听说，也有说该题"叠翠"二字的，也有说该题"锦嶂"的，又有说"赛香炉"的，又有说"小终南"的，种种名色，不止十几个。原来众客心中，早知贾政要试宝玉的才，故此只将些俗套来敷衍。宝玉也知此意。贾政听了，便回头命宝玉拟来。宝玉道："尝闻古人有云：'编新不如述旧，刻古终胜雕今。'况此处并非主山正景，原无可题之处，不过是探景一进步耳。莫如直书古人'曲径通幽'这旧句在上，倒也大方。"众人听了，赞道："是极！妙极！二世兄天分高，才情远，不似我们读腐了书的。"贾政笑道："不当过奖他。他年小的人，不过以一知充十用，取笑罢了。再俟选拟。"

——《第十七回　大观园试才题对额　荣国府归省庆元宵》

【材料链接】

◎"胸中有丘壑"出自唐《世说新语·巧艺》："顾长康（顾恺之）画谢幼舆在岩石里，人问其所以，顾曰：谢云'一丘一壑自谓过之'。此子宜置丘壑中。"后遂以"胸中自有丘壑"喻人胸有才识，意致深远。

◎"开门见山"：我国古代因林造景的技巧，进门位置往往以山石为"障"，对园内景观起到"障景"的作用，当人们走过这些山石，就会顿觉视野开阔，产生一种焕然一新、气象万千的感觉，从而达到"欲放先收"的景观效果。

"曲径通幽"出自_____朝_____的《_____》，寓意_____。你认为这种"开门见山"和"曲径通幽"的园林造景法达到的景观效果可以用"_____，_____"（一句古诗）来形容。

【沁芳亭】

说着，进入石洞来，只见佳木茏葱，奇花熌灼，一带清流，从花木深处泻于石隙之下。再进数步，渐向北边，平坦宽豁，两边飞楼插空，雕甍（房屋、屋脊）绣槛，皆隐于山坳树杪之间。俯而视之，清溪泻玉，石磴穿云，白石为栏，环抱池沼，石桥三港（指桥下活洞），兽面衔吐。桥上有亭。贾政与诸人到亭内坐了，问："诸公以何题此？"诸人都道："当日欧阳公《醉翁亭记》有云'有亭翼然'，就名'翼然'罢。"贾政笑道：'翼然'虽佳，但此亭压水而成，还须偏于水题为称。依我拙裁，欧阳公句'泻于两峰之间'，竟用他这一个'泻'字。"有一客道："是极，是极，竟是'泻玉'二字妙。"贾政拈须寻思，因叫宝玉也拟一个来。宝玉回道："老爷方才所说已是。但如今追究了去，似乎当日欧阳公题酿泉用一'泻'字则妥，今日此泉也用'泻'字，似乎不妥。况此处既为省亲驻跸别墅，亦当依应制之体，用此等字，亦似粗陋不雅。求再拟蕴藉含蓄者。"贾政笑道："诸公听此论何如？方才众人编新，你说'不如述古'；如今我们述古，你又说'粗陋不妥'。你且说你的。"宝玉道："用'泻玉'二字，则不若'沁芳'二字，岂不新雅？"贾政拈须点头不语。众人都忙迎合，称赞宝玉才情不凡。贾政道："匾上二字容易。再作一副七言对联来。"宝玉听说，立于亭上，四顾一望，机上心来，乃念道："绕堤柳借三篙翠，隔岸花分一脉香。"贾政听了，点头微笑。众人又称赞个不已。

——《第十七回　大观园试才题对额　荣国府归省庆元宵》

通感修辞格又叫"移觉"，就是在描述客观事物时，用形象的语言使感觉转移，将人的听觉、视觉、嗅觉、味觉、触觉等不同感觉互相沟通、交错，彼此挪移转换，将本来表示甲感觉的词语移用来表示乙感觉，使意象更为活泼、新奇的一种修辞格。结合沁芳亭部分的原文，说一说为什么"翼然"不如"泻玉"，"泻玉"不如"沁芳"？

"翼然"不足在于＿＿＿＿＿＿＿＿＿＿＿＿＿＿＿＿＿＿。

"泻玉"比"翼然"好在＿＿＿＿＿＿＿＿，但不如"沁芳"。

"沁芳"妙在＿＿＿＿＿＿＿＿＿＿＿＿＿＿＿＿。

赏析对联"绕堤柳借三篙翠，隔岸花分一脉香"：这副对联写的是"水"，一个"水"字，而是借"绕堤""隔岸"去反衬出＿＿＿＿＿＿；借"三篙""一脉"反衬出＿＿＿＿＿。把水和四周环境氛围糅合在一起来写，构成一幅"柳映溪成碧、花落水流红"的诗意画面。

【潇湘馆（"有凤来仪"）】

于是出亭过池，一山一石，一花一水，莫不着意观览。忽抬头见前面一带粉垣，数楹修舍，有千百竿翠竹遮映。众人都道："好个所在！"于是大家进入，只见进门便是曲折游廊，阶下石子漫成甬路，上面小小三间房舍，两明一暗，里面都是合着地步打就的床几椅案。从里间房里，又有一小门，出去却是后园，有大株梨花并芭蕉。又有两间小小退步。后院墙下忽开一隙，得泉一派，开沟仅尺许，灌入墙内，绕阶缘屋至前院，盘旋竹下而出。贾政笑道："这一处倒还好。若能月夜坐此窗下读书，不枉虚生一世。"说着，便看宝玉，唬的宝玉忙垂了头。众人忙用闲话开释。又二客说："此处的匾该题四个字。"贾政笑问："那四个字？"一个道是："淇水遗风。"贾政道："俗。"又一个道是："睢园雅迹。"贾政道："也俗。"贾珍在旁说道："还是宝兄弟拟一个来。"贾政道："他未曾做，先要议论人家的好歹，可见就是个轻薄人。"众客道："议论的极是，其奈他何。"贾政忙道："休如此纵了他。"因命他道：

"今日任你狂为乱道，先说出议论来，方许你做。方才众人说的，可有使得的否？"宝玉见问，便答道："都似不妥。"贾政冷笑道："怎么不妥？"宝玉道："这是第一处行幸之所，必须颂圣方可。若用四字的匾，又有古人现成的，何必再做？"贾政道："难道'淇水''睢园'不是古人的？"宝玉道："这太板了。莫若'有凤来仪'四字。"众人都哄然叫妙。贾政点头道："畜生，畜生！可谓'管窥蠡测'矣。"因命："再题一联来。"宝玉便念道："宝鼎茶闲烟尚绿，幽窗棋罢指犹凉。"贾政摇头道："也未见长。"说毕，引人出来。

——《第十七回　大观园试才题对额　荣国府归省庆元宵》

◎淇水遗风：淇水在河南省北部。《诗·卫风·淇奥》："瞻彼淇奥，绿竹猗猗。有匪君子，如切如磋，如琢如磨。""淇园"是西周时卫国的竹园，位于"淇奥"（奥，水之曲岸），是古代我国著名的三大产竹基地（渭川、南山）之一。《诗序》认为此诗是颂扬卫武公德学识德行的。这里以"淇水遗风"题匾，照应潇湘馆的千竿翠竹，同时称颂屋主人有诗中"君子"那样的文采风度。

◎睢园雅迹：睢园，汉梁孝王刘武营建的游赏廷宾之所，即梁园，又名兔园、修竹园，故址在今商丘市梁园区。梁园规模宏大、富丽堂皇。而梁孝王刘武喜好招揽文人谋士，曾在园中设宴，司马相如、枚乘等都应召而至，成为竹荫蔽日的梁园宾客，并为之吟咏。后代的很多辞赋诗歌均提及了这一盛况，比如王勃《滕王阁序》"睢园绿竹，气凌彭泽之樽"，岑参《山房春事》"梁园日暮乱飞鸦，极目萧条三两家"，李白《梁园吟》"平台为客忧思多，对酒遂作梁园歌"。

结合原文和链接材料说一说为什么宝玉觉得"淇水遗风"和"睢园雅迹"都"这太板了"？"淇水遗风"太死板了，因为_____。"睢园雅迹"太死板了，因为_____。

【材料链接1】

只见林黛玉正在那里，宝玉便问他："你住那一处好？"林黛玉正盘算这事，忽见宝玉一问，便笑道："我心里想着潇湘馆好，爱那几竿竹子，隐着一道曲栏，比别处更觉幽静。"宝玉听了，拍手笑道："正和我的主意！我也要叫你住这里呢。我就住怡红院，咱们两个又近，又都清幽。"二人正计议，就有贾政遣人来回贾母，说："二月二十二日是好日子，哥儿姐儿们好搬进去的。这几日内遣人进去分派收拾。"薛宝钗住了蘅芜苑，林黛玉住了潇湘馆，贾迎春住了缀锦楼，探春住了秋爽斋，惜春住了蓼风轩，李氏住了稻香村，宝玉住了怡红院。

——《第二十三回　西厢记妙词通戏语　牡丹亭艳曲警芳心》

众人听了，都笑起来。探春因笑道："你别忙使巧话来骂人，我已替你想了个极当的美号了。"又向众人道："当日娥皇女英洒泪在竹上成斑，故今斑竹又名湘妃竹。如今他住的是潇湘馆，他又爱哭，将来他想林姐夫，那些竹子也是要变成斑竹的。以后都叫他作'潇湘妃子'就完了。"大家听说，都拍手叫妙。林黛玉低了头，也不言语。

——《第三十七回　秋爽斋偶结海棠社　蘅芜苑夜拟菊花题》

【材料链接2】

娥皇女英：中国古代汉族神话传说中帝尧的两个女儿，姐妹同嫁帝舜为妻。舜继尧位，娥皇女英之其妃，后舜至南方巡视，死于苍梧。二妃往寻，得知舜帝已死，抱竹痛哭，泪染青竹，泪尽而死，因称"潇湘竹"或"湘妃竹"。

在宝玉说到"有凤来仪"时，脂砚斋批语"妙在双关暗合"，结合链接的材料和原著的其他故事情节和你对原著人物性格的了解，说一说脂砚斋所指"双关"是何意？

【蘅芜苑（"蘅芷清芬"）】

贾政道："此处这所房子，无味的很。"因而步入门时，忽迎面突出插天的大玲珑山石来，四面群绕各式石块，竟把里面所有房屋悉皆遮住。且一株花木也无，只见许多异草，或有牵藤的，或有引蔓的，或垂山巅，或穿石脚，甚至垂檐绕柱，萦砌盘阶，或如翠带飘摇，或如金绳蟠屈，或实若丹砂，或花如金桂，味香气馥，非凡花之可比，贾政不禁道："有趣！只是不大认识。"

有的说：“是薜荔藤萝。”贾政道：“薜荔藤萝不得如此异香。”宝玉道：“果然不是。这众草中也有藤萝薜荔。那香的是杜若蘅芜，那一种大约是茝兰，这一种大约是金葛，那一种是金簦草，这一种是玉蕗藤，红的自然是紫芸，绿的定是青芷。想来那《离骚》《文选》所有的那些异草：有叫作什么霍纳姜汇的，也有叫作什么纶组紫绛的。还有什么石帆、水松、扶留等样的，见于左太冲《吴都赋》。又有叫作什么绿荑的，还有什么丹椒、蘼芜、风莲，见于《蜀都赋》。如今年深岁改，人不能识，故皆象形夺名，渐渐的唤差了，也是有的……”未及说完，贾政喝道：“谁问你来？”唬的宝玉倒退，不敢再说。

贾政因见两边俱是超手游廊，便顺着游廊步入，只见上面五间清厦，连着卷棚，四面出廊，绿窗油壁，更比前清雅不同。贾政叹道：“此轩中煮茶操琴，亦不必再焚香矣。此造却出意外，诸公必有佳作新题，以颜其额，方不负此。”众人笑道：“莫若‘兰风蕙露’贴切了。”贾政道：“也只好用这四字。其联云何？”一人道：“我想了一对，大家批削改正。道是：‘麝兰芳霭斜阳院，杜若香飘明月洲。’”众人道：“妙则妙矣！只是‘斜阳’二字不妥。”那人引古诗“蘼芜满院泣斜阳”句，众人云：“颓丧，颓丧！”又一人道：“我也有一联，诸公评阅评阅。”念道：“三径香风飘玉蕙，一庭明月照金兰。”贾政拈须沉吟，意欲也题一联。忽抬头见宝玉在旁不敢作声，因喝道：“怎么你应说话时又不说了！还要等人请教你不成？”宝玉听了回道：“此处并没有什么‘兰麝’‘明月’“洲渚”之类，若要这样着迹说来，就题二百联也不能完。”贾政道：“谁按着你的头，教你必定说这些字样呢？”宝玉道：“如此说，则匾上莫若‘蘅芷清芬’四字。对联则是：‘吟成豆蔻诗犹艳，睡足荼蘼梦亦香。’”贾政笑道：“这是套的‘书成蕉叶文犹绿’，不足为奇。”众人道：“李太白‘凤凰台’之作，全套‘黄鹤楼’，只要套得妙。如今细评起来，方才这一联竟比‘书成蕉叶’尤觉幽雅活泼。”贾政笑道：“岂有此理！”

——《第十七回　大观园试才题对额　荣国府归省庆元宵》

【赏析对联】"吟成豆蔻诗犹艳，睡足荼蘼梦亦香。"

蘅芜院里面是巨石数块，藤蔓处处，香草天然。豆蔻、荼蘼都是带有香味的灌木，宝玉用二者指代满园香草。"吟成豆蔻"说的应该是唐朝诗人_____《赠别二首》的"豆蔻梢头二月初"，春日将临，比喻少女青春正茂。"睡足荼蘼"，荼蘼花开在春末夏初，意味青春已逝，暗示衡芜苑主人的悲剧结局。

【材料链接】

在贾政道"此处这所房子无味的很"处，脂砚斋有批云："先故顿此一笔，使后文愈觉生色。"及至贾政笑道："有趣。"又批云："前有'无味'二字，及云'有趣'二字，更觉生色，更觉重大。"（庚辰本第17、18合回双行夹批）根据脂砚斋的批语，你认为这是一种_____的写作手法。

【沁芳闸】

说着，引客行来，至一大桥，水如晶帘一般奔入。原来这桥便是通外河之闸，引泉而入者。贾政因问："此闸何名？"宝玉道："此乃沁芳源之正流，即名'沁芳闸'。"贾政道："胡说，偏不用'沁芳'二字。"

——《第十七回　大观园试才题对额　荣国府归省庆元宵》

那日正当三月中浣，早饭后，宝玉携了一套《会真记》，走到沁芳闸桥那边桃花底下一块石上坐着，展开《会真记》，从头细看。正看到"落红成阵"，只见一阵风过，树上桃花吹下一大斗来，落得满身满书满地皆是花片。宝玉要抖将下来，恐怕脚步践踏了，只得兜了那花瓣，来至池边，抖在池内。那花瓣浮在水面，飘飘荡荡，竟流出沁芳闸去了。回来只见地下还有许多花瓣。宝玉正踟蹰间，只听背后有人说道："你在这里做什么？"宝玉一回头，却是黛玉来了，肩上担着花锄，花锄上挂着纱囊，手内拿着花帚。宝玉笑道："好，好，来把这个花扫起来，撂在那水里去罢。我才撂了好些在那里呢。"黛玉道："撂在水里不好，你看这里的水干净，只一流出去，有人家的地方什么没有？仍旧把花糟蹋了。那犄角上我有一个花冢，如今把他扫了，装在这绢袋里，埋在那里；日久随土化了，岂不干净。"

——《第二十三回　西厢记妙词通戏语　牡丹亭艳曲警芳心》

在原文用横线画出"黛玉葬花"的形象（外貌、动作），对于"落花"这一现象，宝黛二人各有何处理？黛玉的方式让你联想到哪些古诗词？

历史学科参观天坛的任务单

北京市第一零九中学

杨莉莉（历史）

> **提要** 学校离天坛非常近，很多学生经常去天坛玩，但是对天坛的历史知之甚少。为什么修建天坛？这个建筑的主要功能是什么？很多同学并不清楚。为了让学生对天坛有一个深入的认识，我制订了具体参观的任务单，指定了参观的地点，目的是加深对天坛的了解。我把学生分成了四个小组。带着任务去参观，学生们会参观得格外仔细认真，为我上的传统文化课《以天坛为载体探究传统节日的由来》做充足的准备。
>
> **主题词** 圜丘 丹陛桥 祈年殿

参观内容：圜丘、丹陛桥、祈年殿。

参观目的：从功能、构造上了解建筑特点，总结出规律性的知识。

参观顺序：南门 ➡ 圜丘 ➡ 丹陛桥 ➡ 祈年殿 ➡ 北门

任务分配：

第一组任务：整体介绍天坛

天坛是（　　　　）和（　　　　　　）的总称，是（　　　　　）两代皇帝每年（　　　　）和（　　　　　）的地方。

是中国乃至世界现存最大的（　　　　　　）建筑群。天坛和故宫都是在（　　　　　　）建成的。

集体思考：1、天坛为什么没有建在中轴线上？（可以借助网络、书籍）

2、你知道天坛的城墙如何体现了"天圆地方"的理念吗？（可结合平面图）

本组成员（　　　　　　　　　　）

第二组任务：参观圜丘

圜丘是由（　　　　　　）砌成的三层圆台。四面有（　　　　），（　　　）。外围有（　　　）道围墙，其（　　　）面有一座圆殿（　　　　），是用于存放（　　　　）的专用建筑。外有圆形围墙，俗称（　　　　），天坛的特殊性体现在一个"天"字，圜丘无论在尺度上还是构件数量上，都体现了（　　　）个数字。圜丘中心是一块圆形大理石，被称作（　　　　）。从中心面向外，3层台面每层都铺有石板，总计是（　　　　）个"9"，象征着（　　　　）。

圜丘始建于（　　　　　　），是皇帝举行（　　　　　　）的地方，又称（　　　　　　）。仪式在（　　　　　　）举行。仪式举行的时间是（　　　　　　）。（可以结合拼接的模型介绍）

集体思考：

1.为什么圜丘被建成时是露天的？

2.请简单介绍一下皇穹宇？

本组成员（　　　　　　　　　　）

第三组任务：介绍丹陛桥

丹陛桥也称（　　　　　　），是天坛内坛的（　　　　　　），是连接（　　　　　）和（　　　　　）的南北大道。丹陛桥的路面并不是水平的，南端高（　　　　）米，北端高（　　　　　　）米。

集体思考：1、丹陛桥为什么南北不是一般高？（注：最好手绘一个丹陛桥，有利于大家听）

2、手绘丹陛桥（成果展示）介绍右侧为（　　　）道，左侧为（　　　）道，中间是（　　　　　）走的（　　　）道。

本组成员（　　　　　　　　　　　　　　）

第四组任务：参观祈年殿

祈年殿，是天坛的主体建筑，始建于明永乐（　　　），初名（　　　　），后在（　　　）皇帝在位时期改名为祈年殿。所谓祈年，即（　　　）的意思。每年（　　　）皇帝率文武百官在此祭祀（　　　），祈求（　　　　　　　）。

总高为（　　　）米，是鎏金宝顶（　　　　　）瓦三重檐建筑，祈年殿内有（　　　）根金丝楠木大柱，里圈的四根寓意是（　　　　　　　　），中间一圈（　　　）根，寓意是（　　　　　　），最外一圈（　　　）根寓意是（　　　　　）。（可以结合拼接的模型介绍）

集体思考：寻找燔柴炉，说说它的用途？

本组成员（　　　　　　　　　　　　　　）

要求：每位同学拿到任务单，自由结伴参观，四项任务任选其一，每组选出一名负责人，圜丘和祈年殿要求必须有拼插模型。做得特别好、有创意的小组加分，不参与、不认真完成的期末统考减分。此次参观是综合实践活动必选，希望大家重视。非常感谢！

感悟收获

以天坛为载体探究传统节日的由来

北京市第一零九中学

杨莉莉（历史）　　王　磊（语文）

　　我是北京市第一零九中学的初中历史教师杨莉莉。我汇报的题目是《以天坛为载体探究传统节日的由来》。这不仅是我的汇报题目也是我在苏大学习之后，深受启发上的一节展示课的课题。那么苏大的学习给了我教学哪些方面的启发？天坛又与传统节日的由来有怎样的联系？我详细地给大家汇报一下。

　　首先非常感谢区领导的支持以及几位负责老师的精心组织，开启了我们在苏州大学为期一周的学习时光。这个学习班的最大特色是文史结合，这是我校高中语文学科王磊老师。聆听苏州大学讲授们神采奕奕的讲解是一种享受，大家笔耕不辍，仿佛我们回到了学生时代。课下，我与王老师对讲座内容深入探讨，虽然文史不分家，但角度不同，我们看法不尽相同，不过这样可以开阔我们的视野，从不同角度去看同一个问题。

　　在来苏州学习之前，张老师给我们每个小组布置了文史结合的教学设计，2014 年，我校就被选为弘扬传统文化的项目实验校。为弘扬传统文化，我校开设了传统节日的校本课程。我是传统节日讲座的主讲人。我和王老师围绕传统节日展开设计。我们初中综合实践活动有参观天坛的任务。我和王老师备课时努力想找一个点把天坛和传统节日联系在一起。到达苏州后，我和王老师还有文汇徐老师、广渠门的封老师参观网师园，园子不大，一会就转完了。第二天聆听了吴教授讲解苏州园林，让我们感受园林艺术处处蕴含了传统文化。那么我们能不能挖掘天坛所蕴含的文化内涵呢？之前调查发现，天坛离我们学校很近，学生经常去玩。但为什么修建它？在古代发挥着怎样的作用？很多同学并不了解。基于这样的学情，我制订了这样的教学目标以及这节课的重难点。在苏州大学学习期间，我制订了任务单。为了避免学生参观走马观花，将任务单制订得非常具体，并且指定了三个参观的景点——祈年殿、丹陛桥、圜丘。

结合这次参观的主题，我引导学生们出了这一期年级展板。我校的校歌第一句歌词就是"望着天坛的金顶"，还有我校的校徽是美术高中的学生自己设计的，主要标志就是天坛的祈年殿。原来我们与天坛有这么多的联系！学生们非常感慨。看到我上课的主题是《以天坛为载体探究传统节日的由来》他们非常疑惑，不解地问我，天坛与传统节日又有怎样的联系呢？我笑而不答，更加激发了他们的求知欲。

下面我来介绍一下这节课实际教学过程。

一、导入环节

学生自制微视频，展示学生参观天坛的照片，背景音乐是校歌。这样设计贴近学生，能够激发学生学习的兴趣。

二、小组展示

这个环节突出了学生体验式学习，主要由学生分组介绍景点来实现的，体现了学生为主体、教师为主导的教学理念。如什么是祭祀？为什么要祭祀？学生较为陌生。我采用质疑、释疑的方式，并且引用了文字史料。这里要感谢王磊老师，我们一开始备课，她就建议出示甲骨文，用造字法，引导学生分析理解对自然的崇拜，直观、易懂。学生们并不是单纯地汇报，每个小组各具特色。第一个小组是对天坛整体进行介绍，在他们的介绍中不仅清晰介绍了天坛建造的时间、功能，而且突出了天坛建造体现天圆地方的理念。按照参观的顺序第二小组介绍的是圜丘，本组成员还用水粉绘制了圜丘，目的是在介绍过程中体现用"9"这个最大的阳数。通过提问与台下进行互动，如问任务单上的一道题：为什么圜丘建造是露天的？通过介绍，学生认识到每年冬至皇帝在这里举行祭天仪式。第三个小组介绍丹陛桥，也是以绘画的方式，用两幅图片展示，让学生有一个整体的方位感，也突出了丹陛桥连接的功能。丹陛桥是分等级的，右侧为皇帝走的御道，左侧为大臣走的王道，中间是太监拿天神牌位走的神道。学生很细心地用了不同的颜色来区分。第四组学生介绍的是天坛标志性建筑，这组成员拼接了祈年殿模型，非常直观，便于介绍。通过介绍，学生们认识到每年孟春也就是正月，皇帝要在这里祭天祈求风调雨顺，五谷丰登。

通过四组学生的介绍，学生已经认识到天坛在明清时期就是祭祀场所。为了让学生直观感受祭天仪式，我播放了一段祭天表演视频，有助于学生加深印象。我引导学生认识到祭祀是源于古代生产力水平低，人们畏惧自然，渴望与自然实现和谐，体现了"天人合一"理念。但现在社会出现了与自然不和谐的现象，如雾霾天气。希望学生们树立环境保护意识。

三、合作探究

如何把天坛与探究传统节日由来联系在一起。这里主要让学生关注两个时间点，一个是冬至一个是正月（春节期间）。提出问题："为什么皇帝选择这两个时间祭天？"学生能够回答出冬至是一年的岁末，正月是一年的开始。春节对于学生来说比较容易理解，之前校本课程专门讲过春节是中国最大的传统节日。但是冬至学生并不太了解，有的学生只知道它是二十四节气之首。此时我出示文字史料，讲明冬至在古代的重要性，从汉武帝以后，也成为一个传统节日叫冬至节。无论是春节还是冬至节都是传统节日，通过探究学生认识到它们之所以称之为"节"都是源于它们是祭祀的时间。进一步探究，不仅这两个节日起源于祭祀，还有很多传统节日都与祭祀有关。引导学生阅读学案上的文字材料，并找出传统节日由来的共性。学生使用点阵笔，找出很多节日都源于祭祀。点阵笔的好处就是小组学生勾画的答案可以直接投到显示屏，这样教师可以掌握学生作答情况，节省上课时间。通过文字材料分析，学生们认识到原来元宵节、端午节、中秋节、重阳节都是源于祭祀。由此学生们得出这样一个认识：原始信仰的祭祀活动，日久成形，相沿袭，变成了传统节日的雏形。

了解了传统节日的由来，这节课还没有结束。那么过传统节日有怎样的意义呢？

四、拓展提高：感悟传统节日的内涵

出示老子《道德经》里的一句话："天地不仁，以万物为刍狗。"这句话的含义是，老子认为天地是自然存在的，你用假狗来祭祀还是用牛、羊、猪来祭祀，上天都感应不到。目的是培养学生树立唯物思想，同时激发学生思考：既然传统节日起源于祭祀活动，现在生产力水平提高了，人们不再畏惧自然，今天我们是否还要重视传统节日呢？说出你的观点，阐述你的理由。学生由此展开讨论。这个问题激发了学生探究的兴趣，答案是肯定的，要重视，但为什么重视，学生的理由五花八门，有的学生说过节能吃能玩还能放假，有的说过春节能有压岁钱。不过也有的学生说到传统节日虽然起源于祭祀，但历经千年传承，属于中华优秀文化的一部分，应该古为今用。最终我揭示了重视传统节日的意义，并且采用回顾的方式，揭开每个节日蕴含的文化内涵。最后上升到传统节日对于国家的意义，它有助于民族认同，凝聚人心，激发民族意志。借用学生的感受来结束本课。课外拓展是建议学生关注新闻报道，如陕西出土秦汉时期大型国家的祭天遗址。秦始皇、汉武帝都曾举行过祭天仪式，可见古代对祭祀的重视。考古发现增强历史的真实性和可靠性。

上完本课，建议学生写一篇感受。从学生上交的感受看，学生对这节课学习的内容是掌握的，对天坛有了一个深入的认识，不再认为它只是一个公园了。特别是一个孩子与我们微信聊天，她说和妈妈经常逛天坛，上完本课后，和妈妈特意去了这三个景点，她给她妈妈讲解学到的知识。看到这样的信息，我觉得很欣慰。我们的教学，中高考的改革，核心素养的提出，正是要将知识转化为实践应用，让学生认识到学习知识的实用价值，做到真正的学以致用。我想这节课实现了这一目标。

苏大学习带给我的是潜移默化的影响。看到苏州老城区保护如此的完好，让我更加热爱传统文化，让我觉得传承文化是一种使命，更是一种责任，希望真如学生所说的，学习传统文化，发挥它的价值，实现古为今用。学习没有终点，我要把这次活动收获的知识、方法、技能更多地运用到今后的教育教学当中。再次感谢区里组织的这次学习机会，希望以后还有这样学习的平台。

五、学生作品赏析

学生或拼插天坛模型（图1），或手绘圜丘（图2）和丹陛桥（图3），还有初二年级的展板（图4）都体现了学生对天坛建筑美的欣赏和理解。

图1

图2

图3

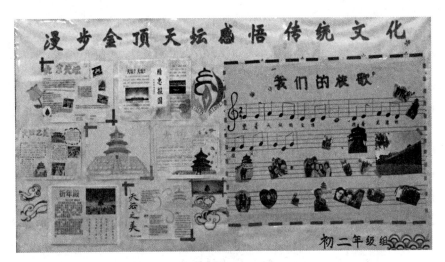

图4

自学与导学齐飞，语文共历史一色

——谈"走进故宫"综合实践活动收获

北京市第二中学分校

刘　凡（语文）

大家好！我代表文史班第二组"吴燕雅集"第二小组"拙政"发言，我们组成员共两人，来自二中分校初二年级，我的发言主要围绕以下三点来展开：

一、收获。

二、设计。

三、实施。

一、收获

时光飞逝，匆匆，我们为期一周的苏州之行早已结束，但印象依然深刻。苏州的灵魂在于水，老子说："上善若水。"是的，水利万物而不争。而我们领略的这份苏州之美，正在于水的融合包容：一方面是传统的苏州园林、姑苏古城、木渎古镇、吴国历史；另一方面是"养天地正气，法古今完人"的苏州大学、养育叶圣陶等大家的苏州一中、蓬勃发展的工业园。这种思路，其实也正是与我们这次文史实验班的宗旨相符合的：文史整合，提升素养，如图1。

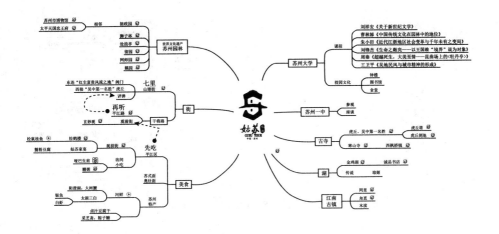

图1 姑苏印象导图

因此，我们在这次学习过程中不仅要进行文史整合，更多发现学科之间的相似点融合处，还要学习新的知识和方法。我将以本次从历史同行教学中学到的思维导图，更多地展现内容。图1就是用思维导图形式将我们来到苏州感受到的内容表现出来。这是导师张芮要求我们掌握的新的学习方式。从实践来看，思维导图这种可视化认知工具使隐形思维显性化，显性思维工具化，高效思维工具化。而将来的课堂是思维训练的课堂形态，是思维教学的课堂，它可以锻炼师生的积极性思考、创造性思考和批判性思考，值得我们尝试和拥有。

二、设计

基于这种设计思路，我们设计了"以故宫为探究主题的综合实践活动教学"活动并进行了实践教学指导。如图2，我们的设计以导图形式（左文右史）的呈现为：

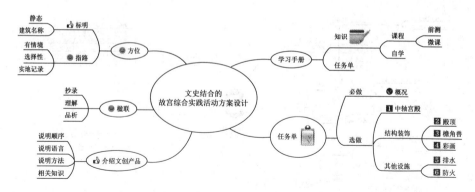

图2 故宫文史结合实施方案导图

具体方案如下：

（一）教学背景

1.八年级上册语文课文《故宫博物院》要求学习阅读说明文，需要对故宫的建筑有所了解，对空间顺序有具体的认知；而探究故宫博物院的建筑也正契合历史的课程标准：通过北京城的建筑，体会古代人民的智慧和创造力。所以，我们选择组织这次以故宫为探究主题的文史结合的综合实践活动。

2.故宫位于东城，距离近，参观研究故宫是对学生进行爱北京、传播传统文化的优质教育资源。

3.故宫有足够的空间容纳学生分散性小组的参观和探究。

（二）教学内容

1.前测

故宫综合实践活动之前，历史、语文教师先进行实地参观、资料查阅，了解故宫的情况。进行前测——参观故宫测试卡，以了解学生对于故宫的了解情况。

2.课堂介绍

根据这一前测，历史和语文教师分别在课堂上有针对性地讲解介绍和训练。

3. 学生分组

历史和语文教师通过研究故宫的历史和建筑内容，给学生出文史结合的任务单。学生进行分组。

4. 活动要求

活动前给全体学生开会，提参观当天要求。

（三）学生活动

1. 知识准备

故宫建筑的相关资料；方位感读图能力培养；空间顺序的运用。

2. 分组学习

学生自由分组挑选任务单，小组合作学习。

3. 成果展示

学生当日参观完成后上交任务单，教师利用历史和语文课时间组织学生以小组为单位，在班级进行展示交流。

（四）学科交融的内容

关于故宫建筑的了解和学习，是两个学科学习的共同内容，两个学科教师分别从历史、建筑、说明文的阅读、写作等方面进行了讲解，并共同制订了文史结合的任务单，帮助学生学习。

（五）学科交融的形式

历史语文教师共同进行活动前的实地参观，共同制订前测问卷，共同进行故宫建筑的介绍，一起制订任务单，给学生分组并指导学生成果展示，如图3~5。

在同一张任务单上，历史多倾向于表现"是什么"，语文则多关注于"怎么样"。

《走进紫禁城》

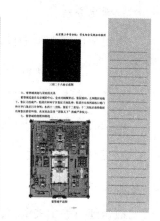

图3 历史知识手册

图4 学生人手一个的故宫电子导游图

图5 设定问题的情境出发点

下面是语文设计的活动

一、填一填

1. 如图6，请借助导览图或询问工作人员，完成中轴路各建筑名称的填写。

① ＿＿＿＿＿＿＿ ② ＿＿＿＿＿＿＿

④ ＿＿＿＿＿＿＿ ⑤ ＿＿＿＿＿＿＿

⑥ ＿＿＿＿＿＿＿ ⑧ ＿＿＿＿＿＿＿

⑨ ＿＿＿＿＿＿＿ ⑩ ＿＿＿＿＿＿＿

2. 当你站在③附近的广场时，有外地游客想向你询问参观九龙壁（如图7）的路怎

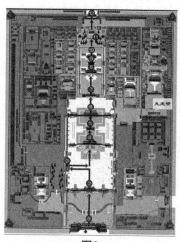

图6

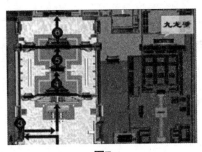

图7

么走，请你结合资料为他提供一条便捷的路线。

资料：九龙壁位于宁寿宫。

三、实施

在具体活动实施中，我们发现，第1题学生完成较好，而第2题普遍完成不好。于是我们进行教学干预，收效不错。

写一写：

故宫文化创意店又有新品上市了！这种伞的伞面借鉴了故宫建筑内的某种图案，非常有特色。请观察下面大图（图8）及细节图（图9），结合材料，为这种伞命名，并写一段介绍文字，150～200字。

图8

图9

材料一：

太和殿藻井之大、之华丽为宫中之最。井内金龙盘卧，口衔轩辕镜，其位置在宝座上方，以显示皇帝为轩辕黄帝的正统继承者。

材料二：

伞的科技含量很高：外层采用进口纳米拒水科技的伞布，干爽速度是普通雨伞的 6 倍；伞骨采用英国专利 BIN 系列的玻璃纤维，强韧牢固；伞柄采用进口 EVA 海绵材质，重量仅为普通塑料手柄的 12%；伞帽采用高密度工程塑胶一体浇筑，耐摔耐磨，绝缘防雷；伞内层采用 3D 的超清印刷技术，因图案细节多，需要严丝合缝地拼接整齐，工艺难度大。

材料三：

伞的外层，如图 10 ~ 图 12 所示。

图10   图11   图12

有的学生真的去故宫文创商店买了伞，想照着写。但是，伞买错了，家长抱怨他不会买，他甚至想退掉伞。在观察和上网搜查资料以后，我将练习题目改成以下样式：

某同学在故宫买了一把伞（如图 16），如果按照正确使用顺序排列的话，画面该怎样排列？请你仔细观察该伞，说出它与别的伞在外形上的三个不同。

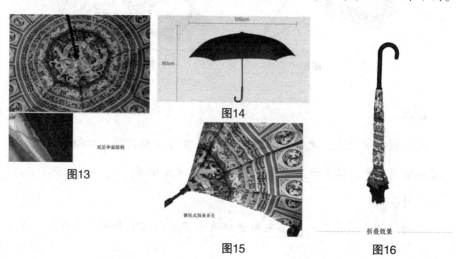

图13   图14   图15   图16

在课堂讨论、学生开伞实践后明确如图17：

图17

这是一把反折伞。

平时伞里朝外。

下雨时，可见设计之妙，见图18、图19：

图18

继续让学生思考：

收伞进车时……

伞面有积水时……

你能组织语言说清楚吗？

除此之外，它还有哪些好处？

图19

这已经不仅是历史和语文的学科整合，这已经是语文和物理科学学科的新整合了。这也符合学生在生活中学习的教育规律，即知识不分文理，能解决生活中的问题即可。

在报告即将结束的时候，我发现我们对于故宫的学科教学和实践活动探索还只是开始。因为有新的资讯、新的技术提醒我们，这还只是个开头。VR/AR技术、3D技术是一方面，而市场娱乐文化对于青少年的争夺、外来文化的渗透、传统文化的传承……这一切，都围绕故宫，在我们身边上演，见图20、图21。

图20　风靡一时的游戏《阴阳师》

图21　故宫手游《暖暖》的PK

我为报告所用的 PPT 找背景音乐时，惊愕地发现，一首《故宫之神思》的乐曲早在 12 年前就已由日本音乐人 S.E.N.S.（神思者）制作发行，流行至今，甚至成为故宫、诸多中国风格宣传片的官方配乐！每每听到这熟悉的旋律人们都误以为是中央台的宣传片，其实这是日本的《故宫》纪录片里的音乐。音乐不分国度，只可惜这神曲不是出自国人之手。

　　这么多年了，中国音乐家难道做不出比这更好的配乐么？有人会说，这是音乐水平素养的差距，音乐在中国没有地位。这有一定道理，我们的音乐教育落后于日本，国民素养还未达到很高的水平，外来文化、时尚文化都在争夺市场。这导致我们教育者肩上的担子更加沉重。而教育由单一学科走向跨学科整合，由单向度读写走向多维度体验，由被动接受走向主动探求是大势所趋。教育即生活，给孩子一个完整的世界，是每一个教育工作者的使命。

　　最后，我以故宫为教师免票的理由结束我的报告，并与大家共勉：

　　教师，是优秀传统文化的传播者和守护者。

　　愿我们一起行动，做中华优秀传统文化的传播者和守护者！

图22　学生笔下的故宫殿顶样式

图23　外国游客与参观学生合影

　　《故宫三部曲》是神思者为日本 NHK 电视台纪录片《故宫》所作的配乐，音乐跌宕，随着历史叙述的起伏不断变换着节奏，低沉的打击乐仿佛敲响了永乐大钟，故宫琉璃瓦覆盖下的庄严大殿代表着文明国度的瑰丽与辉煌。荡气回肠的音符，有如一次梦幻般的神奇旅行，一部大型的史诗电影，古老壮丽的风景翩翩掠过，浑厚文明的画卷幻化成音符来展现。而配乐第一部《故宫之神思》就如同这部电影的序曲，这次旅行的开端，是初遇时的惊艳，是失语了的慨叹。（引自百度百科）

以文学之灵动解历史之凝重

——文学作品与历史理解例说

北京景山学校

田　耕（历史）　　杨丽华（语文）

一、问题的来由

笔者认为历史是"凝重"的，蕴含两层含义。其一，历史是"凝固"的过去，不能更改的过去。其二，从历史理解的角度看，历史是"厚重"的，在历史事实的背后，有更多的诸如历史规律类的深层次的"理解"，难度较大。因此，笔者认为"凝重"可以视作历史学科本身固有的特征。

站在教师和学生"教与学"的角度看，历史更是"凝重的"。笔者作为一线教师，深切感受到让年轻的学生去"理解历史"相当有难度。从知识接受的角度看，历史老师的功能就在于通过种种手段，引导学生尽可能地"理解历史"。笔者认为，影响学生理解历史有三个主要原因：历史的叙事、学生的不足以及教材的书写。

（一）历史的叙事缺乏鲜活的细节

历史叙事往往关注"宏大叙事"，如古今中外的改革、政治制度的沿革、人类生产生活方式的变革、中西方思想的继承与创新等。因其叙事宏大且抽象，所以在叙事上缺乏生动鲜活的微观史例。所以，从这个角度上说，历史作品的可读性与文学作品相比，就逊色得多。这也就容易理解为什么百家讲坛上"搞文学的"人讲历史最受欢迎。从"史学叙事"上看"史家之绝唱，无韵之离骚"的《史记》之类的绝品弥足珍贵。黄仁宇的《万历十五年》受读者追捧也是"史学叙事"上的成功。

（二）学生的"先天不足"

笔者通过长时间的观察发现：作为历史知识接受主体的高中生，他们在历史理解上的"先天不足"主要表现在以下两个差距上：

第一，学生"未成年人"与历史上的"成人智慧"之间存在差距。前者无须赘言，后者创造历史基本上都是"成人的智慧"。不仅如此，多半都是"成功男人的智慧故事"。从教材来看，历史的主角——成年男人占据绝大部分比例是不争的事实。尤其是高中选修"人物卷"，涵盖中外圣人英雄，皆一色成功男性。所以，以"未成年人"的视野去理解"成功男人的智慧"，对一般成人而言都非易事，遑论学生。

第二，学生缺乏生产生活经验与历史积累大量经验之间的差距。比如，高中必修二"经济卷"讲中国古代农耕经济的时候，介绍许多农业生产工具——曲辕犁、筒车、耙以及刀耕火耨等生产技术。这些知识对于现代社会多数人来讲都是陌生的，学生更是如此。笔者生在农村，尽管在理解上要好很多，但是，想把这些知识讲授给学生是很困难的。

（三）教材的书写

就现在正在使用的人教版高中历史教材而言，教材的书写也增加了理解的难度。表现在：

第一，课程标准所要求掌握的教学内容覆盖很全，不仅包括古今中外的政治制度、经济制度和形态、文化巨匠及思想，还包括林林总总的历史事件及发展线索。这些内容的编排建立在初中生已经基本掌握历史线索的前提下，对历史深层的制度演化、生产方式变迁以及思想文化的继承与创新做了"专题式"梳理。因此，教材书写呈现"涵盖广，理解深"的特征。

第二，出于培养学生探究能力的考虑，新课程标准抛弃"通史"的撰写体例，采取了"专题式"书写体例。比如：中国古代政治制度的形成与演变、近代西方资本主义政治制度的建立与发展等等，均是针对一个专题展开书写，目的在于让学生对这一话题有较深的理解，并希望在此基础上能对感兴趣的话题深入探究下去，最终培养历史学科核心素养。但是，从实际教学来看，这种书写体例有些脱离实际。因为中考不考历史，初中学生并不能很好地把握历史发展的线索，相当多的学生基本上是"历史盲"。从这个角度上看，本轮课程改革存在课改理念与教学操作层面背离的情况。

二、破解的"契机"：重视史料实证

1. 国家课程改革提供了一大契机

2007年新课程改革以来，历史课程在教学论上发生了两大可喜的变化：其一，历史课程由"记忆的学科"渐变成"理解的学科"；其二，从重视"知识体系的传授"到重视"人的全面、终身发展"的转变。这两大变化得益于国家课程标准的重新修订、教材的重新书写、考试新理念的推动以及广大教师的探索等。

十年的实践取得一些成果，基于此，2017年肇始的新一轮课程改革，将更加突出学生唯物史观指导下"时空观念""史料实证"以及"历史理解""家国情怀"等学科核心素养的养成，以落实"立德树人"的根本教育目的。在历史的核心素养中，"史料实证"成为学科教育最核心的方法。这既是对十年课改经验的提炼，又为未来历史教学方法的改进提供了方法指南。笔者认为，在"史料"的选择问题上，文学作品应该大量进入历史课堂，可以作为历史理解的辅助材料。

2. "人文浸润　学科融合"提供了新思路

2016年11-12月，东城区教研中心与苏州大学联合，为东城区语文、历史骨干教师开设"综合素养提升计划"实验班。笔者有幸参加，获益匪浅，深刻体会到语文课程与历史课程的融合将会有助于历史教学，尤其是学科核心素养的"历史理解"上。

"文史不分家"说明了文学与历史之间的密切关联。好的历史叙事离不开好的文学笔法，反过来，好的文学理解也同样离不开历史背景的铺垫，优秀的文学作品更能反映历史现实，像司马迁这样的大家就是文史结合的高手。

广泛搜集史料、精心设计问题、牵引学生思维、增进历史理解是目前历史教师的教学常态。但是，目前的历史教学界，采用文学作品来理解历史的做法还不普遍。史学工作者慎用文学作品的重要原因之一：历史研究重视史料的"可信度"，而"文学是虚构的"。

随着学科分类的细化，当历史和语文成为两门课程时，历史成为欣赏文学作品须臾不可离的背景，文学作品也为历史理解提供鲜活的素材。因此，从学科互补性的角度看，文史应该结合，以文学作品来帮助学生理解历史，是一个可行的办法。此次文史"学科融合"的教学实践，更加印证这一想法。

三、文学作品与历史理解例说

例说一：文学作品的"具象"利于历史解释的"抽象"

笔者在讲授"三民主义"时，针对"平均地权"这一概念，采取了多种方法，比如寻找史料以说明孙中山"平均地权"的方案如何"不符合中国国情"[1]，并进而说明辛亥革命脱离底层民众的史实。经过多次实践，笔者发现：借助语文课本既有的并为学生所熟知的文学作品，能很好地引起学生的共鸣。

鲁迅在20世纪二三十年代，为了唤起麻木的民众，大量创作了小说，塑造了不朽的文学形象，比如祥林嫂、闰土、孔乙己、阿Q等。其中，语文课本选的《药》的故事情节最能说明辛亥革命脱离底层民众的史实。为帮助学生理解，笔者在授课时，层层设问：

1. 老栓子让小栓子吃"人血馒头"，最终没能治病，这说明了什么？

（设计意图）使学生理解到：民众普遍迷信。不仅如此，整个镇上的民众均对这一治疗方案没有质疑。

2.老栓子知不知道夏瑜为什么被杀？你能说出可能存在的原因吗？

（设计意图）老栓子等人并不理解。可能的原因是：民众未能被启蒙，也有可能民众没有从革命中获得利益等。

3.为什么老栓子对夏瑜之死如此的冷漠呢？尝试从"平均地权"的角度加以阐释。

（设计意图）"平均地权"——①核定地价；②原地归原主所有；③增价归国。这三条中"原地归原主所有"蕴含着地主固有的土地不被没收、承认地主土地私有的现实，同时，相当多的农民没有土地的状况并不能因为辛亥革命得到改变，即农民没能从革命中获得直接利益，加上辛亥革命并没有真正将革命理念传播到底层民众。因此，以老栓子为代表的农民对夏瑜之死抱冷漠的态度。

4.鲁迅将这篇小说命名为《药》。你认为：谁该吃药呢？

（设计意图）实际上：革命党人、底层民众都该吃药。笔者认为这恰恰是这篇小说真正的历史价值。

有人会质疑：《药》的故事情节都是虚构的，怎么可以作为史料来使用呢？

笔者认为：尽管小说是虚构的，但是，小说反映的故事背景是真实的。因为辛亥革命没有启迪民众，未能得到底层民众的支持是历史学界普遍的共识。辛亥革命的经历者毛泽东说："孙中山开始的革命，几十年来没有取得胜利的主要原因，是占全国人口百分之九十的工农群众还没有动员起来。"[2] 而鲁迅也恰恰是辛亥革命的历史见证者。正是因为鲁迅深感辛亥革命未能取得应有的成果，才大量地创作小说，"所以有时候仍不免呐喊几声，聊以慰藉那在寂寞里奔驰的猛士，使他不惮于前驱"。[3] 而这一点又是文学界的普遍共识。所以，《药》作为理解"平均地权"以及辛亥革命的辅助材料，运用在历史的理解上是没有太大的问题。简言之，《药》的"真实性"在哪里？文学是现实生活的反映，故事的"个案"能够说明当时社会的"共性"。

例说二：文学作品蕴含的情感利于历史理解

历史理解有时需要教师引导学生"深入情景"即引导学生回到具体时空用"当事人"的身份体验历史。比如"安史之乱"的社会影响——使唐朝社会由盛转衰，如何让学生深刻体会这一"动乱"？笔者结合了学生已经在语文课上学过的《枫桥夜泊》，加以解读，效果就很好。

月落　乌啼　霜满天，江枫　渔火　对愁眠。

姑苏　城外　寒山寺，夜半　钟声　到客船。

诗中的每一个画横线的词或短语都是一个独立的"意境"。这首诗写的是诗人张继在"安史之乱"发生后，为躲避北方战乱，从长安漂泊到姑苏城外，偶宿在寒山寺中。诗中冷色调的场景："夜半的钟声""满天的霜月""寒素的乌鸦""江边的枯枫""零星闪动的渔火"，这些意象使诗人孤枕难眠，让人感受到个体生命的脆弱以及对战乱的无奈。

相对于历史叙事的宏大与抽象，文学作品中蕴含了个体生命的体悟，能将抽象的历史具体化、情感化，其理解的效果要好得多，也能使学生感觉到"历史的温度"。

四、进一步思考

尽管笔者在实际教学中自觉地大量地使用文学作品，但是，我一直在思考：文学作品增进历史理解时，应该遵循哪些原则？

从宏观意义上说，历史和文学还有很大的区别，尤其是在学科分类日益精细化的背景下。

从学科功能的意义上说，文学的本质求"美"，而史学的本质求"真"。"文学求美"与"史学求真"二者整合如何做到"真且美"？这是笔者依然在实践中孜孜以求的问题。

针对实际教学的实用性，笔者认为文学作品在史学教学运用中，至少应该把握以下三个原则：

第一，就近原则。即选择文学作品最好是学生读过的，熟知的。能够将中学语文课本上的素材直接为历史所用，那是最好的，因为这样做不存在阅读的差异性问题，即有的学生读过而有的学生没读过。否则，历史教师将会花很大精力去弥补阅读文学作品上的短板。

第二，背景真实原则。笔者所说的"背景真实"指的是文学作品依据的历史背景必须是真实的，如上面所列举的《药》与辛亥革命之间的关联等。"现实主义"文学作品对历史教学有很大的帮助，这类作品往往反映了历史上的"现实"，如杜甫的"三吏三别"等。而"浪漫主义"以及纯虚构的文学作品在使用时就需要相当的谨慎了。

第三，辅助证实原则。文学作品在帮助理解历史时，起辅助作用。而在学科"史料实证"方法上，必须依据一手史料，而且必须是可信的。文学作品只是辅助理解使用，不能将二者颠倒，或者仅仅采用文学作品实证历史。

除了上述原则之外，还应该注意哪些问题？希望大家共同关注，共同努力，让求"真"的历史课堂"真且美"。

参考文献：

[1]中共中央党史研究室.中国共产党的七十年[M].北京：中央党史出版社，2010：4.另外，金冲及在《二十世纪中国史纲》一书中也秉持这一观点.

[2]中共中央文献研究室编.青年运动的方向[M].北京：中央文献出版社，2013：124.

[3]鲁迅.呐喊自序[M].北京：人民文学出版社，2015.

解惑

北京市第二十二中学

柴　荣（语文）

具有综合素养是时代对教师的要求。为此，区里为骨干教师组织跨学科素养提升培训班，为了解决文史结合之惑，我参加了培训。

这个培训班之于我解决了三个惑。

一、解文史结合之惑

学科综合是我们要面临的难题。

文史本来就不分，文学作品的产生一定是和时代密不可分的。原来语文学科的教学环节专门有一个背景介绍，其实就是对创作产生的时代做交代。高中历史中有关古文的历史材料阅读，也是以读懂文言文为基础的，这些都有文史结合的痕迹。

而如今在以考试推动教育改革的大背景下，这样的文史结合并不太符合当下时代对文史两个学科结合的期望。

在苏州大学听了六位教授的讲座，《现代文学与现代思想》和《文艺美学》是语文学科的；《近代江浙地区社会变迁与中国千年未有之变局》《吴地民风与城市精神的形成》是历史学科的。《中国古代文化思想在园林中的体现》《昆曲文化艺术》，偏文还是偏史？从周秦老师讲的内容上看，超越死生，大美至情，昆曲场上的《牡丹亭》当然归语文。但是作为苏州此地涵养出来的昆曲，不仅是当地文化标志性的符号，还是世界非物质文化遗产的第一名，它现在传承都困难了，从这个角度讲它更多归属于历史。这与语文核心素养中的文化传承与理解有了相交，这可能就是文史结合的一个方向。

第二，《2017年版普通高中语文课程标准》和《普通高中历史课程标准》中提出语文和历史学科的核心素养在思维能力的要求上是有共性的。这也是文史结合的一个角度。

在总结会上听了文史老师共同上的课，有些史料如果不是历史老师提供，语文老师在备课时可能不涉及，所以文学文本与史料的关联，可以使大家多元地理解文本内容。这是文史结合的第三个角度。

这次培训对我解文史结合之惑提供了思考的角度。

二、解成长瓶颈之惑

每位老师都有教育理想，或者都有对教育的热情，希望我们做老师，而让这个职业获得社会更多的认同感。

我想每位教师的再发展不仅需要我们做更多的课，写更多的文章，承担更多的工作任务，更需要我们提炼出我们自己对教育教学的想法，需要知识上的再提升，视野上的再开阔。去苏州大学当一星期的学生，重新走入大学校园，聆听六位教授专业性很强的讲座，确实有打开视野、提升人文素养的作用，也客观地督促了我们，就算是回到繁重的日常生活中也有了再学习的热情。而当我们用学到的新内容去教学时，某种程度上也解决我们在成长过程中的瓶颈之惑。

三、彼地解此在之惑

"此在"在海德格尔的哲学语境中是"人"的意思。我用在这里的意思就是"在这"，我用"此在"这个词的目的是"此在"我有"惑"，而我解惑的过程跟海德格尔在《存在与时间》里对人存在的认识过程有共性。他认为"沉沦"（现代人的生存状态），"畏"（焦虑），接受"良知的呼唤"，理解生命的样子，使我成为原本的自我，这样"先行的决心"就是把我从常人的沉沦中"拉出来"，承担起生命的担子。

现代社会每个人都很累，甚至超过了我们能承受的极限。在日常工作中，我们每个人都是一台高速运转的机器，很多人被工作、家庭等等方面的琐事缠身，经常感觉很累。我们每天好像没有时间安静下来静静思考我们的教育教学想法，更别提思想了。

这次游学培训以外力的方式给我们创造了一个"慢下来"思考的机会，一旦离开琐事缠绕的空间，每个人都成了文人，都有了雅兴，舍友一般都是另一学科的，每天朝夕相处，文史教学思想的交流探讨，也让我们对自己的教学思想有了些许的思考。

就我个人而言，工作22年，我头一次遇到事业上的小坎坷，我的教学行为头一次在学生身上影响力降低了。再加上生活上的难题，这一段时间我才明白生活之于人的残酷。我在不断地用昂扬的精神调整自己的心态，但难免有情绪低落时。听了《现代文学与现代思想》讲座，当刘祥安老师讲到张怡薇《我真的不想来》时，他说"过年"罗京京不想磕头祭祖，在成人眼中这根本不是事的事，在"80后"心中是天大的事，成人要了解孩子成长过程中的疼痛、委屈，老师讲到这时，我忽然明白，可能我的教学行为是把我的意志强加给学生，可能我自认为了解学生，而实际上并不像我期望地那样了解学生。我还要研究如何真正地了解学生。

而在苏博参观的过程中，我们无意看到了来自大英博物馆的借展的素描作品，都是草稿，很多是大家之作，其画作之细令我震撼，这些大家在创作中，我想他们不会想到这些草稿会被后人看到，但就是这些草稿让我看到大家那种精益求精的态度，对绘画艺术的挚爱追求，没有功利之心，就是为了画而画的这种练笔，让我反思我的教育，回归到教育的本质。我要教育的是人，人身上与生俱来的惰性，有时不是外力可以改变的，虽然学生年龄小，但教育之于学生的作用我想更多是涵养，就像是名著之于人生的作用，可能不是外力能够改变的，一定是慢慢涵养的，如果我慢些，去理解人是有惰性的，做学生的助手，帮助学生成长，可能对学生的影响会更大些。

借用以下诗句来说明我解惑后的状态。

如果人生纯属辛劳，人就会仰天而问：/难道我所求太多以至无法生存？/是的。只要良善和纯真尚与人心相伴，/他就会欣喜地拿神性来度测自己。/神莫测而不可知？/神湛若青天？/我宁愿相信后者。这是人的尺规。/

人充满劳绩，但还诗意地栖居在这片大地上。

我真想证明，就连璀璨的星空也不比人纯洁，/人被称作神明的形象。/大地之上可有尺规？/绝无。——荷尔德林《人，诗意地栖居》

总之，参加此次培训班，我做到了束主任提出的对对词、认认人、交交流、愣愣神。

我再加一句：开开眼，解解惑，静静心，缓缓神，消消怨，好好干。

沈德潜评《水经注》说的是"不可无一，不容有二"。最后，借这句评价此次培训班之于我的作用："不可无一。"

青箬笠，绿蓑衣，斜风细雨不须归

——苏大游学之感悟

北京市东直门中学

王雪华（语文）

这次苏大之行，似乎集合了我们这些文科生所有的诗意理想。不必说苏大深厚的文化底蕴，不必说苏大教授儒雅的气质，也不必说苏州各大园林，就是那淅淅沥沥的小雨，湿湿的石板路，从远处飘来的油纸伞，都让人心生向往。此次，我有幸参加东城区文史骨干教师培训班，来到苏州大学游学，这个理想变成了现实。正如唐代诗人张志和的诗句里描述的那样，"青箬笠，绿蓑衣，斜风细雨不须归"，我流连于此，也感悟于此。此次苏大游学，真的是不虚此行。

感悟一：园林背后的传承

喜欢园林，也许是缘于叶圣陶老先生的那篇小品文《苏州园林》。叶老的那句"务必使游览者无论站在哪个点上，眼前总是一幅完美的图画"令人印象深刻。后来和家人也去过拙政园，漫步于园中，移步换景，感叹于老艺术家的精炼概括。

其实，我对苏州的园林的理解，也只是限于此。

直至遇到苏大园林研究知名专家、苏州大学文学院曹林娣教授，听了她的讲座，我发现，我不仅仅走进了苏州园林的美景，更走进了苏州园林的现实。

曹教授是北大中文系毕业的，后来和园林结缘。她说，她是在园林里传承中国古典文化。她还说，中国古典园林的传承，在技术上不难，在文化上太难了。不要说我们太过急功近利，就是我们的分科学习，也割裂了技术和文化的关联。想来，这也戳中了我们这个时代的痛处。

真的没有想到，在飞速发展的现代化的今天，园林的传承居然遭遇了尴尬。没有了博大精深的文化基底，技术又有何用？

感悟二：当代的不同

离开大学近二十年，今天再次走入大学课堂，聆听老师的教诲，内心是激动的。同时，也发现自己很多看法和理解亟待更新。

还记得那天，听刘祥安教授的讲座。本来以为很枯燥的学术讲述，却犹如一条潺潺的小溪，缓缓流进了我们的心里。刘教授从教学说起，说到自己的经历，说到新世纪文学存在的必要，再说到我们的学生以及我们的教学。

其中，刘教授特别提到，当代社会与二十年前的社会相比，已经发生了质的变化。如果说之前的我们面对的是物质危机，那么现在的我们面对的就是精神危机。刘教授以"90后"作家张怡微《我真的不想来》为例，带领我们走进"90后"的精神世界。这个世界里，没有吃不饱穿不暖，只有心灵的困境与矛盾，以及困境和矛盾中的感悟和探索。至此，我才恍然大悟，像我们的学生，他们应该接受挫折教育，但再也不是为了生存而努力，他们需要内心的交流与碰撞。在我们的教学中，会遇到《平凡的世界》和《红岩》这样的必考篇目，它们早已远离了我们的时代，如果想让学生读进去，就必须启发引导学生去面对心灵的困境。

我想，刘教授想说的是，什么才是当代的因材施教吧！

感悟三：历史学里的严谨

苏州大学社会学院教授、博士生导师朱小田教授语气舒缓，抑扬顿挫间，为我们徐徐展开江浙变迁的社会历史画面。老教授从几个重要概念讲起，又围绕变迁进行论述，而其间处处以史料为依据，其严谨认真，有条理，堪称做学问的典范。

很久没有和学者面对面地交流，尤其是感受一个研究历史的专家学者的风采。

之前，认为历史这个学科是学知识，而现在看来，学历史是学一种严谨的历史思维。而这在我们语文的写作和研究中，一定是有很大意义的。

感悟四：大师的积淀

苏州大学文学院教授、博士生导师周秦教授不愧为一代大师！

他精通诗词歌赋，也通晓各种乐器；他能吹笛，亦能吟唱；他研究学问，一板一眼，指导唱词，也务求实效；他家学深厚，儒雅，亦风趣……他深爱着昆曲，也深爱着传统文化，他以一己之力，启发越来越多的人走近昆曲，走近传统文化。2003年，他应白先勇先生之请担任青春版《牡丹亭》的首席唱念指导，将昆曲送进大学校园，也将昆曲送到国外，演绎200多场《牡丹亭》，最终把昆曲变成了青年人的理想和追求。

在周教授之前，我没有亲眼见过一个人可以这么全身心投身到传统文化的传播中，并取得了如此辉煌的成就。面对他，我除了感叹，就是敬仰。是的，像他那样，喜欢一件事，就脚踏实地地去做。这也许本身就是一种力量！难道不是吗？因为他，对昆曲，我心向往之；因为他，我开始明白发自灵魂的热爱对于坚持的重大意义。我们教师应该成为这样的人！

除此之外，苏州令人印象深刻的还有很多，比如七里山塘、情韵评弹……但作为语文教师，我在此次苏大游学中受益最多的还是思想。

作为语文教师，我们和孩子说，传统文化的重要意义，其实自己又知道多少呢？不管是园林，还是昆曲，哪一种传统文化的传承都举步维艰。我们习惯了高呼保护，可是现实的问题又关注多少呢？而孩子们对于传统文化的保护，没有从一个角度深入下去研究，大胆设想，小心求证，缺少了这个过程，我们怎么还奢望孩子们可以接过传统文化的大旗呢？我们对这些新时代诞生、新时代成长的孩子们似乎还不够了解，还不够理解，如果我们愿意站在他们的立场上思考，我想，作为教师，是不是可以更好地传递我们优秀的传统文化？

是的，现在苏大之行已经过去了五个多月了，可是那种震撼仍在。我知道，这种震撼会延续下去，变成我生命里催人向前的力量。

西江月·苏州

北京市第二十二中学

付　文（历史）

姑苏一曲惊梦，

吴音缱绻悠长，

冬起寒雨夜敲窗，

诉尽几许沧桑。

深院小亭蒲草，

青砖黛瓦粉墙，

文章历史共墨香，

北国故都回望。

学 生 资 源

北京二中2017年高一年级江南游学诗歌创作总集

临安旧

高一3班　高彤玥

临

穹津

雾中隐

垂坠帘荫

笙箫静默音

往事如烟冷衾

双燕归巢扶风凛

当阁远眺山寺濛旻

群鸯回载浴水临

旧梦似雨缓浸

琵琶断荷新

疏篱邻茵

苍白鬓

接聘

尽

乌镇

游学·缘起

高一4班　高婧雯

白霭朝露起清晨，

绿柳纤江引墨痕。

小桥流水多渔父，

欢歌浅笑路多闻。

笔墨乌镇

高一1班　董博

走在青石板铺成的小道上，

乌镇，静默。

乌篷船，窄巷，梦里依旧；

青砖瓦，白墙，古韵犹存。

笔墨沉淀，

一点，轻拂；

河畔垂柳，擦拭绿水。

侧锋，重墨；

手工印染，蓝底白花。

落笔，挥洒；

乌镇，在画纸上，升华。

南柯子·忆唐婉

高一8班　韩梓畅

瘦月映薄霜，孤影对荷塘。倦妆残醉话凄凉。谁家落红庭院，空留伤。

暂为良辰留，偶遇细雨忙。芳菲落尽断人肠。似是佳人今世，仍惆怅。

行香子·鲁镇

高一3班　王曼乔

细曳霏纹，豪荡清波。

自擎舟，凌雾春深。

跃华兽脊，渲墨犹芬。

古镇悠踱，香风起，垂涎纷。

木莲豆腐，油炸年糕。

相携尝，把酒言欢。

杂然谈笑，兴长情酣，

沐雨何妨，纵衣沾，任平生。

忆姑苏

高一2班　蒋英硕

面南背朝北，携伴千里行。

窗含春日景，心牵姑苏情。

黑白互相间，木石雕瓦瓴。

绿树红花边，一池水盈盈。

客从曲桥过，清影把鱼惊。

争向四边散，彩纹映兰汀。

穿游亭榭中，漫步锦花坪。

蔽日林荫下，驻足聆雀鸣。

沉醉幽篁里，流连瞬安宁。

政拙景不拙，恨子不成名。

名园确有意，只怕心不灵。

最爱是江南，难眠盼天明。

留拙政园

高一4班　马心钰

临池细缕犹照花，溪畔暗香坐煎茶。

四月芳菲尽亭榭，漏窗听雨落人家。

芙蓉倩兮兰为友，春桃点绛柳鹅黄。

灌园鬻蔬隐悠世，但看白云无尽时。

拙政游

高一7班　刘桐熙

青漆门障藏仙苑，铜铸麒麟戴乌纱。

屐踏苔砖人欲绊，幽流雪沁醉人呷。

卅六鸳鸯游清涧，十八茶花挑翠间。

樱底青纱接碎玉，草旁芳芷懒扶栏。

乌镇·东栅

高一4班　陆韵竹＆闫昕

赏

斜桥

青黛瓦

悠悠碧水

诗酒小人家

蓝布印锦绣被

凹凸青石板

小小板门

斑驳墙

江南

忆

溪

高一5班　赵雨馨

忽见犹昨今已两，

深红新雨溪流。

何烦清夜勿张乖，

因逐江草绿，

曲港是他乡。

西畔沙明还看破。

桥边不尽如割，

桂生明玉小留连。

读浯山重重，

梅绽少微星。

无题

高一9班　李嘉彤

绮怀清风今常在，

丽藻石桥古又闻。

乌驳桥头双扇开，

镇从随岸入江来。

落花

高一9班　王紫琪

繁花遇风落岸堤，

坠池随水向桥西。

无奈小榭还相阻，

得与鸳鸯共相依。

水乡愁

2015 航班　刘海东

乌篷摇橹萍踪没，青春峥嵘踏青来。

水溯春秋唐宋镇，楼始明清今日才。

苍苔青瓦珠帘卷，翠竹素绢佳人哀。

安知碧玉惆何在，寄情烟雨遣悲怀。

苏州游园行

高一 2 班　陈若轻

民家错，廊苑掩，仙坠玉砌成仙园。

灌畦鬻蔬乐拙政，欲问哪得好福缘。

轩幽台朴萦逸气，珠陈縻玉销趣闲。

难得洗繁去华缛，鲈香竹影闶而安。

晨暮四时景常异，小楼痴对人自酣。

细书长物轮风雨，闲拨素阮清音传。

翻尽千古功名卷，晶映灵气朴意还。

嗟昔日石公虔记梦忆所，今日学子争临观。

棱层重重岩影错，水帘徐落小眉山。

清渌柔招寻食鱼，纤籺悠浮荇藻潭。

拦路探窗叶，低语伏瓦苔。

芝生赠青帝，芽发报植人。

雾匀石风满，雨滴春草蓝。

未欲催春老，反教夏晚来。

炉烟飘迎鹤归所，软泥醅芬燕寄椽。

枕槐卧柳踏绿影，流连勃窣讴新篇。

友人隔屏遥一见，此间真趣忽了然。

拙政园记

高一2班　黄明轩

丁酉年四月，青帝司时。仆游于苏州拙政园。是日也，东风和畅，雾霭髣髴。云青青兮欲雨，日朦胧兮将隐。兹园也，草木离坡，佳冶繁阴。牡丹丛生，斑竹茂盛。流水潺潺，周行茵茵。或有微风拂拭，则众芳飘飘，生香馥郁。水声鸣珮，修篁笃笃。赋形体于造化，失五感而合一。园中池畔，有鸳鸯戏水，野凫遨游。白鹤渡塘，龙鳞竞跃。新燕衔泥，杜鹃阗沸。水渊澈兮见底，天杳冥兮无际。乃有小丘沟壑，上起亭台。黔首白发，往来不绝。环亭八方，则廊腰延缦，玉阁高筑。曲径通幽，奇石竦峙。桃合花榭，松抱雕楼。百卉别俦，风姿各异。毓天地之灵秀，得千古之大观。骚客游冶，乃歌车辇斯干，将军云集，遂舞青霜紫电。呜呼！胜地不常，佳节难在。叹夏始而春就，悲雅兴之遽终。遂属文以记。虽去兹还乡，所以置彼园林，复忆同行之乐。非独叙景，更寄吾情。但使境迁时过，览之亦能有感于斯文。

苏趣

高一2班　于思雯

空阁漫思茶，百里廊间落枣花。

案上墨砚全，行里字间逍遥遍。

殿前新栽树，庙里僧闲把叶煮。

竹畔逢茶烟，眼里意闲自清廉。

讽乾隆题匾额

高一4班　班陆韵

仙灵隐逸仙诗远，仙路迢迢难寻仙。

一晌贪欢灵飞去，千载游吟云林间。

咫尺相隔西天境，参商难遇镜花缘。

何须痴念蓬莱阁，且寄闲情拙政园。

兰亭

高一1班　何京茗

畅

深篁

燕两行

曲水流觞

孟春发海棠

玉蝶舞伴花旁

吟诗赏竹幽情傍

视听之娱情随事迁

三巡对咏微醺茫

生死别情难断

且自沐融光

隐士志襄

抒己见

开怀

旷

苏幕遮·忆鲁迅

高一1班　蒋钰雯

弃医经，书从戎，万里悲秋，泪尽多劫难。梦召亡国刀下魂。乱世惊鸿，笔落生杀传。

叹痴灵，衣褴褛，咫尺相残，血洗千重山。文说众生愚昧苦。几度浮屠，正道金不换。

鲁迅故里感怀

高一6班　丁依婕

台门深深先生第，故里蒙蒙学子忱。

硬骨诤声颜色厉，瘦貌慈怀忧患真。

铁屋独荷仍呐喊，浊流砥柱岂同尘？

血荐轩辕系华夏，长歌当哭为树人。

长恨歌

高一2班　黄明轩

金兵当日入玉关，二帝北狩戴南冠。北朝遗民无归处，不见东风绿江南。昔时陆家有李童，誓扫匈奴灭狄蛮。弱冠玉树美少年，文采横溢动人寰。唐家少女初长成，雪肌玉骨自非凡。幼小同居长干里，夜夜共眠日同起。吟诗成赋皎月下，轻歌妙舞飞絮前。青梅竹马生情愫，寄赠金钗与红颜。二十娶得佳人归，佳人归来桃李飞。愿作人间比翼鸟，同床共枕至天老。生年不逢贞观治，魁闱难敌千金子。无奈失望黄金榜，铩羽归来歌柳词。提笔欲待三年后，谁知家中母不慈。可怜孔雀东南飞，犹忆畴昔誓同灰。挥泪脉脉相拜别，曳裾戚戚情难切。花开并蒂坠茵溷，鸟生同巢劳燕分。一片丹心昭日月，三生苦情动乾坤。十数春秋还桑梓，山川未变人事非。落花时节游沈园，偶遇故人舞蹁跹。故人已复有新欢，此番相见更无言。香如梅花气如兰，浅拨红袖向樽前。四目相望神恍惚，还赠当年明月珠。白首空对凤求凰，郴江枉自流潇湘。珍馐美馔愁断肠，岂缘交颈为鸳鸯。唯将多情藏字里，点点红豆入墙底。来时天光洒金碧，归去玉兔待斯夕。生前但无同舟济，死后魂魄公太清。君不见，自古颉颃难长久，向来年少多真情。金谷高阁绿珠坠，汉家长门闭阿娇。

沈园叹

高一6班　吕嘉仪

隔夜雨落千箸立，倏而冬去青鸟吟。

花开有声春又至，风过无痕泪沾襟。

胜景年年长相似，相思岁岁久弥新。

旧园新涨清波绿，隔墙飞度玉笛音。

钗头凤·忆唐婉

高一7班　冉熙玛

君倾首，牵红袖，幔帐鲛绡风曳柳。入闺楼，誓白头。飞鸿易去，掠影难留。休，休，休！

空携守，徒相候，敲灯醉月三盅酒，荡悠悠，载单舟。魂销百里，梦锁千秋。愁，愁，愁！

声声慢

2015航班　解瑶涵

兜兜转转，觅觅寻寻，依稀伉俪缱绻。

在御和鸣佳偶，一朝情圆。

旦夕卦辞似雾，柳絮飘、落雨晴断。

泪眼对、明珠归，回眸咽泪装欢。

放翁痴情皆传，谁又念、德甫默自情专？

断云悲歌，十载相守难全。

堂前桂犹作伴，有谁哀，三子俱怨。

叹韶光，万般断肠终难眷。

水墨兰亭

高一1班　赵星媛

流觞曲水少年行，韶华倾负，共展豪情。

凭栏望，浅碧轻红，醉卧长枝俏。

乱红飞入青丝髻，新芽卷入乌篷船。

乐昌含笑剑眉立，兰亭微颦英气生。

一怀春色一世情，半城烟雨半生缘。

江南少年游

高一8班　汪苇杭

春雨如烟四月暖，千里同游恰少年。

灵隐暮鼓拨泉水，飞来神石化青山。

西子印月容妆淡，花港观鱼柳浪闲。

长歌一曲拜岳庙，断石钗头哭沈园。

河街石板缀乌镇，百草咸亨摇篷船。

最是如梭好光景，从此能不忆江南。

兰亭

高一8班　郝思岚

兰亭翰墨留香久，

凝止烟尘景看旧。

云起两晋兰亭韵，

行文一笔逝离愁。

三世凛冽三世路，

一曲常离一曲殊。

清风万里尘中赴，

故人何处流年误。

杭州灵隐见闻

高一1班　宋若琳

细雨轻尘笼经幢，微云淡霭隐高峰。

香烛明照天王殿，素衣暗着苦行僧。

慈航普度三界苦，弥勒包容万物生。

贪嗔痴怨凡俗事，咫尺西天沐佛风。

游兰亭

高一11班　胡芊芊

古桥绿水白鹅唤，轻舟偏喜碧波洄。

兰亭何处寻遗墨，山溪何处留雅情？

父书子继传数代，流觞曲水诵千年。

十八水缸今尚在，千百石毡少年看。

会稽忆

高一6班　祁天祎

夭夭豆蔻觅芳远，青青子衿探石深。

鉴湖澄碧丛竹嫩，沈园情深旧思温。

岩壁绝生叹坚忍，学堂寻梦镌旧痕。

氤氲草园故人忆，今夕方来鉴己身。

游绍兴

高一8班　王香寒

青潭石佛立，老寺旧瓦残。

白墙生绿叶，木架垂花藤。

小池雨落红，乘风入诗境。

梦断钗头凤，惊鸿无照影。

游绍兴

高一11班　李仲博

乱红飞入青丝髻，

新芽卷入乌篷船。

兰亭微釂英气生，

半城烟雨半城缘。

霜天晓角

2015航班　陈方祺

炉柱晴烟，绝胜出柯岩。

宝相趺坐摩崖，诵金刚，观石莲。

一棹鉴湖上，古道无人纤。

犹忆女侠风姿，轩亭夜，鸣龙泉。

西湖岸畔赋新诗，文思共起九张机
高一2班

一张机，西湖岸畔共促席。沐雨稍觉春寒意，携手吟游，诗酒新句，濛濛如梦里。（陈若轻）

两张机，雷峰千斤囚情意。佛光万丈载希冀，黄粱虚梦，后事难继，徒留杏花雨。（宋依麟）

三张机，双堤坝头自宁心。登危才晓侬影晰，长桥望断，缠绵旧意，潇潇似醉迷。（王皓天）

四张机，西子湖畔沐春风。朦胧雨中似仙境，雾里看花，水中望月，别是一番情。（毛岳峰）

五张机，登高远眺影依稀。断桥残雪牵魂忆，水月氤氲，镜花迷离，世惟情难离。（郑丹琳）

六张机，情丝缥缈天宫寄。繁华掩映烟雨里，离合悲欢，万家灯火，谁解其中意。（陈炜琦）

七张机，山色漫染石苔碧。古寺铃檐细雨滴，凭栏远眺，雾霭流岚，飞阁亭亭立。（武子涵）

八张机，斜风送雨洒瓴西。独坐夕照万念清，愁流细水，怅沉湖底，天地一空明。（王皓天）

九张机，苏堤烟雨洒客衣。拾级登高云梦里，借伞结缘，情意缠绻，情景正相宜。（李筠卿）

游钱塘湖
高一3班　任宇飞

长堤柳烟无端，清池花雨如团。
残雪桥头独探，已断，未断。
余杭五千渡船，望夜三十月满。
伊人默立隰岸，似盼，非盼。

吊岳飞
高一3班　秦汉麟

驰马吴江谁持鞭，帷幄效国独争先。
强金扰扰岳将拦，掎拄乾坤十六年。

哀江南

高一3班　王雨晴

曲径通幽处

池间靓影微拂　水中两面世界

看绿苔稍染　待嫩鱼初探

感雾水浮游　听脆鸟娇鸣

奇石也显得温柔

油树也面露娇羞

掬起一汪绿釉　静溅石板新透

潋滟掠过亭檐　盼候渔歌唱晚

丁香的幽芳在耳畔厮磨

丝雨的缠绵在鼻尖触摸

今日年少青衫薄

不知再来时

还能否与你共赏梅花落

笔墨稠

高一5班　肖景怡

山河盈秋风满袖

草慢青冢黄昏旧

长安翰墨留香久

伤春别后又悲秋

故乡何乡梦难留

胡笳羌笛夜不休

三更还早月还羞

夜雨沾衣登兰舟

游岳飞武王祠

高一4班　曹智

岳王祠堂何处寻？西湖烟雨缥缈中。

将军雄姿依旧在，拔剑坐起斩奸贼。

怒发冲冠凭栏处，整顿山河复大宋。

壮志难酬佞臣害，长使英雄泪满襟。

梦里江南

高一6班　海笑岩

风清云绕旧江南，锦华春贵金缕庵。

良辰美夜听惊雨，蒸腾雾霭江水湾。

暖风吹得红人目，世间常闻谤娇软。

妄言天人未有意，蓬莱仙子来探看。

不见氤氲起腾雾，但见忠魂破敌胆。

平原乍起忠武岳，俯仰古传已千年。

铁骑突出敌戮尽，何寻小子陛前弹。

岳没风波魂尚存，存魂不见江山暗。

年年出缯岁岁还，留得富贵保平安。

千年世事诚恒易，万古功名尚杂谈。

漫道秦山实分异，暂且平和而势全。

可怜巨岳被孤寂，应喜才子向首愿。

波纹一簇云水摇，恰比英魂新乐牵。

何乐新时万家睦，灵卿于飞笑开颜。

烟花风月何处寻，轻薄云风重开艳。

来生愿做游波荇，遍带映岳留随迁。

致西湖

高一 5 班　谷雨昕

一壶清酒

洗不尽你的悲欢与离合

一阙新词

道不完你的湖光与山色

搁浅的是你的愁

旧曲仍在

人却离散

转眼又是一年

梅雨缱绻

任凭世事千般轮转

唯有你眉目如画

不改朱颜

长相思·惜昔日小小

高一 5 班　张冠仪

远山黛，绛朱唇，烟花巷内歌风月，深情人不知。

长桥东，断桥西，舟来船往不见君，可怜病榻人。

醉翁行

高一 11 班　王孟轩

一枕江南烟雨舟，千年寂寥载孤鸿。

等闲识得醉翁意，博览山色迷旧踪。

情义西湖

高一6班　殷启轩

忆

湖西

鱼莲戏

步丈三堤

望断桥情溢

六和塔风铃起

慕才凄凄情谁系

精忠报国路八千里

叹丹心一片凝碧

纵血浸战铠衣

天日昭忠义

北望长安

问归期

无计

泣

杭州

高一5班　孙景宣

六载复至西湖边，斑驳浓淡绿层叠。

楼外孤山隐天际，双塔相照镜中见。

湖心亭中融消雪，谭中印月别洞天。

长堤青碑传佳话，不知日出影相连。

长江之南

高一 7 班　董怡暄

一花一木一香樟

一潭一池一花港

一寺一阁一钱塘

一城一岛一船舫

一针一线一华裳

一雕一嵌一布庄

一襟一玉一周郎

一茶一酒一兰桨

一秦一画一花黄

一恩一慕一夫盼

一戎一马一岳王

一屋一园一情陷

一谜一醉一流觞

一衷一爱一桥断

一粉一黛一镂窗

一墨一书一深巷

一吟一诵一堤牵

一碑一苔一人念

一桥一廊一苍茫

一喜一悲一难忘

一品一阅一江南

灵隐问茶

高一6班　任梓彰

武林明前雨无痕，新芽初绽叶青芬。

晨风暗送梵音远，素手巧采龙井醇。

六和潮头茗自香，日落湖畔水犹温。

围坐浅啜促膝叹，流连不负钱塘春。

青玉案·江南

高一7班　耿一雄

飞雾四月探江南。古道上，香樟下，西湖三潭碧水边。清风徐来，波光艳影，一池鱼龙舞。

逢源双桥孤鹤轩，雾里听雨诗魂暖。回路漫漫忆往昔，袅袅炊烟，诗酒年华，来去莫忘喧。

西湖赋

高一7班　王志衡

南都之南，三吴之府，自古繁华，而偶现西湖，另类别致，无秦淮之艳美，无漓江之奇秀。

登青塔以远眺，参差松柏为疆，悠萧慢弄，烟云几升，奇藤攀绕，翠竹斑斑。或以险壑为奇，幽岭盘盘；或以残景为佳，空想漫漫。西湖之景致，非以奇水制胜而在于残景，非以湖景独大而辅以阴晴。若夫风细柳斜，云树飘渺，狂锋隐遁，四顾同仁而不见，湖景半掩，渔家悠悠而慢行。

至若朗日高升，湖光潋滟，浪蝶狂舞，老少往来不绝，香风十里，碧波略衬浮萍。九市轻掩，伛偻提携，才子多情，佳人颦眉，钓叟半醉，微呷洌酒，细数风华秋月。

六合塔题词

高一8班　王奕萱

菩提往生禅意满，

花盏拥簇浮云蔓。

六合塔上沉旧史，

空流世人吟幽诗。

蝶恋花·望西湖

高一8班　蒋天淇

天暗山清水如蓝。云卷云舒，清风扫湖岸。风飘飘兮归时晚，雨潇潇兮独凭栏。

风起花落鸟易散。缘来缘去，春水涟漪断。草芊芊兮相聚欢，烟渺渺兮人影淡。

遐想

高一9班　刘佳悦

想漫步水底，寻世外桃源。

想乘一片落叶，浮于细流涓涓。

想悠然坐于塔顶，静待花开香弥漫。

想藏匿在清晨露珠，轻柔滑过棣棠花瓣。

想作河畔的柔风甘雨，悄然拂过旅人油纸伞。

如果可以我想时间静止，停留在如诗如画的江南。

卜算子·雾游雷峰塔

高一11班　叶嘉懿

湖畔翠山巅，飘渺云和雾，古时君王黄妃地，今日塔依然。塔非当年塔，人非当日人，雷锋宝塔今非昔，改地换新天。

西湖有感

高一9班　韩煦

烟雨渺渺人未归，清明茫茫事已非。

雨打芭蕉花未落，恰如愁思扣心窗。

断桥不断悲肠断，孤山不孤游人孤。

落花有意沾篱落，流水无情笑春风。

情韵·江南

高一11班　张天宇

江南有情

贪恋　杨柳低首的温柔

聆听　雨燕那轻声呢喃

我们步行于古老的青石板上

追寻雨丝细密的舞步

江南存韵

邻家　有人轻轻拨动琴弦

对街　女孩悄悄与风交谈

不知　多少游子孤独漂泊异乡

梦中思念这情韵江南

忆秦娥

2015航班　陈方祺

兰舟列，西子心捧瀛洲榭。瀛洲榭，天然辉颖，万象明迭。

黛绢桃红缀玉李，锦池潜影宜欢谑。宜欢谑，正当韶年，缘何咨嗟？

南春行

高一3班　弓婉静

人皆谓南国春好，风景如曾谙识。赶清明，踏旧时吴越，略有古意，属小文以记之所感。

皂瓦白墙，木檐朴拙，踽踽踩黛石。老者倚乌桥远瞰，布衫披挂，兀然一屏孤丘。窗牖敞，入帘樟子绿透。何其碧也？如陶似釉。云翳遮荫，卷卷兮似将雨；忽复斋明，栾栾兮扫群青。

廊亭延绵，瘦桥相连。九陌未沾泥，跂足顾盼花枝。不妖不冶，郁馥侵沁，灼灼其华，去年今日谁面染桃红？止忆停思。偷几分梨白，念一弦旧曲。齿龉软语哝哝。蓼草依倾，淡鸢袅亭。"弱柳从风疑举袂，丛兰裛露似沾巾，独坐亦含嚬。"

或曲水流觞，盘坐蒲团，勿念故人，相与共饮花雕。懒起知昼暖，挽发鬌松。青丝斜垂，俯捡落红。携以虔心，空自流离，沫起而纹散，不知止于何汀。

登塔而望，坠铃清梵音。但见楼台烟雨，重回南朝四百八十寺。于是心下叹焉，纵时过境迁，王城易主，而物犹存，惟其览物之情，连古通今也。

一江氤氲，一腔醉意。

人皆谓南国春好，

我意不尽相同：南国即是春。

守鸡

2015 航班　陈方祺

烟花三月江南景，山川万里少年行。
吾班蔡生名亚伦，买鸡一只众人盯。
此鸡非为五更鸣，闻鸡起舞更无端。
因由炮制七公法，酥香透骨名远传。

古来嘉肴众称赞，皆求蔡生欲一啖。
蔡生闻之变颜色，藏鸡遂不令人见。

求之不得思辗转，款曲暗通巧计生。
思效越王伐其情，恨无美人不得成。
又谋声东击西法，蔡生同舍出内应。
蔡生得闻拍案起，"誓与此鸡共死生"！
强夺虞诈取不得，众人转而望交易。
几番试探相易物，糖果零食皆不济。
众人半晌长太息，无计可施鸡难图。
暗暗咋舌往往语，"吾辈莫非无口福"？

隔日午后登高塔，炎天聚成雨前雾。
蔡生口渴遍翻寻，背囊无水空踌躇。
举目四顾皆不识，忽见老王立于旁。
蔡生拔腿越人群，旋即与之相议商：
"气闷天热徒干渴，能否慷慨解水囊？"
老王闻之乃失笑，不料得此天时裹。
遂以四鸡为条件，持囊笑同蔡生约。
蔡生心下虽不甘，无奈舌燥难拒绝。

其事至此当终结，众生闻之皆叹息：
"料彼同窗厚情谊，今竟不及叫化鸡！"
余亦得趣于此事，翻作《守鸡》以纪传。
孰能复阅未可知，且与诸君作戏谈。

窦娥是一个怎样的形象？

高二（2）班　孟祥凯

窦娥是一个恩怨分明的形象。蔡婆婆在她小时候从贫穷而缺少赶考盘缠的父亲那里把她买为儿媳，十几年来父亲未归，丈夫病死，婆媳二人相依为命。虽然婆婆从前的行为可以说是乘人之危，但是十几年来婆婆对她如自家骨肉一般，因此窦娥对婆婆也有感恩之情。在生死关头，窦娥放下了婆婆强买自己，让自己十几年见不到父亲的旧怨，选择自己蒙冤而死换取婆婆的生命，报答婆婆多年来的养育之恩。窦娥在关键时刻舍怨报恩，可见窦娥是一个恩怨分明的形象。

高二（2）班　陈炜婧

我认为窦娥是一个心地善良，又富有反抗精神的人。尽管窦娥的婆婆为了活命要把她嫁给张驴儿，她还是很孝敬婆婆。当她要被斩首时，希望可以从后街走，原因就是不想让婆婆见到她披枷带锁去刑场而感到伤心，从这里，我们足以见窦娥的善良。当窦娥要被压去刑场时，她说道："地也，你不分好歹何为地！天也，你错勘贤愚枉做天！"在封建社会，人们认为天地是最大的，她敢这样指天骂地，责问上天，足以见她的反抗精神。所以，窦娥是一个心地善良又富有反抗精神的人。

高二（2）班　姜宸

关汉卿笔下的窦娥是一个善良而又凄苦的形象。但同时，她也是敢于反抗敢于斗争的。一个女子，不逆来顺受，在面对张驴儿父子时，她恪守贞洁，宁死不从。在男权当道的社会，女子本来就是没有地位的，但窦娥却敢于为自己的人格和命运反抗，这是极为可贵的。但当自己的婆婆遭受皮肉之苦时，她又不顾一切宁可使自己遭受不白之屈冤死，也要救养大自己的婆婆。她是善良的，她的心就像白雪一样纯净，可无奈她的命运又是凄苦的，这可能也是当时社会的写照。作者通过这样鲜明的人物形象塑造，使这个作品成为永恒的经典。

高二（2）班　彭予程

我认为窦娥是一个孝顺、贤惠却又敢于和命运抗争的形象。在关汉卿的这部作品中，窦娥是一个命运悲苦的女子，她遭受了丧母、离父、亡夫的一系列不幸，但她没有任何怨言，本本分分过好自己的生活并与婆婆相依为命。但是当她遇到张驴儿父子时，并没有一味顺承婆婆的安排，而是敢于为自己的命运反抗、斗争。尽管到最后，她还是没能逃脱悲惨的宿命，但也还是在临死前怨天责地并发下三桩誓愿——血溅白练、亢旱三年、六月飞雪，来表达自己的不满。随故事的发展，我们不难发现在不同时期作者着力塑造着不同的、多面的窦娥的形象，也正是这些特点才使窦娥的形象更加鲜活，使这部作品成了广为流传的经典！

《窦娥冤》的浪漫色彩

高二（2）班　王涵钰

《窦娥冤》是我国著名文人关汉卿所创作的杂剧，窦娥的悲剧故事令读者为之心痛，但最令人惊叹的是其极富浪漫色彩的情节。

在故事的开头，作者便把窦娥塑造成一个被为了进京赶考的父亲迫不得已卖了当童养媳的悲惨角色，丈夫死后被流氓张驴儿看上，被他诬陷毒死自己婆婆，昏官判下冤案，斩死了窦娥。当读者为窦娥的冤案抱不平时，关汉卿极富浪漫色彩地反转剧情，让在京城成为高官的窦娥的父亲为窦娥平反昭雪。虽然窦娥的死是极大的悲剧，但是最后这冤案终究被平反，坏人也都得到了惩罚，剧情的一起一落，悲与喜的极大反差，恰能表现出关汉卿的浪漫手法。

《牡丹亭》评述

对"自由"成功的诠释
——我所理解的《牡丹亭》
高二（2）班　倪沛

汤显祖曾说："一生四梦，得意处惟在牡丹。"我想这得意之处大概不仅在于其辞藻之华丽和情节之离奇吧。作为一名进士，汤显祖的文学功底一定非常扎实，所以，编出朗朗上口、有感情、有特色、有味道的曲词应是他比较拿手的。那么，这得意之处应在于其深层内涵。在当时的封建礼教对人们思想观念的禁锢下，能出现这样一部以"自由恋爱"为主题的昆曲作品实属不易。因此，这也体现出汤显祖先生对自由的渴望。再有，《牡丹亭》一出，"家传户诵几令《西厢》减价"。可见，当时的民众对这部作品青睐有加。杜、柳二人凄美的自由爱情故事，或许燃起了他们心中对自由的向往。如此看来，这部作品的深得人心很大程度上要归功于其对自由的成功诠释。

最美不过牡丹，最情不过《牡丹亭》
高二（2）班　李子童

"良辰美景奈何天，赏心乐事谁家苑……"《牡丹亭》以其优美的唱词以及曲折的爱情故事被世人传诵至今。但我想，吸引读者的不光是其极高的文学价值，还有一方面则是其字里行间所透露出的那股至美至情的感性。《牡丹亭》真正的主角杜丽娘，是位女性，这在当时的男权社会中独树一帜，让处于被压迫地位的女性得到了应该有的尊重，所以一出《牡丹亭》温暖了多少女性的心房。汤显祖所生活的时期正是封建专制制度达到了一个新的高潮的时期，可汤显祖却描绘了一出敢爱敢恨、阴阳相隔的美好恋情，这样的情，世人又怎能不感同身受呢？

缘起缘灭　是为牡丹

高二（2）班　聂维康

"原来姹紫嫣红开遍，似这般都付与断井颓垣！良辰美景奈何天，赏心乐事谁家院？"满园绽春只可惜付与了断井颓垣，满心情愫只哀婉藏在了小院庭深！这是杜丽娘的多愁善感，很多时候，一个人很难掌握自己的命运，被时代所驱使，被社会所压迫。在那个封建昏暗的年代，两颗相悦的爱情往往可望而不可即，缘分这种虚无缥缈的美好事物更是望尘莫及。可杜丽娘在汤显祖的笔下，却让我看到了反抗精神。不甘堕落，放心去飞，勇敢地追。

《牡丹亭》——时代的缩影

高二（2）班　李漪凡

作为一部流传了将近四百年的经典戏曲，如今的《牡丹亭》依然魅力不减，吸引着人们不断地追寻它故事中的那份美好纯洁的爱情。在汤显祖那华丽的辞藻背后，《牡丹亭》又以其独特的角度映射了当时的社会。杜丽娘不过是一介女子，温婉娇柔，知书达理。但就是这样一个养在深闺的弱女子，却有勇气去追寻自己心目中的爱情，去违抗她人生本来应该遵循的轨迹。汤显祖通过描写杜丽娘的不甘命运，间接地表明了自己在政治上的态度，也传达出了一种不畏强权敢于反抗的精神。

至美至善至情

高二（2）班　聂冰

至美至善至情。

花开花落，春去春来，纵使岁月蹉跎流传百年，《牡丹亭》之美、之善、之情依旧散发着它独特的魅力。

我觉得牡丹亭最美的地方在于汤显祖对情感的表达，正值芳龄的杜丽娘在最美好的年龄禁足于小小闺房之中，这似乎是古代女子向来的宿命，自古在家听从父母之命、娶亲听从媒妁之言。而汤显祖用他独特的艺术魅力让杜丽娘懂得欣赏美，让柳梦梅与之相会。这是对传统宗教束缚的反抗，也是对人性真情的表露与赞美。至美至善，但最美的还是情。

牡丹依旧梦再圆

"情不知所起，一往而深。"

爱，是奇妙，述不尽的魔力。多少人醉于它的绮丽与温柔，痴痴傻傻愿颠沛流离。杜丽娘便也是沾染了这泯灭不了的痴情，辗转于梦境中美好，沉沦于一份热烈的期望。为了追逐梦中的柳梦梅，追寻爱情上的自由，杜丽娘看淡了生死，"不自由毋宁死"是多么强烈的呼喊，这也是她令人钦佩的所在。在封建礼制的时代，男婚女嫁都是父母之命媒妁之言，哪有几对夫妻是情投意合相识相恋的。而丽娘却对此有着自己的想法，即便是梦中虚幻的爱她也不愿因世俗而摒弃，终是带着执着死去了，也许是作者对这份痴情有着太多不舍，便设了"还魂"一说，让这对恋人在这一世终成眷属。

最美的一点灵犀
高二（2）班　于沭汉

"情不知所起，一往而深。"一句道尽千古多少痴情男女的肺腑之音。情之一物，溯古怀今，无处不在而又无人能详知，如浩渺烟波繁茂山林有其形而又不知其所为何物。而古之今来，情作为多少文学作品的主题广为传颂，《牡丹亭》便以生死相随的至深感情，超越礼教天意束缚的情节，展现出爱情的伟大力量，讲述并证实了爱情无关一切主观思想的客观存在性。这是一部只有爱情一个词的词典，而这部词典就是影响当时乃至后世的爱情的完美诠释：情不知所起，一往而深，超越生死超越礼教，超越一切可知，美妙不可言喻。情，便是那最美的一点灵犀。

与妻书

北京五中

高一8班　施梦尧

你已经走了整整三年。我也苦苦寻了你三年。

卧房里仍熏着你最爱的香，窗棂上仍贴着你剪的花。一切仿佛都没有变，只是当我微醺于门前的连理树下时，少了一双为我披衣的手，只是在我患风寒躲在床上瑟瑟发抖时少了一句贴心的问候。

你摆在墙隅的那把锦瑟依然散发着阵阵檀香。那时的你还是笑靥如花的青娥少女，我也是春风得意的优秀儿郎。你总笑着说自己对着那些天地花草一咏一叹并不如我，这琴技却远高于我之上。我也打趣说："既然'姑娘'自信满满，我辈自然洗耳恭听。"你纤纤素手，起承转合之间已使听者沉迷。可现如今，人已去、楼已空。锦瑟悲鸣，想要唤回它的主人；物是人非，我再也寻不回那流逝的岁月。

你曾一本正经地和我讨论老庄哲学物我混同的境界，现如今我倒成了那庄子，只能在午夜梦回时迷失在和你相见的美好幻境之中。清晨来临，你终和晓雾一起消散了，无影无踪。

还记得三年前你离去的最后一刻紧紧抓着我的手。我知道你说我们还有未成年的子女等我供养，日子还要继续。所以我只能如望帝，将对你的思念托付给啼血的杜鹃。

我曾经天真地想：如果我下下狠心，将你保存在我脑海中的倩影和我们相处的点滴片段化为珍珠，投掷到记忆的无边沧海之中，让它永远消失，是否从此以后我就不会再为你掉下眼泪？却无奈地发现这些记忆竟像是蓝田宝玉，即使我将千方掩埋，暖日之下它仍会升起缕缕缥缈的轻烟。

追忆过往似水年华，你来往堂下的身影，你月夜抚琴的时刻，我却在党派之争、宦海沉浮碌碌辗转，无暇体念。夜深人静时，你捧着热茶悄悄进屋来劝我早些安歇，我却连看也未看你一眼！

我怎么就没有注意到你压抑的阵阵咳嗽声？

我怎么就没发现你手帕上点点猩红的血迹？

我怎么……

罢，罢！当时只道是寻常！

义山　亲笔

作于仲春之月